司法書士 合格ゾーン

単年度版 過去問題集

令和5年度

2023年度

◇はしがき◇

令和５年度の司法書士試験が、７月２日に実施されました。今年度の司法書士試験の出願者数は16,133人と、昨年からわずかに増加する結果となりました。依然として、合格率は低く、国内における最難関試験の一つとなっています。

本書は、司法書士試験受験指導で高い実績を持つＬＥＣ東京リーガルマインドが、そのノウハウを活かして、さまざまな工夫を凝らした解説書となっております。

◇本書の特長◇

本書は下記の特長を有しています。

○　すべての問題について**詳細かつ正確な解説**を付し、さらに設問自体の理解にとどまらず**周辺部分についても十分な確認・整理ができる**よう記述しています。

○　受験生の解答データを基に**設問ごとの正解率を割り出し、合格推定点を予測**しています。また、**科目ごとの傾向分析、講評も掲載**しました。

○　項目別に分類できるよう、**体系別過去問題集「合格ゾーン」の体系番号を掲載**しています。「合格ゾーン」シリーズの該当箇所にファイルすることによって、効率的な学習が進められます。

○　令和５年４月１日現在に施行されている法令に基づいて解説を作成しています。

○　**携帯に便利なＡ５版を採用**しています。

本書を利用されることで、一人でも多くの皆様が合格の栄冠を勝ち取られることを祈念いたします。

2023年７月吉日

株式会社東京リーガルマインド
ＬＥＣ総合研究所　司法書士試験部

◇本書の体系番号の活用の仕方◇

本書は、項目別に分類できるよう、**体系別過去問題集「合格ゾーン」の体系番号を掲載**しています。令和５年度版以前の「合格ゾーン」シリーズの該当箇所にファイルすることによって、効率的に学習を進めることができます。

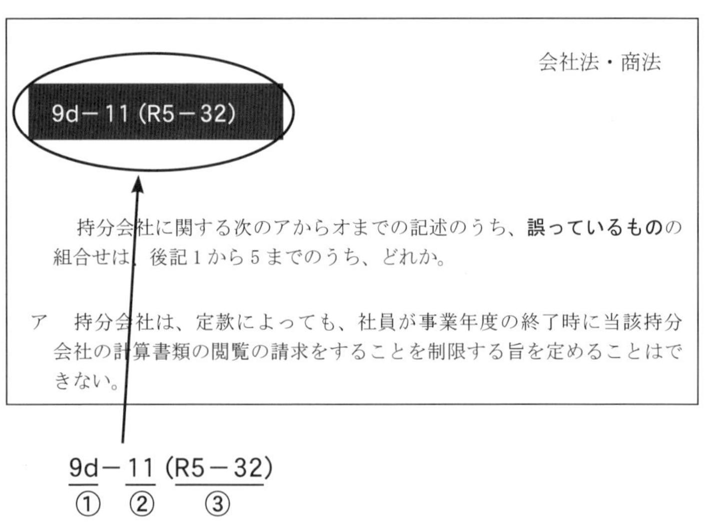

① **9d** は、〈体系問題９〉のｄに属する問題であることを示します。
（令和５年度版以前の『合格ゾーン』シリーズの各書の目次を参照）

② **11** は、〈体系問題９〉のｄの中の第 11 問を示します。

③ **R5－32** は、令和５年度本試験の第 32 問を示します。

◇目次◇

令和５年度　司法書士本試験分析・講評

ＬＥＣでは毎年本試験直後に、受験生を対象に「択一成績診断」と評して、どのような解答をしているかのアンケートを実施している。以下、そのアンケートのデータを基に講評を加える。

＜ 午前の部（択一式）＞

ＬＥＣ専任講師　森山 和正

１．総評

午前の部全体の平均正答率は、75.4％（小数点第２位以下切り捨てであり、以下同様とする）である。午後択一の平均正答率が67.5％であることに比べ、高い数字が出ている。これは例年通りの傾向であり、今年の問題においても、午前の部のほうが得点を取りやすい傾向にあったといえるだろう。ただ、昨年の午前の部の平均正答率79.6％と比べると若干下がっている。これは、全体的に難しい問題が続いたというわけではなく、第21問（正答率22.4％）、第22問（正答率27.6％）という極端に正答率が低い問題が存在することが大きな要因となっている。このような問題が全体の正答率を下げているのであり、全体的には基本的な問題が多いとの印象を受ける。

全体の特徴として、問題文が短くなったことが挙げられる。筆者が数えたところ、今年の問題の文字数は13,091文字であった。昨年の文字数が16,978文字、一昨年が21,762文字であったことと比べると、やはり問題文が短くなっていることがわかる。これは、事例問題が少なかったことが要因である。条文や判例の知識を事例に当てはめる必要がなかった分、解きやすかったであろう。

出題形式の面では、組み合わせ問題が35問中33問であり、単純正誤問題が２問である。単純正誤問題は刑法に集中している。個数算定問題は１問も出題されなかった。個数算定問題は肢の１つの判断を間違えてしまうと不正解になってしまう反面、肢の判断を２つ間違えると正解と同様の解答が得られてしまうという点で受験生の実力を適切に図ることができない面がある以上、出題がなかったことは適切であったと考える。

これに対して、先述した極端に正答率の低い問題が存在することは試験として適切だとはいえないだろう。５択の問題において正解率が20％台ということは、多くの受験生は勘で答えているということであり、点数が入るかどうかが運で決まってしまうということである。そのような問題が２問も存在するということは、この２問において、受験生に０点・３点・６点のいずれかの点数をくじ引きで与えているようなものであり、0.5点で合否を分ける試験において適切とはいえない。人生をかけてこの試験にのぞんでいる受験生を多く見てきている。そのような受験生の実力が発揮できる試験となることを期待している。

内容面でいえば、例年通り、基本的な条文知識・判例知識が出題されていた。細かい知識や発展的な知識を多く吸収するのではなく、基本的な知識を確実な知識に昇華するような学習をしてほしい。

2. 憲法

憲法の平均正答率は、84.9%（昨年78.4%）であり、基本的な問題であった。合格点を取るためには、できれば３問全問について正解したいところである。

令和２年度から昨年まで人権２問・統治１問の出題が続いていたが、今年は、人権１問、統治２問の出題であった。

人権分野としては、第１問で「社会権」が出題され、塩見訴訟、朝日訴訟などの判例の理解が問われた。憲法の人権分野において正解するためには、判例の結論だけでなく、審査基準など判例の理論を理解しておかなければならないといえるだろう。

統治の分野からは、「違憲審査基準」「財政」が問われている。第３問の「財政」の問題においては、条文の正確な理解が問われた。統治の分野においては、判例を押さえるとともに、条文を丹念に読んでおくことが求められている。

憲法分野においては、かつては学説問題が多く出題されたが、令和２年度から出題がされておらず、今年も出題されなかった。今後においても、学説問題の対策については、ランクを大幅に下げて行えばよいものと思われる。

3. 民法

民法の平均正答率は、73.5%であり、昨年の83.8%より難化している。この大きな要因は、先述した第21問・第22問の存在であり、全体的に難化したわけではない。

出題分野は、従来通り総則から３問、物権から９問、債権から４問、親族・相続から４問となっている。

総則分野においては、「後見・保佐・補助」「意思表示」「無権代理」からの基本的な問題が出題され、正答率も高い問題であることから、確実に正解したいところである。代理分野から２年連続出題されたが、時効分野からは出題されなかった。次年度は時効分野からの出題が予想される。

物権分野からは、毎年第15問の定位置で出題されていた譲渡担保からの出題がなかった。これは、記述式問題において譲渡担保が出題されたこととのバランスのためであることが考えられる。そのため、次年度以降はまた例年通り、譲渡担保の分野からの出題が予想されるところである。過去問で出題された判例を中心に押さえておきたい。第10問の「共有」の問題においては、肢イ・ウ・オで令和３年民法改正の論点が出題された。今後の対策として、改正論点については、しっかり押さえておく必要があるだろう。基本的な問題であるにもかかわらず、正答率が低かったのが第14問の「動産質」である。正答率56.6%であるが、不正解である1を選んだ人が28.2%も存在する。イ・ウの判断を誤ったものである。イにおいて、動産質の設定においては占有改定以外の引渡しが必要となるという知識を持っていたにもかかわらず、「現実に引き渡さなければ」ならないという記述を正しいと判断してしまったのだろう。簡易の引渡しと指図による占有移転を考慮する必要があった。

債権分野の正答率は、71.4%と少し低下している。これは、第18問の「請負」、第19問の「委任」において、平成29年債権法改正の細かな論点が出題されたことが要因となっている。ここにおいても、改正論点をしっかり押さえておかなければならないことがわかるだろう。

親族・相続分野は、先述したとおり、難問が出題された。内容面に着目してみると、第21問で「未成年後見」が出題されており、令和2年度の「成年後見制度」、令和4年度の「成年後見監督人」に続き、後見分野からの出題である。今年度の問題は難問であり、正解できなくてもよい問題であったが、後見分野自体の出題は非常に多く、しっかり学習をしておかなければならない分野といえるだろう。第22問においては「相続の限定承認」の細かな条文知識が出題されたが、これに対応した学習はする必要がない。

4．刑法

刑法の平均正答率は、73.3%であり、昨年（76.1%）と同様の難易度であった。

出題分野としては、総論から2問、各論から1問となっていた。

第25問は「共犯」からの出題であり、第26問は「親族間の犯罪に関する特例」からの出題である。この2問は基本的な問題であり、しっかり正解したいところである。

第24問の「適用範囲」については、平成17年度以来の出題である。驚かれた受験生も多かったと思われるが、刑法における最近の傾向として、古い過去問からの出題も多くみられる。このような出題への今後の対策としては、過去問学習をしっかり行うことが必要となる。

5．商法・会社法

商法・会社法の平均正答率は、77.4%であり、昨年（71.9%）と同程度の難易度であった。特に細かい知識が出題されたわけではないが、知識の混同を狙う手法による出題がなされ、混乱してしまい正解にたどり着けなかった受験生が多かったと思われる。例えば、第30問は、「株主総会」からの出題であり、少数株主権の基本的な知識を問う問題であるが、ア～オまでのすべての記述を似せて作っており、とっつきにくい問題となっている。同じように、第31問は、「監査役会設置会社の議事録」という基本的な知識を問う問題であるが、やはりすべての肢を似せて作っている。普段の学習において正確な知識を思い出せるように学習すると同時に、答練などを利用して現場においてポイントに着目できるようにする訓練が必要であろう。

第27問「設立」、第29問「異なる種類の株式」は、基本的な知識を問うものであり、確実に正解したい問題であった。また、毎年受験生を苦しめる商法第35問は、「商人の商号」からの出題であり、この分野についての学習をしたか否かが問われるかたちで、合否を分ける問題となっている。

＜ 午後の部（択一式）＞

ＬＥＣ専任講師　根本 正次

１．総評

午後科目の全体の平均正答率は67.5％で、昨年（70.1％）と正答率はほぼ同じながら、難易度が若干上がった感がある。今年の特徴は以下のとおりである。

① 知識があるかないかを直接に聞いてくる問題が多い（２年連続）

図表を使った問題が１問、対話形式の問題が２問、登記記録を題材にした問題が０問、計算等を要求した問題が０問と、テクニカルな形式の問題が数少ない（一昨年は７問もあった）年であった。

テクニカルな形式で集中力を削がれることなく、問題で問われている点に集中することができた年であった。

② 文章量が多い＋長文問題が多い、それにより集中力が低下してくる

問題文の長さが545.5cmと、昨年に比べて30cmほど増えている。そして、４行以上の肢が４肢以上ある問題（私は、長文問題と呼んでいる）が、８問あった。昨年が３問だったことと比べると、読む量が明らかに多くなった。

読む量が増えてくると、必然的に集中力が落ちてくる。

集中力が落ちるであろうタイミングで、ひっかけ問題を多く出題しているため、受験後、受験生の多くが「なぜ、これを間違えたのか？」「やられた」という感触をもったと思われる。

③ 過去の本試験問題の知識で解ける問題が非常に多い（２年連続）

過去問の知識で正解までたどり着こうとする受験生が多い中、過去問の知識で解ける問題が20問、過去問の知識で二択まで絞れる問題は９問あった。

特に不登法は、16問中９問が過去問知識で解け、５問が過去問知識で二択まで絞れている。

２年間連続、過去問からの出題率が高い傾向が続いていることには注視する必要がある（昨年は21問が過去問知識で解けた。一方、それ以前は多くても18問、年によっては16問ということもあった）。

④ 未出論点がほぼなかった

受験生が初めてみる論点（いわゆる未出論点）は、１問程度であった。

いつも学習しているテーマが出題されたため、ほぼすべての問題に取り組めたと思われる。ただ、取り組める分、「この問題もいける、考えよう」となってしまい、択一に多くの時間を費やしてしまったという受験生も多くいたのも事実である。

２．民事訴訟法・民事保全法・民事執行法

今年度の平均正答率は 73.6％である（昨年は 66.2％）。

民事訴訟法は、いつもであれば、出題される論点である「訴訟の終了」からの問題はなく、また未出論点から出題もなかった（ここ数年、民事訴訟ではほぼ未出論点の出題が続いていた傾向が止まった感がある）。

また、過去問からの出題が多くを占めていたが、第１問・第３問のように古い過去問からの出題があるため、過去問学習の範囲を改めて精査する必要があるだろう。

次に、民事執行法は「不動産執行」からの出題であった。平成 25 年度以来の出題であったが、受験生の正答率は高かった。

また、民事保全法は、今年も「保全命令」を中心とした総合問題であった。

ちなみに、特に正誤が割れた問題は第６問であった。これは、肢ウを密行性のイメージから、債務者には見せてはいけないが、債権者なら構わないだろうと判断してほしいところだった。

３．司法書士法・供託法

供託法の平均正答率は 71.4％（昨年は 79.3％）となっている。

全問が過去問知識で正解にたどり着けるものではあったが、供託の手続きから出題されるという過去にない出題の仕方であったため、正答率が下がった。

ちなみに、近時の改正部分が問われた（第９問エ）。今後も改正が続いていくが、それらの情報は漏らさずに習得すべきである。

一方、司法書士法は、近年改正があった「懲戒」からの出題であった。改正部分も問われたが、それ以外の知識が過去問で問われたものであったため、正答率が高かった。

正誤が少々割れた問題は第 10 問である。肢イを判断した上で、エオの二択になるが、平成 17 年度にしかない過去問でオを切るよりは、供託通知の構造からエを判断すべきであった。

４．不動産登記法

平均正答率は 64.1％（昨年は 69.7％）であり、昨年とほぼ同じ難易度であった。

ただ、いつも問われる頻出論点からは、「用益権」（第 22 問）・「登録免許税」（第 27 問）のみの出題となり、「相続登記」・「仮登記」・「添付書類」各論からの出題がなかった。

今年は、とにかくひっかけが多かった年であった（結論部分ではなく、その前提等を注意してみないといけない問題）。こういった点での失点は、長文が続き集中力が落ちる中、どうしても生じるところであり、こういった部分を失点したとしても不登法の実力不足と思う必要はないだろう。

今年のひっかけ問題と、その特徴は以下のとおりである。

第12問ア：建物がすでに完成している点に気づけたか
第13問ア：電子署名をするのは申請人ではない
第14問エ：原因日付は正しいが、原因が異なる（出生になる）
第16問ウ：権利者はAであって、Cではない
第18問ア：甲土地と乙土地の登記原因が逆になっている
第20問エ：申請書に正しい期間を記載する必要がある
第24問エ：単独申請ではない
第27問ウ：信託の登記ではなく、信託の「仮登記」の税率を聞いている

5．商業登記法

平均正答率は64.4%（昨年の正答率は72.2%）であった。近年の正答率が57.5%→44.0%→48.9%→72.2%→64.4%となっていることから、過度な難化傾向は止まったと考えられる。

例年通りの傾向なのは、「設立」(第29問)・「企業再編」(第33問)・「一般社団法人」（第35問）からの出題があった点、「株式・資本・役員」からは3問程度しか出ない点である。

一方、今年の特徴としては、「令和元年改正」が問われている点である。第33問では株式交付が1問丸々出題されている（昨年は肢レベルの出題）。一昨年まで平成26年改正が毎年、そして細かく出題されていたことを考えると、今後の令和元年改正部分の出題頻度は上がっていく可能性が高いだろう。

特に正誤が割れた問題は第28問であった。肢エの「電子証明書発行請求」が、オンラインでできるという知識から、「オンラインでしかできないのでは？」と誤解したせいで間違えた方が多いと思われる。

また、第29問も正誤が割れた問題である。特に肢オであるが、通常は会計参与が弁護士資格を持っていたとしても、証明書を作成することはできないが、設立時は異なる。会計参与は、設立時に行う仕事がなく、設立行為の関係者ではないため、弁護士資格を持っていれば証明書を作成することが可能とされている。

＜ 午後の部（記述式）＞

ＬＥＣ専任講師　赤松　直哉

1．総評

令和５年度（2023 年度）たる本年度の司法書士試験午後記述式問題については、令和４年度（2022 年度）の記述式問題と比較すると、特に不動産登記法において譲渡担保契約解除の登記や連帯債務者の相続の登記の出題がされる等、難易度がかなり高まったように感じている。内容面においても、第 36 問（不動産登記法）で問題の随所に疑義を感ずる部分が多く、現場で受験生はかなりの混乱をきたしたものと思われる。採点面において、相当なご配慮をいただきたいところである。一方で、第 37 問（商業登記法）はバランスのとれた問題であり、いろいろな配慮が施された良問であったと感じている。

近年、記述式問題については、徐々にオーソドックスな良問に変わりつつある傾向にあった。そのような良き傾向にあったために、本年度の不動産登記法記述式問題により、その傾向が一気に後退してしまった感がして、残念で仕方がない。試験委員において、問題を作成した後に、十二分に校正・校閲作業がされているのであろうか。非常に問題の作りが甘いという印象を受けている。

本試験は受験生にとって年に１度しかないチャンスであり、１年間の努力を発揮する年に１度の場面である。試験問題は、そのような受験生の学習の成果を十二分に発揮させ、公平誠実に受験生の実力を測ることができる問題でなければならない。変に奇をてらう必要は何もない。十分に標準的な内容で、受験生の実力差を十分に測ることができる問題を作成することは、できるはずである。試験委員においては、強い使命感をもって、真摯に問題作成に向き合っていただきたい。

また、３時間という限られた時間内で、択一式 35 問とあわせて、これだけの分量がある記述式問題を読み解き、さらにこれだけの分量がある解答を記載しなければならないというのは受験生にとって大きな負担である。今後、過度な出題がされることがないよう、３時間という制限時間内で択一式 35 問及び記述式２問の解答を要するという受験生の負担面に十二分なご配慮をいただき、制限時間内で十分に解ききれるように分量を軽減し、受験生が日頃の学習成果を十二分に発揮できるよう、出題内容の改善がされていくことを強く望むところである。

2．第 36 問：不動産登記法

【第１欄について】

１件目は、譲渡担保契約解除を登記の原因とする所有権の抹消の登記に関する理解を問う問題であった。ただ、譲渡担保契約解除を登記の原因として所有権の移転の登記を申請することも可能であるため、「申請件数及び登録免許税の額が最も少なくなるように登記を申請する。」との問題の指示から、抹消の登記によるべきなのか移転の登記によるべきなのか相当な混乱をきたした受験生が相当数いたものと思われる。たしかに、問題文全体から出題意図は読み取れなくはないが、もう少し丁寧な指示や説明があって然るべきではないだろうか。

２件目は、所有権登記名義人の住所変更の登記に関する理解を問う問題であった。現に効力を有する登記名義人でなければ当該登記を申請することはできないので、所有権の抹消の登記を経た後に、本件登記を申請することになる。

３件目は、売買を登記の原因とする所有権の移転の登記に関する理解を問う問題であった。対象不動産が居住用不動産ではないため家庭裁判所の許可を要しないこと、成年後見人が成年被後見人に代わって本件不動産を売却することについて成年後見監督人の同意を要すること、等が出題のポイントであった。

【第２欄について】

不動産が譲渡担保の目的とされ、設定者から譲渡担保権者へと所有権移転登記が経由された場合において、譲渡担保権が消滅した後に目的不動産が譲渡担保権者から第三者へと譲渡されたときは、当該第三者が背信的悪意者でない限り、譲渡担保権の設定者は登記なくしてその所有権を当該第三者に対抗することができない、との判例知識に関する理解を問う問題であった。

【第３欄について】

１件目は、連帯債務者の相続を登記の原因とする抵当権の変更の登記について、２件目は、免責的債務引受を登記の原因とする抵当権の変更の登記について、それぞれ理解を問う問題であった。マイナーなひな形ではあるが、平成 29 年度本試験問題で出題実績があるため、過去の本試験問題を学習していた受験生にとっては有利な問題であったといえよう。

３件目は、いわゆる及ぼす変更の登記についての理解を問う問題であった。後順位の担保権者が登記上の利害関係人に該当することを判断できたかがポイントであった。

４件目は、順位変更の登記についての理解を問う問題であった。ただ、同内容を実現するためには順位放棄の登記によることも可能であると考えられるため、これについても、やはりもう少し丁寧な指示や説明があって然るべきではないだろうか。

【第４欄について】

共同抵当権の目的不動産の一方のみが競売に付された場合の配当額の計算、並びに次順位者による代位の付記登記に関する理解を問う問題であった。試験委員の趣味趣向による出題ではなく、明確な出題意図ないしは出題意義の下で出題がされることを願うばかりである。

3．第 37 問：商業登記法

【第１欄について】

役員の変更、支店の設置の各登記に関する理解を問う内容であった。

役員の変更については、無理のない良問であった。

支店の設置については、原則は、取締役会は支店の設置の決定を取締役に委任することはできないものの、本問では、取締役会の決議によって重要な業務執行の決定の全部又は一部を取締役に委任することができる旨の定款の定めがあるため、委任することができるという点を読み取ることができたかがポイントであった。

【第２欄について】

株主総会の特別決議の決議要件に関する理解を問う内容であった。自己株式が存在していたこと、定款で特別決議の要件を加重していたこと、について判断することができたかがポイントであった。

【第３欄について】

吸収分割､募集株式の発行､役員の変更の各登記に関する理解を問う内容であった。

また、企業再編に関する登記の出題がされてしまったが、本年度の程度の問題内容であれば、何とか許容範囲といえるであろう。出題をするとしても、本年度の程度の内容にとどめることと、企業再編に関する登記を試験問題の難易度を高めるための安易なツールとして用いないこと、を切に願うところである。

募集株式の発行については、オーソドックスな問題であった。自己株式の帳簿価額が貸借対照表の形式で示されたことについては、戸惑いを受けた受験生も多かったことであろうが、慌てることなく、冷静な対応が求められたところである。

役員の変更については、無理のない良問であった。

【第４欄について】

本問における諸手続きが完了した後の、各株主が有する議決権数を問う内容であった。限られた時間内で対応しなければならない受験生にとっては、やや酷な出題であったように思う。はたしてこの第４欄は出題する必要性があったのであろうか。

令和5年度　司法書士筆記試験択一成績診断

LEC
（7月25日）

【総合指標】

<総合>

科目	総合	択一午前	択一午後
配点	210.0 点	105.0 点	105.0 点
平均点	150.1 点	79.2 点	70.8 点
最高点	210 点	105 点	105 点
最低点	0 点	0 点	0 点

<択一午前の部>

科目	総合	憲法	民法	刑法	会社法・商法
配点	105.0 点	9.0 点	60.0 点	9.0 点	27.0 点
平均点	79.2 点	7.6 点	44.1 点	6.6 点	20.9 点

<択一午後の部>

科目	総合	民訴・民執・民保	供託・司書法	不登法	商登法
配点	105.0 点	21.0 点	12.0 点	48.0 点	24.0 点
平均点	70.8 点	15.4 点	9.1 点	30.7 点	15.4 点

令和５年度　司法書士筆記試験択一成績診断

【 得点分布グラフ 】

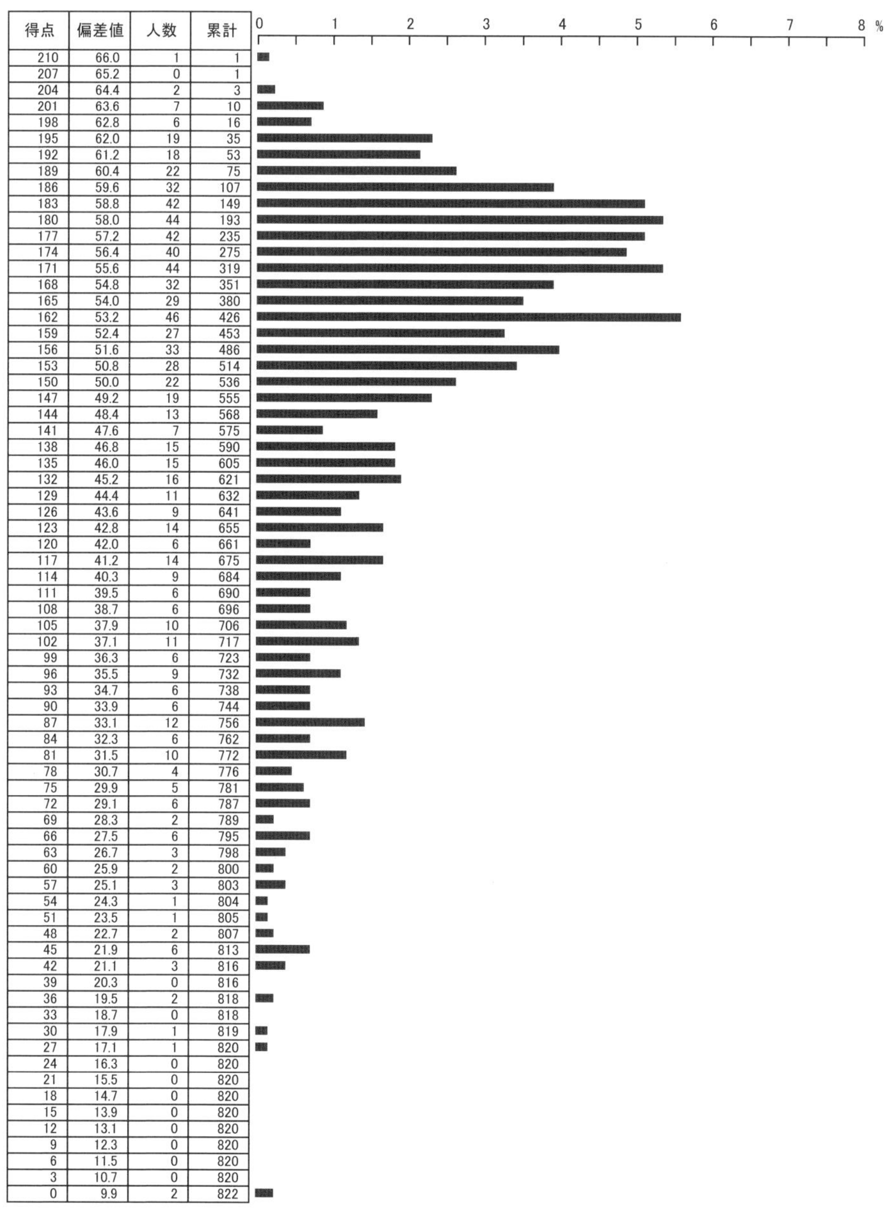

得点	偏差値	人数	累計
210	66.0	1	1
207	65.2	0	1
204	64.4	2	3
201	63.6	7	10
198	62.8	6	16
195	62.0	19	35
192	61.2	18	53
189	60.4	22	75
186	59.6	32	107
183	58.8	42	149
180	58.0	44	193
177	57.2	42	235
174	56.4	40	275
171	55.6	44	319
168	54.8	32	351
165	54.0	29	380
162	53.2	46	426
159	52.4	27	453
156	51.6	33	486
153	50.8	28	514
150	50.0	22	536
147	49.2	19	555
144	48.4	13	568
141	47.6	7	575
138	46.8	15	590
135	46.0	15	605
132	45.2	16	621
129	44.4	11	632
126	43.6	9	641
123	42.8	14	655
120	42.0	6	661
117	41.2	14	675
114	40.3	9	684
111	39.5	6	690
108	38.7	6	696
105	37.9	10	706
102	37.1	11	717
99	36.3	6	723
96	35.5	9	732
93	34.7	6	738
90	33.9	6	744
87	33.1	12	756
84	32.3	6	762
81	31.5	10	772
78	30.7	4	776
75	29.9	5	781
72	29.1	6	787
69	28.3	2	789
66	27.5	6	795
63	26.7	3	798
60	25.9	2	800
57	25.1	3	803
54	24.3	1	804
51	23.5	1	805
48	22.7	2	807
45	21.9	6	813
42	21.1	3	816
39	20.3	0	816
36	19.5	2	818
33	18.7	0	818
30	17.9	1	819
27	17.1	1	820
24	16.3	0	820
21	15.5	0	820
18	14.7	0	820
15	13.9	0	820
12	13.1	0	820
9	12.3	0	820
6	11.5	0	820
3	10.7	0	820
0	9.9	2	822

受験者数　822　名
平均点　150.1　点

令和５年度　司法書士筆記試験択一成績診断

【 得点分布グラフ 】(択一午前の部)

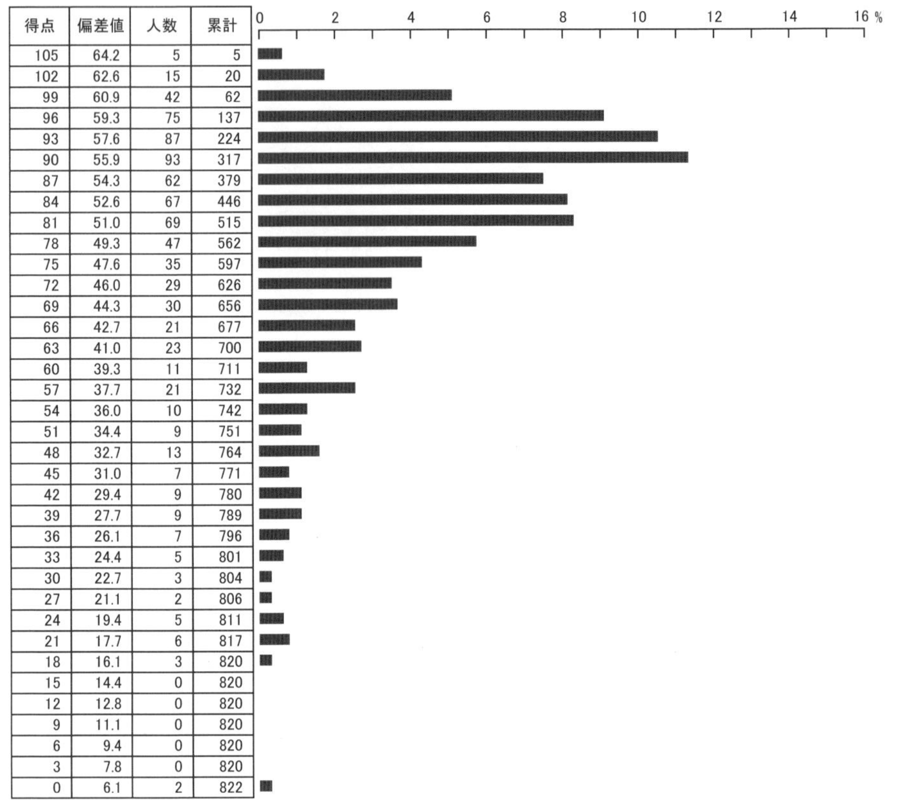

得点	偏差値	人数	累計
105	64.2	5	5
102	62.6	15	20
99	60.9	42	62
96	59.3	75	137
93	57.6	87	224
90	55.9	93	317
87	54.3	62	379
84	52.6	67	446
81	51.0	69	515
78	49.3	47	562
75	47.6	35	597
72	46.0	29	626
69	44.3	30	656
66	42.7	21	677
63	41.0	23	700
60	39.3	11	711
57	37.7	21	732
54	36.0	10	742
51	34.4	9	751
48	32.7	13	764
45	31.0	7	771
42	29.4	9	780
39	27.7	9	789
36	26.1	7	796
33	24.4	5	801
30	22.7	3	804
27	21.1	2	806
24	19.4	5	811
21	17.7	6	817
18	16.1	3	820
15	14.4	0	820
12	12.8	0	820
9	11.1	0	820
6	9.4	0	820
3	7.8	0	820
0	6.1	2	822

受験者数　822　名

平均点　79.2　点

令和５年度　司法書士筆記試験択一成績診断

【 設問別正解率 】(択一午前の部)　　※数字はいずれもパーセントです

設問	出題項目	正解	1肢	2肢	3肢	4肢	5肢	正解率	0 50 100
1	社会権	5	1.6	1.7	3.3	6.6	86.6	86.6	
2	違憲審査権	5	5.8	3.8	1.3	5.4	83.5	83.5	
3	財政	5	9.7	2.2	1.6	1.6	84.7	84.7	
4	後見・保佐・補助	1	84.9	5.1	1.8	4.5	3.0	84.9	
5	意思表示	4	1.8	1.3	5.0	89.1	2.6	89.1	
6	無権代理	4	2.2	2.4	7.4	83.3	4.4	83.3	
7	不動産の物権変動	5	3.3	2.1	3.6	1.3	89.4	89.4	
8	囲繞地通行権	1	92.1	3.3	0.7	1.6	1.9	92.1	
9	所有権の取得	5	5.0	3.4	1.5	6.0	83.9	83.9	
10	共有	3	0.5	0.7	85.8	6.3	6.4	85.8	
11	担保物権一般	2	7.7	84.1	2.8	1.2	4.0	84.1	
12	留置権	1	80.7	9.1	2.8	3.5	3.5	80.7	
13	先取特権	2	4.3	86.5	1.6	4.9	2.6	86.5	
14	動産質	2	28.2	56.6	11.2	2.3	1.5	56.6	
15	根抵当権	3	2.9	1.0	82.2	3.5	10.1	82.2	
16	履行遅滞	1	60.9	18.6	17.0	2.2	1.0	60.9	
17	債権者代位権	1	87.0	4.1	3.0	2.2	3.3	87.0	
18	請負	2	3.6	73.7	0.9	20.3	1.2	73.7	
19	委任	4	5.2	2.7	24.8	64.1	2.9	64.1	
20	養子	4	13.3	22.5	2.6	56.9	4.5	56.9	
21	未成年後見	2	5.7	22.4	57.9	2.4	11.3	22.4	
22	相続の限定承認	2	32.1	27.6	12.5	4.3	23.0	27.6	
23	遺言	2	3.3	79.3	2.7	1.2	13.1	79.3	
24	適用範囲	3	4.1	2.2	65.7	24.2	3.4	65.7	
25	共犯	5	0.9	5.7	13.4	4.6	75.1	75.1	
26	親族間の犯罪に関する特例	4	3.4	2.2	11.4	79.2	3.3	79.2	
27	株式会社の設立	4	0.7	0.6	0.5	91.8	6.1	91.8	
28	株式会社の定款	5	5.2	3.4	4.4	7.3	79.4	79.4	
29	異なる種類の株式	4	2.1	1.7	2.2	90.6	2.9	90.6	
30	株主総会	1	73.8	3.6	16.3	3.6	2.1	73.8	
31	監査役会設置会社の議事録	5	9.6	1.9	5.0	5.8	77.3	77.3	
32	持分会社	5	2.9	12.8	4.6	5.6	73.7	73.7	
33	社債	5	6.6	2.2	14.5	5.4	71.0	71.0	
34	会社の合併	5	1.3	0.9	1.5	26.9	69.1	69.1	
35	商人の商号	2	19.1	70.0	4.0	4.7	1.8	70.0	

令和５年度　司法書士筆記試験択一成績診断

【 得点分布グラフ 】(択一午後の部)

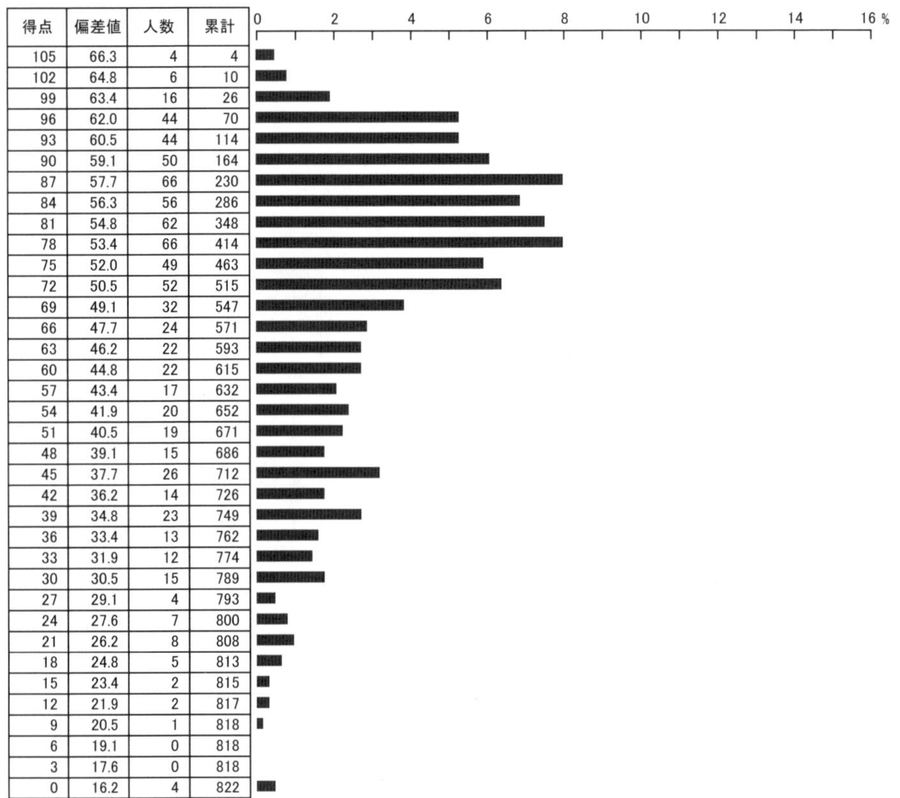

得点	偏差値	人数	累計
105	66.3	4	4
102	64.8	6	10
99	63.4	16	26
96	62.0	44	70
93	60.5	44	114
90	59.1	50	164
87	57.7	66	230
84	56.3	56	286
81	54.8	62	348
78	53.4	66	414
75	52.0	49	463
72	50.5	52	515
69	49.1	32	547
66	47.7	24	571
63	46.2	22	593
60	44.8	22	615
57	43.4	17	632
54	41.9	20	652
51	40.5	19	671
48	39.1	15	686
45	37.7	26	712
42	36.2	14	726
39	34.8	23	749
36	33.4	13	762
33	31.9	12	774
30	30.5	15	789
27	29.1	4	793
24	27.6	7	800
21	26.2	8	808
18	24.8	5	813
15	23.4	2	815
12	21.9	2	817
9	20.5	1	818
6	19.1	0	818
3	17.6	0	818
0	16.2	4	822

受験者数　822　名
平均点　70.8　点

令和５年度　司法書士筆記試験択一成績診断

【 設問別正解率 】(択一午後の部)　　　　※数字はいずれもパーセントです

設問	出題項目	正解	1肢	2肢	3肢	4肢	5肢	正解率	0　50　100
1	管轄	5	4.7	1.8	3.8	1.7	87.3	87.3	
2	共同訴訟	4	2.8	1.9	16.9	70.6	7.3	70.6	
3	訴訟費用	4	5.0	3.0	5.0	77.5	9.0	77.5	
4	証人尋問・当事者尋問	5	6.4	1.6	1.8	3.3	86.4	86.4	
5	督促手続	5	6.1	7.7	4.5	10.9	70.3	70.3	
6	民事保全	3	3.0	10.3	51.3	24.3	10.5	51.3	
7	不動産の強制競売	5	2.4	10.3	2.8	11.4	72.4	72.4	
8	司法書士・司法書士法人に対する懲戒	3	1.1	3.2	90.9	3.3	1.1	90.9	
9	供託金の払渡請求手続	3	8.4	3.4	73.8	6.6	7.3	73.8	
10	供託の通知	4	3.2	3.4	21.4	66.2	5.4	66.2	
11	弁済供託の受諾	4	9.9	3.2	6.1	74.2	6.2	74.2	
12	登記の可否	4	6.9	23.8	7.1	56.3	5.4	56.3	
13	電子申請	1	64.2	11.2	12.3	4.5	7.1	64.2	
14	登記原因及びその日付	4	5.1	6.3	31.9	51.9	4.3	51.9	
15	一の申請情報による登記	5	2.3	2.3	5.2	12.5	77.0	77.0	
16	判決による登記	4	9.6	4.6	8.9	67.3	9.0	67.3	
17	所有権の保存の登記	2	10.9	64.5	2.3	2.7	19.1	64.5	
18	共有の不動産に係る登記	4	6.4	11.3	1.5	74.1	6.2	74.1	
19	時効取得を登記原因とする所有権の移転の登記	2	10.0	83.5	1.5	2.7	1.9	83.5	
20	買戻しの特約の登記	5	2.4	5.4	8.4	31.6	51.7	51.7	
21	敷地権付き区分建物等についての登記	2	3.0	60.5	29.9	3.2	2.9	60.5	
22	地上権の登記	2	17.0	63.1	6.0	4.6	8.8	63.1	
23	抵当権の設定の登記	1	74.7	14.0	1.8	1.3	7.4	74.7	
24	根抵当権の登記	2	18.0	50.9	7.9	9.4	13.3	50.9	
25	不動産登記に関する法令における期間の定め	5	2.6	10.9	10.0	9.6	66.2	66.2	
26	書面申請をする場合における添付書面の原本の還付の請求	2	7.3	55.1	4.6	27.9	4.5	55.1	
27	登録免許税	5	4.0	13.5	8.9	7.7	65.2	65.2	
28	印鑑の提出等及び電子証明書の発行の請求	1	55.8	24.2	14.2	2.6	2.3	55.8	
29	株式会社の設立の登記	5	12.4	6.0	2.9	39.1	39.1	39.1	
30	新株予約権の登記	3	7.2	5.7	78.5	3.3	4.7	78.5	
31	株式会社の役員の変更の登記等	5	3.6	5.5	11.7	10.2	68.1	68.1	
32	取締役会設置会社における資本金の額の変更の登記	5	3.0	8.6	12.8	5.5	69.5	69.5	
33	株式交付親会社の株式交付による変更の登記	1	60.8	16.2	10.9	3.8	7.3	60.8	
34	外国会社の登記	4	4.7	5.5	15.3	70.3	3.5	70.3	
35	一般社団法人の登記	5	4.1	12.5	3.8	5.2	73.7	73.7	

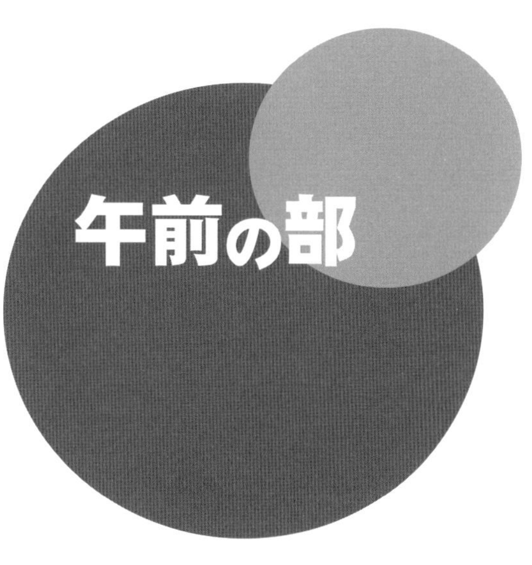

午前の部

8d－1（R5－1）

社会権に関する次のアからオまでの記述のうち、**判例の趣旨に照らし誤っているもの**の組合せは、後記1から5までのうち、どれか。

ア　障害福祉年金支給対象者から在留外国人を除外することは、立法府の裁量の範囲に属する。

イ　憲法第25条は、直接個々の国民に対して具体的権利を与えたものではない。

ウ　憲法第25条に規定する「健康で文化的な最低限度の生活」の具体的内容は、その時々における文化の発達の程度、経済的・社会的条件、一般的な国民の生活の状況等との相関関係において判断されるべきものである。

エ　公務員は、憲法第28条に規定する「勤労者」に当たらず、労働基本権の保障を受けない。

オ　憲法第26条第2項後段に規定する「義務教育」の無償の範囲には、授業料だけでなく、教科書を購入する費用を無償とすることも含まれる。

（参考）
憲法
第25条　すべて国民は、健康で文化的な最低限度の生活を営む権利を有する。
2　国は、すべての生活部面について、社会福祉、社会保障及び公衆衛生の向上及び増進に努めなければならない。
第26条　（略）
2　すべて国民は、法律の定めるところにより、その保護する子女に普通教育を受けさせる義務を負ふ。義務教育は、これを無償とする。
第28条　勤労者の団結する権利及び団体交渉その他の団体行動をする権利は、これを保障する。

1　アイ　　2　アウ　　3　イエ　　4　ウオ　　5　エオ

〈第1問　解 説〉

正 解　　5

ア　正　　障害福祉年金の支給対象者から在留外国人を除外することが憲法に違反するかが争われた事案において、判例は、社会保障上の施策において在留外国人をどのように処遇するかは、特別の条約の存しない限り、国の政治的判断に委ねられており、限られた財源の下で福祉的給付を行うにあたっては、自国民を在留外国人より優先的に扱うことも許され、障害福祉年金の支給対象者から在留外国人を除外することは立法裁量の範囲に属する事柄と見るべきであるとした（最判平1.3.2・塩見訴訟）。したがって、本肢は正しい。

イ　正　　憲法25条1項はすべての国民が健康で文化的な最低限度の生活を営み得るように国政を運営すべきことを国の責務として宣言したにとどまり、直接個々の国民に対して具体的権利を賦与したものではない（最大判昭42.5.24・朝日訴訟）。したがって、本肢は正しい。

ウ　正　　「健康で文化的な最低限度の生活」なるものは、きわめて抽象的・相対的な概念であって、その具体的内容は、その時々における文化の発達の程度、経済的・社会的条件、一般的な国民生活の状況等との相関関係において判断決定されるべきものである（最大判昭57.7.7・堀木訴訟）。したがって、本肢は正しい。

エ　誤　　労働基本権は、単に私企業の労働者だけについて保障されるのではなく、公共企業体の職員はもとよりのこと、国家公務員や地方公務員も、憲法28条にいう勤労者にほかならない以上、原則的には、その保障を受ける（最大判昭41.10.26・全逓東京中郵事件）。したがって、公務員は、憲法28条に規定する「勤労者」に当たらず、労働基本権の保障を受けないとする点で、本肢は誤っている。

オ　誤　　憲法26条2項後段は、国が義務教育を提供するにつき有償としないことを定めたものであり、教育提供に対する対価とは授業料を意味するものと認められるから、同条項の無償とは授業料不徴収の意味と解するのが相当であるため、同規定は授業料のほかに、教科書、学用品その他教育に必要な一切の費用まで無償としなければならないことを定めたものと解することはできない（最大判昭39.2.26・教科書代金負担請求事件)。したがって、教科書を購入する費用を無償とすることも含まれるとする点で、本肢は誤っている。

以上から、誤っているものはエオであり、正解は5となる。

MEMO

15e－3（R5－2）

違憲審査権に関する次のアからオまでの記述のうち、**判例の趣旨に照らし正しいもの**の組合せは、後記1から5までのうち、どれか。

ア　表現の自由を規制する法律の規定は、一般の国民が当該規定から具体的場合に当該表現が規制の対象となるかどうかの判断が可能となるような基準を読みとることができない場合であっても、当該規定を限定して解釈することによって規制の対象となるものとそうでないものとを区別することができるときには、違憲無効であるとの評価を免れることができる。

イ　最高裁判所によりある法律が違憲無効であると判断された場合には、その法律は、直ちに効力を失う。

ウ　条約は、国家間の合意であるという性質に照らし、裁判所による違憲審査権の対象とならない。

エ　被告人に対する没収の裁判が第三者の所有物を対象とするものであっても、当該被告人は、当該第三者に対して何ら告知、弁解、防禦の機会が与えられなかったことを理由に当該没収の裁判が違憲であることを主張することができる。

オ　違憲審査権は、最高裁判所のみならず下級裁判所も有する。

1　アウ　　2　アエ　　3　イウ　　4　イオ　　5　エオ

〈第2問　解 説〉

正 解　　5

ア　誤　　表現の自由を規制する法律の規定について限定解釈をすることが許されるのは、その解釈により、規制の対象となるものとそうでないものとが明確に区別され、かつ、合憲的に規制し得るもののみが規制の対象となることが明らかにされる場合でなければならず、また、一般国民の理解において、具体的場合に当該表現物が規制の対象となるかどうかの判断を可能ならしめるような基準をその規定から読み取ることができるものでなければならない（最大判昭59.12.12）。したがって、一般の国民が当該規定から具体的場合に当該表現が規制の対象となるかどうかの判断が可能となるような基準を読みとることができない場合であっても、当該規定を限定して解釈することによって規制の対象となるものとそうでないものとを区別することができるときには、違憲無効であるとの評価を免れることができるとする点で、本肢は誤っている。

イ　誤　　裁判所が、ある事件である法律を違憲無効と判示した場合に、違憲とされた法律の効力がどうなるかについては、①客観的に無効となる（議会による廃止の手続なくして存在を失う）とする一般的効力説、②当該事件に限って適用が排除されるとする個別的効力説、及び③法律の定めるところに任せられている問題だとする法律委任説がある。この点、最高裁判所の判決においてこの問題についての見解を明示したものは存在しない。したがって、その法律は、直ちに効力を失うとする点で、本肢は誤っている。

ウ　誤　　日米安保条約の合憲性について、判例は、一見極めて明白に違憲無効であると認められない限りは、裁判所の司法審査権の範囲外のものであるとした（最大判昭34.12.16・砂川事件）。したがって、裁判所による違憲審査権の対象とならないとする点で、本肢は誤っている。

エ　正　　第三者の所有物を没収する場合において、その没収に関して当該所有者に対し、何ら告知、弁解、防御の機会を与えることなく、その所有権を奪うことは、著しく不合理であって、憲法の容認しないところであるといわなければならない（最大判昭37.11.28・第三者所有物没収事件）。その上で、判例は、当該没収の言渡を受けた被告人は、たとえ第三者の所有物に関する場合であっても、被告人に対する附加刑である以上、没収の裁判の違憲を理由として上告をなし得ることは、当然であるとした（同判例）。したがって、本肢は正しい。

オ　正　憲法81条は、最高裁判所が違憲審査権を有する終審裁判所であることを明らかにした規定であって、下級裁判所が違憲審査権を有することを否定する趣旨をもっているものではない（最大判昭25.2.1・食糧管理法違反被告事件）。したがって、本肢は正しい。

以上から、正しいものはエオであり、正解は5となる。

MEMO

16d－3（R5－3）

財政に関する次のアからオまでの記述のうち、**判例の趣旨に照らし誤っているもの**の組合せは、後記1から5までのうち、どれか。

ア　公金を公の支配に属しない慈善事業に対して支出することは、憲法上禁じられている。

イ　国の収入支出の決算は、全て毎年会計検査院がこれを検査し、内閣は、次の年度に、その検査報告とともに、これを国会に提出しなければならない。

ウ　内閣は、国会の議決に基づいて設けられた予備費の支出について、事前にも事後にも国会の承諾を得る必要はない。

エ　市町村が行う国民健康保険の保険料は、賦課徴収の強制の度合いにおいては租税に類似する性質を有し、憲法第84条の趣旨が及ぶ。

オ　地方公共団体が条例により税目や税率を定めることは、憲法上予定されていない。

(参考)
憲法
第84条　あらたに租税を課し、又は現行の租税を変更するには、法律又は法律の定める条件によることを必要とする。

1　アウ　　2　アエ　　3　イエ　　4　イオ　　5　ウオ

〈第3問　解 説〉

正 解　5

ア　正　　公金その他の公の財産は、宗教上の組織若しくは団体の使用、便益若しくは維持のため、又は公の支配に属しない慈善、教育若しくは博愛の事業に対し、これを支出し、又はその利用に供してはならない（憲89）。したがって、本肢は正しい。

イ　正　　国の収入支出の決算は、すべて毎年会計検査院がこれを検査し、内閣は、次の年度に、その検査報告とともに、これを国会に提出しなければならない（憲 90 Ⅰ）。したがって、本肢は正しい。

ウ　誤　　すべて予備費の支出については、内閣は、事後に国会の承諾を得なければならない（憲法 87 Ⅱ）。したがって、事後にも国会の承諾を得る必要はないとする点で、本肢は誤っている。

エ　正　　憲法 84 条が規定する「租税」とは、国又は地方公共団体が、課税権に基づき、その経費に充てるための資金を調達する目的をもって、特別の給付に対する反対給付としてではなく、一定の要件に該当する全ての者に対して課する金銭給付のことをいうが、判例は、国民健康保険の保険料は、被保険者において保険給付を受け得ることに対する反対給付として徴収されるものであるから、「租税」に当たらず、憲法 84 条の規定が直接に適用されることはないとした（最大判平 18. 3. 1・旭川市国民健康保険条例事件）。その上で、判例は、市町村が行う国民健康保険は、保険料を徴収する方式のものであっても、強制加入とされ、保険料が強制徴収され、賦課徴収の強制の度合いにおいては租税に類似する性質を有するものであるから、これについても憲法 84 条の趣旨が及ぶと解すべきであるとした（同判例）。したがって、本肢は正しい。

オ　誤　　普通地方公共団体は、地方自治の本旨に従い、その財産を管理し、事務を処理し、及び行政を執行する権能を有するものであり（憲92・94）、その本旨に従ってこれらを行うためにはその財源を自ら調達する権能を有することが必要であることからすると、普通地方公共団体は、地方自治の不可欠の要素として、その区域内における当該普通地方公共団体の役務の提供等を受ける個人又は法人に対して国とは別途に課税権の主体となることが憲法上予定されているものと解される（最判平

25.3.21・神奈川県臨時特例企業税事件)。したがって、地方公共団体が条例により税目や税率を定めることは、憲法上予定されていないとする点で、本肢は誤っている。

以上から、誤っているものはウオであり、正解は5となる。

MEMO

2－24（R5－4）

以下の試験問題については、国際物品売買契約に関する国際連合条約（ウィーン売買条約）の適用は考慮しないものとして、解答してください。
また、第4問から第23問までの試験問題については、商法の適用は考慮しないものとして、解答してください。

後見、保佐及び補助に関する次のアからオまでの記述のうち、**誤っているもの**の組合せは、後記1から5までのうち、どれか。

ア　成年被後見人が成年後見人の同意を得てした不動産の取得を目的とする売買契約は、行為能力の制限を理由として取り消すことができない。

イ　成年被後見人が養子縁組をするには、成年後見人の同意を得ることを要しない。

ウ　保佐人は、保佐開始の審判により、被保佐人の財産に関する法律行為について被保佐人を代表する。

エ　保佐開始の審判をするには、本人以外の者が請求する場合であっても、本人の同意を得ることを要しない。

オ　借財をすることについて補助人の同意を得なければならない旨の審判がない場合には、被補助人は、補助人の同意を得ることなく、借財をすることができる。

1　アウ　　2　アオ　　3　イウ　　4　イエ　　5　エオ

〈第4問　解 説〉

正 解　　1

ア　誤　　成年被後見人の法律行為は、日用品の購入その他日常生活に関する行為を除き、取り消すことができ（民９）、成年被後見人の法律行為は、たとえ成年後見人の同意を得てされたときでも、なお取り消すことができる。なぜなら、成年被後見人の精神状態は終始変化するものであり、成年後見人があらかじめ同意をして本人が単独で法律行為をすることを許すのは危険だからである。したがって、行為能力の制限を理由として取り消すことができないとする点で、本肢は誤っている。

イ　正　　成年被後見人が養子縁組をするには、その成年後見人の同意を要しない（民799・738)。これは、成年被後見人の行為は原則として取り消すことができるとする民法総則の規定（民９）が、身分行為である縁組には適用がないことを明らかにする趣旨である。したがって、本肢は正しい。

ウ　誤　　家庭裁判所は、保佐開始の審判の申立権者（民11）又は保佐人若しくは保佐監督人の請求によって、被保佐人のために特定の法律行為について保佐人に代理権を付与する旨の審判をすることができる（民876の４Ⅰ)。そして、保佐人は、保佐開始の審判とは別に、この代理権付与の審判がされることにより、特定の法律行為についての代理権を有する。したがって、保佐開始の審判により、被保佐人の財産に関する法律行為について被保佐人を代表するとする点で、本肢は誤っている。なお、後見人は、被後見人の財産を管理し、かつ、その財産に関する法律行為について被後見人を代表するところ(民859 Ⅰ)、これらの権限は、後見開始の審判の効果として、法律上当然に後見人に付与される。

エ　正　　本人以外の者の請求により補助開始の審判をするには、本人の同意がなければならないが（民15 Ⅱ)、保佐の対象となる者は、補助の対象となる者よりも判断能力が不十分である程度が大きく、これを保護する必要性も大きいことから、本人以外の者の請求により保佐開始の審判をする場合であっても、本人の同意を得ることを要しない。したがって、本肢は正しい。なお、保佐人に代理権を与えると、本人が希望しない結果が生ずる可能性があるため、本人以外の者の請求によって保佐人に代理権を付与する旨の審判をするには、本人の同意がなければならない（民876の4Ⅱ）。

オ　正　補助開始の審判に当たり、現行法は3つの選択肢を設けている。すなわち、①「特定の法律行為」について補助人に同意権を付与する方法（民17Ⅰ本文・同意権付与の審判）、②「特定の法律行為」について補助人に代理権を付与する方法（民876の9Ⅰ・代理権付与の審判）、③上記①②の双方を付与する方法である（民15Ⅲ）。この点、①同意権付与の審判により、その同意を得なければならないものとすることができる行為は、民法13条1項に規定する行為の一部に限られ（民17Ⅰ但書）、借財をすること（民13Ⅰ②）について補助人の同意を得なければならない旨の審判がない場合には、被補助人は、補助人の同意を得ることなく、借財をすることができる。したがって、本肢は正しい。なお、②補助人に代理権のみが付与された場合には、被補助人の行為能力は制限されないから、被補助人は補助人に代理権が付与された行為を含めて、全ての行為を単独で有効に行うことができる。

以上から、誤っているものはアウであり、正解は1となる。

MEMO

5－24（R5－5）

AがBに対して甲土地を売却してその旨の所有権の移転の登記がされ、その後、BがCに対して甲土地を転売した。この事例に関する次のアからオまでの記述のうち、**判例の趣旨に照らし正しいもの**の組合せは、後記1から5までのうち、どれか。

ア　BがAに対して虚偽の事実を告げてAB間の売買契約が締結された場合には、Aが当該事実を告げられたことによって錯誤に陥っていなくても、Aは、Bの詐欺を理由としてAB間の売買契約を取り消すことができる。

イ　Aが第三者による強迫によってAB間の売買契約を締結した場合には、Bが当該強迫の事実を知り、又は知ることができたときに限り、Aは、AB間の売買契約を取り消すことができる。

ウ　BがCの詐欺を理由としてBC間の売買契約を取り消すことができることを知った後、異議をとどめることなくCから売買代金を受領した場合には、Bは、自らの債務を履行する前であっても、Cの詐欺を理由としてBC間の売買契約を取り消すことができない。

エ　AがBC間の売買契約の締結後に、Bの詐欺を理由としてAB間の売買契約を取り消した場合において、当該詐欺の事実を知らなかったことについてCに過失があるときは、Aは、Cに対し、甲土地の所有権を主張することができる。

オ　AB間の売買契約がAとBの通謀により仮装されたものであり、その後、BがCに対して甲土地を売却し、更にCがDに対して甲土地を売却した場合において、CがAB間の売買契約が仮装されたものであることを知っていたときは、Dがこれを知らなかったとしても、Dは、Aに対し、甲土地の所有権を主張することはできない。

1　アイ　　2　アオ　　3　イウ　　4　ウエ　　5　エオ

〈第5問　解 説〉

正 解　　4

ア 誤　詐欺による意思表示は、取り消すことができる(民96 Ⅰ)。もっとも、詐欺による意思表示であるというためには、表意者に錯誤があり、その錯誤が欺罔行為によって生じたことが必要である。したがって、Aが当該事実を告げられたことによって錯誤に陥っていなくても、Aは、Bの詐欺を理由としてAB間の売買契約を取り消すことができるとする点で、本肢は誤っている。

イ 誤　相手方に対する意思表示について第三者が詐欺を行った場合においては、相手方がその事実を知り、又は知ることができたときに限り、その意思表示を取り消すことができる（民96 Ⅱ)。一方、第三者による強迫があった場合には、詐欺の場合と異なり、その相手方が強迫の事実を知らないことについて過失がなくても取り消すことができる（民96 Ⅱ参照)。したがって、Bが当該強迫の事実を知り、又は知ることができたときに限り、Aは、AB間の売買契約を取り消すことができるとする点で、本肢は誤っている。

ウ 正　追認をすることができる時以後に、取り消すことができる行為について「全部又は一部の履行」があった場合には、異議をとどめたときを除き、追認をしたものとみなされる（民125 ①・法定追認)。この点、「全部又は一部の履行」とは、取消権者が債務者として履行した場合に限らず、取消権者が債権者として受領した場合が含まれる（大判昭8.4.28)。そして、取り消すことができる行為は、取消権者が追認したときは、以後、取り消すことができない（民122・120)。よって、取消権者Bは、異議なく売買代金を受領した場合には、自らの債務を履行する前であっても、売買契約を取り消すことができない。したがって、本肢は正しい。

エ 正　詐欺による意思表示の取消しは、善意でかつ過失がない取消し前の第三者に対抗することができない（民96 Ⅲ、大判昭17.9.30)。よって、Aは、過失がある取消し前の第三者Cに対しては、甲土地の所有権を主張することができる。したがって、本肢は正しい。

オ　誤　相手方と通じてした虚偽の意思表示の無効は、善意の第三者に対抗することができない（民94 II）。この点、民法94条2項の第三者には、第三者からの転得者も含まれ、直接の第三者が悪意でも、転得者が善意なら保護される（最判昭45.7.24）。よって、AB間の売買契約が仮装されたものであることを知らなかった転得者Dは、Aに対し、甲土地の所有権を主張することができる。したがって、Dがこれを知らなかったとしても、Dは、Aに対し、甲土地の所有権を主張することはできないとする点で、本肢は誤っている。

以上から、正しいものはウエであり、正解は4となる。

MEMO

7－18（R5－6）

Aが、Bの代理人と称して、Cとの間で、Bの所有する不動産を売却する旨の契約（以下「本件売買契約」という。）を締結したが、実際にはAは代理権を有しておらず、また、CはAが代理権を有していないことを知らなかった。この事例に関する次のアからオまでの記述のうち、**正しいもの**の組合せは、後記1から5までのうち、どれか。

ア　Cは、Bに対し、相当の期間を定めて、その期間内に本件売買契約を追認するかどうかを確答すべき旨の催告をすることができ、Bがその期間内に確答しないときは、追認したものとみなされる。

イ　Bが本件売買契約を追認した場合において、別段の意思表示がないときは、本件売買契約は、その追認の時から効力を生ずる。

ウ　本件売買契約の締結時において、Aが成年被後見人であったときは、Aは、Cに対して民法第117条第1項による無権代理人の責任を負わない。

エ　Bが、Aに対して、本件売買契約を追認した場合であっても、Cが当該追認の事実を知らないときは、Cは本件売買契約を取り消すことができる。

オ　Aが、自己に代理権がないことを知りながら、本件売買契約を締結した場合であっても、Aが代理権を有しないことをCが過失によって知らなかったときは、Aは、Cに対して民法第117条第1項による無権代理人の責任を負わない。

（参考）

民法

第117条　他人の代理人として契約をした者は、自己の代理権を証明したとき、又は本人の追認を得たときを除き、相手方の選択に従い、相手方に対して履行又は損害賠償の責任を負う。

2　（略）

1　アイ　　2　アオ　　3　イエ　　4　ウエ　　5　ウオ

〈第6問　解 説〉

正 解	4

ア　誤　無権代理の相手方は、本人に対し、相当の期間を定めて、その期間内に追認をするかどうかを確答すべき旨の催告をすることができ、本人がその期間内に確答をしないときは、追認を拒絶したものとみなされる（民114）。これは、無権代理契約により生ずる不安定な法律関係によって最も不利益を受ける契約の相手方に、その不安定な状態を解消する手段として催告権を与えたものである。したがって、追認したものとみなされるとする点で、本肢は誤っている。

イ　誤　無権代理行為について、本人はこれを追認して、有効な代理行為とすることができる(民113 Ⅰ参照)。そして、無権代理行為の追認は、別段の意思表示がないときは、契約の時にさかのぼってその効力を生ずる（民116本文)。したがって、その追認の時から効力を生ずるとする点で、本肢は誤っている。

ウ　正　他人の代理人として契約をした者は、自己の代理権を証明したとき、又は本人の追認を得たときを除き、相手方の選択に従い、相手方に対して履行又は損害賠償の責任を負う(民117 Ⅰ・無権代理人の責任)。もっとも、他人の代理人として契約をした者は、行為能力の制限を受けていたときは、民法117条1項による無権代理人の責任を負わない（民117 Ⅱ③)。これは、行為能力の制限を受けている者に民法117条1項の重い責任を負わせることは、制限行為能力制度の趣旨からして適切ではないためである。したがって、本肢は正しい。

エ　正　代理権を有しない者がした契約は、本人が追認をしない間は、契約の時において代理権を有しないことにつき善意の相手方が取り消すことができる（民115)。この点、本人は、無権代理行為の追認を、相手方又は無権代理人のいずれに対してもすることができるが（最判昭47.12.22)、無権代理人に対してした追認は、その事実を相手方が知らなければ、相手方に対抗することができない（民113 Ⅱ)。すなわち、無権代理について善意の相手方は、本人が無権代理人に対してした追認の事実を知らないときは、なお追認がないものとして、無権代理人との契約を取り消すことができる。したがって、本肢は正しい。

オ　誤　他人の代理人として契約をした者が代理権を有しないことを相手方が過失によって知らなかったときは、他人の代理人として契約をした者は、民法117条1項による無権代理人の責任を負わない（民117Ⅱ②本文）。しかし、他人の代理人として契約をした者は、自己に代理権がないことを知っていたときは、相手方が有過失であっても、民法117条1項による無権代理人の責任を負う（民117Ⅱ②但書）。したがって、無権代理人の責任を負わないとする点で、本肢は誤っている。

以上から、正しいものはウエであり、正解は4となる。

MEMO

12－39（R5－7）

不動産の物権変動に関する次のアからオまでの記述のうち、**判例の趣旨に照らし誤っているもの**の組合せは、後記1から5までのうち、どれか。

ア　甲土地を所有するAが死亡し、その子B及びCがAを共同相続した場合において、BC間でBが甲土地を単独で取得する旨の遺産分割協議が成立したが、Cが甲土地を共同相続したものとして所有権の移転の登記をした上で、自己の法定相続分に相当する持分をDに売却してその旨の登記をしたときは、Bは、Dに対し、単独での甲土地の所有権の取得を対抗することができない。

イ　Aがその所有する甲土地をBに売却した後、Cが甲土地を正当な権原なく占有している場合には、Bは、所有権の移転の登記をしなくても、Cに対し、甲土地の所有権の取得を対抗することができる。

ウ　金銭債権の債務者Aが、債権者Bとの間で、金銭の給付に代えてAが所有する甲土地の給付をする旨の代物弁済契約をした場合には、甲土地の所有権の移転の効果は、AからBへの所有権の移転の登記をした時に生ずる。

エ　Aがその所有する甲土地をBの詐欺によりBに売却してその旨の登記をし、AがBとの間の売買契約を詐欺を理由として取り消した後、Bがその取消しにつき善意のCに甲土地を売却してその旨の登記をした場合であっても、Cにその善意であることにつき過失があるときは、Aは、Cに対し、甲土地の所有権のAへの復帰を対抗することができる。

オ　AがB所有の甲土地を占有し、取得時効が完成した後、BがCに対し甲土地につき抵当権の設定をしてその旨の登記をした場合において、Aがその抵当権の設定の事実を知らずにその登記後引き続き時効取得に必要な期間甲土地を占有し、その期間経過後に取得時効を援用したときは、Aは、Cに対し、抵当権の消滅を主張することができる。

1　アウ　　2　アオ　　3　イエ　　4　イオ　　5　ウエ

〈第7問　解 説〉

正 解　5

ア　正　相続による権利の承継は、遺産の分割によるものかどうかにかかわらず、法定相続分を超える部分については、登記、登録その他の対抗要件を備えなければ、第三者に対抗することができない（民899の2Ⅰ・900・901）。本肢において、Bは、甲土地について遺産分割協議により法定相続分を超える持分を取得しているが、その旨の登記を備える前に、Cが法定相続分に相当する甲土地の2分の1の持分をDに売却している。よって、Bは、第三者Dに対し、単独での甲土地の所有権の取得を対抗することができない。したがって、本肢は正しい。

イ　正　不動産に関する物権の得喪及び変更は、不動産登記法その他の登記に関する法律の定めるところに従いその登記をしなければ、第三者に対抗することができない(民177)。もっとも、民法177条の第三者とは、登記の欠缺を主張するについて正当な利益を有する者のことをいい（大連判明41.12.15)、無権限で他人の不動産を占有する者は、当該第三者に該当せず、所有権者は、不法占有者に対して登記がなくても所有権の取得を対抗することができる（最判昭25.12.19)。したがって、本肢は正しい。

ウ　誤　弁済者が債権者との間で、本来の債権の給付内容とは異なる他の給付をすることにより本来の債権を消滅させる旨の契約をして、当該他の給付をすることを代物弁済という（民482)。この点、代物弁済の目的が物の給付である場合には、債権者への所有権移転の効果は、意思主義（民176）に従い、原則として代物弁済契約の成立時に生ずる（最判昭57.6.4)。したがって、AからBへの所有権の移転の登記をした時に生ずるとする点で、本肢は誤っている。なお、代物弁済する場合の債務消滅の効果は、原則として単に所有権移転の意思表示をするのみでは足りず、第三者に対する対抗要件の具備によって生ずる（最判昭40.4.30)。

エ　誤　詐欺による意思表示の取消しは、善意でかつ過失がない第三者に対抗することができない(民96Ⅲ)。この点、民法96条3項の第三者は、取消し前の第三者に限られ、取消し後の第三者は含まれない（大判昭17.9.30)。そして、土地の売買が詐欺によって取り消された場合において、取消権者と取消し後の第三者との優劣は、登記の先後で決せられる(同判例)。本肢において、Cは取消し後の第三者であり、取消権者AとCとの優劣は登記の先後で決せられる。したがって、Cにその善意であることにつき過失があるときは、Aは、Cに対し、甲土地の所有権のAへの復帰を対抗することができるとする点で、本肢は誤っている。

オ　正　時効取得者と取得時効の完成後に抵当権の設定を受けた者との関係は対抗関係となる（最判平 24. 3. 16)。そして、不動産の取得時効完成後、所有権移転の登記がされることのないまま、第三者が原所有者から抵当権の設定を受けて抵当権設定登記がされた場合において、当該不動産の時効取得者である占有者が、その後引き続き時効取得に必要な期間占有を継続したときは、当該占有者が当該抵当権の存在を容認していたなど抵当権の消滅を妨げる特段の事情がない限り、当該占有者は当該不動産を時効取得し、その結果、当該抵当権は消滅する（同判例)。したがって、本肢は正しい。

以上から、誤っているものはウエであり、正解は5となる。

MEMO

19－20（R5－8）

公道に至るための他の土地の通行権（以下「囲繞（にょう）地通行権」という。）に関する次のアからオまでの記述のうち、**判例の趣旨に照らし正しいもの**の組合せは、後記１から５までのうち、どれか。

ア　他の土地に囲まれて公道に通じない土地（以下「袋地」という。）の所有権を取得した者は、所有権の移転の登記をしなくても、袋地を囲んでいる他の土地（以下「囲繞地」という。）の所有者に対して、囲繞地通行権を主張することができる。

イ　自動車によっては公道に出入りすることができないが、徒歩により公道に出入りすることができる土地の所有者は、その土地を囲んでいる他の土地につき、自動車による通行を前提とする囲繞地通行権を有しない。

ウ　民法第210条の規定による囲繞地通行権が認められる場合の通行の場所及び方法は、通行権者のために必要であり、かつ、囲繞地のために損害が最も少ないものを選ばなければならない。

エ　共有物の分割によって生じた袋地の所有者が、他の分割者の所有地（以下「残余地」という。）について有する囲繞地通行権は、当該残余地について特定承継が生じた場合には、消滅する。

オ　Aがその所有する一筆の土地を甲土地と乙土地とに分筆し、甲土地をBに譲渡するのと同時に乙土地をCに譲渡したことによって甲土地が袋地となった場合には、Bは、乙土地以外の囲繞地について囲繞地通行権を有することがある。

（参考）

民法

第210条　他の土地に囲まれて公道に通じない土地の所有者は、公道に至るため、その土地を囲んでいる他の土地を通行することができる。

2　池沼、河川、水路若しくは海を通らなければ公道に至ることができないとき、又は崖（がけ）があって土地と公道とに著しい高低差があるときも、前項と同様とする。

1　アウ　　2　アオ　　3　イエ　　4　イオ　　5　ウエ

MEMO

〈第8問　解 説〉

正 解	1

ア 正　袋地の所有者は、当該袋地について所有権の登記を有していなくても、囲繞地通行権を主張することができる（最判昭 47. 4. 14）。なぜなら、袋地の所有者が公道に通ずる土地の所有者に対して囲繞地通行権を主張することは、不動産取引の安全を図るための公示制度とは関係がないからである（同判例）。したがって、本肢は正しい。

イ 誤　自動車による通行を前提とする囲繞地通行権の成否及びその具体的内容は、他の土地について自動車による通行を認める必要性、周辺の土地の状況、自動車による通行を前提とする囲繞地通行権が認められることにより他の土地の所有者が被る不利益等の諸事情を総合考慮して判断すべきである（最判平 18. 3. 16）。すなわち、自動車による通行を前提とする囲繞地通行権も成立し得る。したがって、自動車による通行を前提とする囲繞地通行権を有しないとする点で、本肢は誤っている。

ウ 正　民法 210 条に基づく囲繞地通行権を行使する場合には、通行の場所及び方法は、当該通行権を有する者のために必要であり、かつ、他の土地のために損害が最も少ないものを選ばなければならない（民 211 Ⅰ）。したがって、本肢は正しい。なお、当該通行権を有する者は、必要があるときは、通路を開設することができる（民 211 Ⅱ）。

エ 誤　分割によって袋地が生じたときは、その土地の所有者は、公道に至るため、残余地のみを通行することができる（民 213 Ⅰ前段）。そして、民法 213 条の規定する囲繞地通行権は、通行の対象となる土地に特定承継が生じた場合にも、消滅しない（最判平 2. 11. 20）。なぜなら、民法 209 条以下の相隣関係に関する規定は、土地の利用の調整を目的とするものであって、対人的な関係を定めたものではなく、同法 213 条の規定する囲繞地通行権も、袋地に付着した物権的権利で、残余地自体に課せられた物権的負担と解すべきものであるからである（同判例）。したがって、当該残余地について特定承継が生じた場合には、消滅するとする点で、本肢は誤っている。

オ 誤　土地の所有者がその土地の一部を譲り渡したことによって袋地が生じたときは、その土地の所有者は、公道に至るため、譲受人の所有地のみを通行することができる（民213 Ⅱ・Ⅰ前段)。この点、一筆の土地を分筆し、数人に対して同時に全部譲渡したことによって袋地が生じた場合には、民法213条2項が類推適用され、袋地の取得者は、分筆前に一筆であった残余の土地についてのみ通行権を有するにすぎない(最判昭37.10.30)。したがって、乙土地以外の囲繞地について囲繞地通行権を有することがあるとする点で、本肢は誤っている。

以上から、正しいものはアウであり、正解は1となる。

MEMO

19－21（R5－9）

次の対話は、所有権の取得に関する教授と学生との対話である。教授の質問に対する次のアからオまでの学生の解答のうち、**判例の趣旨に照らし誤っているもの**の組合せは、後記１から５までのうち、どれか。

教授：　所有権の取得の形態には、承継取得と原始取得の２つがありますね。民法には、付合、混和及び加工の規定がありますが、これらの規定による取得は承継取得と原始取得のどちらに当たりますか。

学生：ア　原始取得に当たります。

教授：　Ａの所有する甲動産とＢの所有する乙動産とが、付合により、損傷しなければ分離することができなくなった場合において、甲動産の方が主たる動産であるときは、その合成物の所有権は誰に帰属しますか。

学生：イ　Ａに帰属します。

教授：　請負人が自ら材料を提供して建物の建築を始めたが、独立の不動産になっていない建前の状態で工事を中止した後、第三者がその建前に自ら材料を提供して工事を続行して建物を建築した場合には、その建物の所有権の帰属はどの規定により決定されるでしょうか。

学生：ウ　動産の付合の規定により決定されます。

教授：　他人の動産に、自らは他に材料を提供しないで工作を加えた者が加工物の所有権を取得するのはどのような場合ですか。

学生：エ　工作によって生じた価格が材料の価格を著しく超えるときです。

教授：　Ａの所有する甲液体とＢの所有する乙液体とが混和して識別することができなくなった場合には、その合成物の所有権は誰に帰属しますか。

学生：オ　甲液体と乙液体について主従の区別が可能かどうかにかかわらず、混和の時における価格の割合に応じて、ＡとＢとが共有することになります。

１　アイ　　２　アエ　　３　イオ　　４　ウエ　　５　ウオ

〈第9問 解 説〉

正 解　　5

ア 正　付合（民242～244）、混和（民245）及び加工（民246）を合わせて「添付」という。そして、添付は、所有者の異なる数個の物が結合し、又は所有者以外の者の工作が物に加えられた結果、1個の物が生じたものとして取り扱う制度であり、添付の規定による所有権の取得は、原始取得である。したがって、本肢は正しい。

イ 正　所有者を異にする数個の動産が、付合により、損傷しなければ分離することができなくなったときは、その合成物の所有権は、主たる動産の所有者に帰属する（民243前段）。よって、Aの所有する甲動産の方が主たる動産であるときは、合成物の所有権はAに帰属する。したがって、本肢は正しい。

ウ 誤　建築途中の未だ独立の不動産に至らない建前に、第三者が材料を提供して工事を施し、独立の不動産である建物に仕上げた場合には、その建物所有権が誰に帰属するかは、動産の付合（民243）の規定によるのではなく、加工（民246 Ⅱ）の規定に基づいて決定すべきである（最判昭54.1.25）。なぜなら、このような場合は、動産に動産を単純に付合させるだけでそこに施される工作の価値を無視してもよい場合とは異なり、当該建物の建築のように、材料に対して施される工作が特段の価値を有し、完成時の建物の価格が原材料の価格から相当程度増加する場合には、むしろ民法の加工の規定に基づいて所有権の帰属を決定するのが相当だからである（同判例）。したがって、動産の付合の規定により決定されるとする点で、本肢は誤っている。

エ 正　他人の動産に工作を加えた者（加工者）があるときは、その加工物の所有権は、材料の所有者に帰属する（民246 Ⅰ本文）。しかし、他人の動産に、自らは他に材料を提供しない加工者がある場合において、工作によって生じた価格が材料の価格を著しく超えるときは、加工者がその加工物の所有権を取得する（民246 Ⅰ但書）。したがって、本肢は正しい。なお、民法246条1項に規定する場合において、加工者が材料の一部を供したときは、その材料の価格に工作によって生じた価格を加えたものが他人の材料の価格を超えるときに限り、加工者がその加工物の所有権を取得し、同条同項ただし書と異なり、著しく超えることを要しない（民246 Ⅱ）。

オ　誤　所有者を異にする物が混和して識別することができなくなったときは、その混和物の所有権は、主たる物の所有者に帰属する（民245・243）。よって、甲液体と乙液体について主従の区別が可能な場合には、合成物の所有権は、主たる物の所有者に帰属する。したがって、主従の区別が可能かどうかにかかわらず、混和の時における価格の割合に応じて、ＡとＢとが共有することになるとする点で、本肢は誤っている。

以上から、誤っているものはウオであり、正解は５となる。

MEMO

20－24（R5－10）

A、B及びCが各3分の1の持分の割合で甲土地を共有している場合の法律関係に関する次のアからオまでの記述のうち、**正しいもの**の組合せは、後記1から5までのうち、どれか。

ア　Aは、B及びCの同意を得なければ、自己の持分を放棄することができない。

イ　甲土地につき共有物の分割の裁判を行う場合には、裁判所は、Aに債務を負担させて、B及びCの持分全部を取得させる方法による分割を命ずることもできる。

ウ　Cが所在不明である場合において、Aが甲土地にその形状又は効用の著しい変更を伴う変更を加えようとするときは、Aは、裁判所に対し、Bの同意を得てその変更を加えることができる旨の裁判を請求することができる。

エ　AがBに対して甲土地の管理費用の支払を内容とする金銭債権を有する場合において、BがDに甲土地の持分を譲渡したときは、Aは、Bに対してその債権を行使することができなくなる。

オ　Aが甲土地を駐車場として使用させる目的でDのために賃借権を設定する場合には、賃貸借の存続期間の長短にかかわらず、B及びCの同意が必要である。

1　アエ　　2　アオ　　3　イウ　　4　イエ　　5　ウオ

〈第10問　解 説〉

正 解　3

ア　誤　持分の放棄は、単独行為であるから、放棄をしようとする共有者の単独の意思表示によって効力を生ずる。したがって、B及びCの同意を得なければ、自己の持分を放棄することができないとする点で、本肢は誤っている。

イ　正　共有物の分割について共有者間に協議が調わないとき、又は協議をすることができないときは、その分割を裁判所に請求することができる（民258 Ⅰ）。そして、裁判所は、共有物の現物を分割する方法のほか、共有者に債務を負担させて、他の共有者の持分の全部又は一部を取得させる方法により、共有物の分割を命ずることができる（民258 Ⅱ）。したがって、本肢は正しい。

ウ　正　各共有者は、他の共有者の同意を得なければ、共有物に変更（その形状又は効用の著しい変更を伴わないものを除く。次項において同じ。）を加えることができない（民251 Ⅰ）。もっとも、共有者が他の共有者を知ることができず、又はその所在を知ることができないときは、裁判所は、共有者の請求により、当該他の共有者以外の他の共有者の同意を得て共有物に変更を加えることができる旨の裁判をすることができる（民251 Ⅱ）。したがって、本肢は正しい。

エ　誤　共有者の一人が共有物について他の共有者に対して有する債権は、その特定承継人に対しても行使することができる（民254）。これは、当該債権は、当該他の共有者の持分が特定承継された場合においても、依然として当該他の共有者に対して行使することができるのは当然であり、これに加えてその特定承継人に対しても行使することができることを定めたものである。したがって、Bに対してその債権を行使することができなくなるとする点で、本肢は誤っている。

オ　誤　駐車場としての使用を目的とする土地の賃借権であって、存続期間が５年を超えない短期の賃借権を設定することについては（民252 Ⅳ②）、共有物の管理に関する事項の規律に基づいて、各共有者の持分の価格に従い、その過半数で決する（民252 Ⅰ前段）。よって、賃貸借の存続期間が５年を超えない場合には、B又はCの同意で足りる。したがって、賃貸借の存続期間の長短にかかわらず、B及びCの同意が必要であるとする点で、本肢は誤っている。なお、建物の所有を目的とする土地の賃貸借等については、契約でその存続期間を５年以内と定めても、借地借家法の適用により、その借地権の存続期間は30年となり（借地借家３）、民法252条４項２号の期間を超え、長期間にわたって用途が限定されて共有者に多大な影響を与えることになるため、一時使用目的（借地借家25）である場合を除き、効用の著しい変更を伴う変更として共有者全員の同意が必要となる（民251 Ⅰ）。

以上から、正しいものはイウであり、正解は３となる。

MEMO

24－20（R5－11）

民法上の担保物権に関する次のアからオまでの記述のうち、**正しいもの**の組合せは、後記１から５までのうち、どれか。

ア　留置権者は、留置物から生ずる果実を収取し、他の債権者に先立って、これを自己の債権の弁済に充当することができる。

イ　動産の売買の先取特権は、動産の代価及びその利息に関し、債務者の総財産について存在する。

ウ　動産質権は、設定行為に別段の定めがない場合には、質物の隠れた瑕疵によって生じた損害の賠償を担保しない。

エ　不動産質権者は、設定行為に別段の定めがあっても、その債権の利息を請求することができない。

オ　抵当権は、金銭債権以外の債権を担保するためにも設定することができる。

１　アウ　　２　アオ　　３　イウ　　４　イエ　　５　エオ

〈第11問　解説〉

正解　2

ア　正　留置権者は、留置物から生ずる果実を収取し、他の債権者に先立って、これを自己の債権の弁済に充当することができる（民297Ⅰ）。したがって、本肢は正しい。なお、収取した果実は、まず債権の利息に充当し、なお残余があるときは元本に充当しなければならない（民297Ⅱ）。

イ　誤　動産の売買の先取特権は、動産の代価及びその利息に関し、その動産について存在する（民321）。したがって、債務者の総財産について存在するとする点で、本肢は誤っている。なお、一般の先取特権は、債務者の総財産を目的として成立する（民306）。

ウ　誤　動産質権は、設定行為に別段の定めがある場合を除き、元本、利息、違約金、質権の実行の費用、質物の保存の費用及び債務の不履行又は質物の隠れた瑕疵によって生じた損害の賠償を担保する（民346）。したがって、設定行為に別段の定めがない場合には、質物の隠れた瑕疵によって生じた損害の賠償を担保しないとする点で、本肢は誤っている。

エ　誤　不動産質権者は、設定行為に別段の定めがあるとき、又は担保不動産収益執行の開始があったときは、その債権の利息を請求することができる（民359・358）。したがって、設定行為に別段の定めがあっても、その債権の利息を請求することができないとする点で、本肢は誤っている。

オ　正　抵当権の被担保債権は、原則として金銭債権であるが、金銭債権以外の債権も、債務不履行によって金銭債権に転化し得ることから、その被担保債権とすることができる。したがって、本肢は正しい。なお、この場合には、債権を金銭に換算してその価額を登記することになる（不登83Ⅰ①括弧書）。

以上から、正しいものはアオであり、正解は2となる。

25−20（R5−12）

次の対話は、民法上の留置権に関する教授と学生との対話である。教授の質問に対する次のアからオまでの学生の解答のうち、**誤っているもの**の組合せは、後記１から５までのうち、どれか。

教授：　Ａを賃借人、Ｂを賃貸人とするＢ所有の甲建物の賃貸借契約の期間中に、Ａが甲建物についてＢの負担に属する必要費を支出し、Ｂからその償還を受けないまま、賃貸借契約が終了した事例について、考えてみましょう。この事例において、Ａは、Ｂに対し、必要費償還請求権を被担保債権として、甲建物について留置権を主張することが考えられますが、Ａが裁判手続外で留置権を行使した場合には、必要費償還請求権の消滅時効の進行に影響を及ぼしますか。

学生：ア　はい。Ａが甲建物を留置している間は、必要費償還請求権の消滅時効は進行しません。

教授：　Ａが、留置権に基づいて甲建物を留置している間に、甲建物について有益費を支出し、これによる価格の増加が現存するときは、Ａは、Ｂに、有益費を償還させることができますか。

学生：イ　はい。Ａは、Ｂの選択に従い、その支出した金額又は増価額を償還させることができます。

教授：　Ａが、留置権に基づいて甲建物を留置している間に、Ｂに無断で、第三者に甲建物を賃貸したときは、それによって留置権は当然に消滅しますか。

学生：ウ　はい。留置権は、当然に消滅します。

教授：　冒頭の事例において、甲建物が火災により滅失し、Ｂがこれによる保険金請求権を取得した場合には、Ａは、留置権に基づき、この保険金請求権に物上代位することができますか。

学生：エ　いいえ。Ａは、Ｂが取得した保険金請求権に物上代位することはできません。

教授：　最後に、冒頭の事例において、実は、甲建物の所有者が当初からＣであり、Ｃに無断で、ＢがＡに甲建物を賃貸していた場合には、Ａは、Ｂに対し、必要費償還請求権を被担保債権として、甲建物について留置権を主張することができますか。

学生：オ　はい。Ａは、Ｂに対し、留置権を主張することができます。

１　アウ　　２　アエ　　３　イウ　　４　イオ　　５　エオ

〈第12問　解説〉

正解　1

ア　誤　留置権の行使は、債権の消滅時効の進行を妨げない（民300）。これは、留置権により占有を継続しているという状態が、被担保債権そのものを積極的に行使しているとはいえないためである。よって、Aが甲建物を留置している間も、必要費償還請求権の消滅時効は進行する。したがって、必要費償還請求権の消滅時効は進行しないとする点で、本肢は誤っている。なお、留置権者が裁判上留置権の抗弁を主張する際に、その基礎となる被担保債権の存在を主張したときは、催告（民150）と同じ効力が生じ、被担保債権の時効の完成は猶予される（最大判昭38.10.30）。

イ　正　留置権者は、留置物について有益費を支出したときは、これによる価格の増加が現存する場合に限り、所有者の選択に従い、その支出した金額又は増価額を償還させることができる（民299Ⅱ本文）。よって、留置権者Aは、所有者Bの選択に従い、その支出した金額又は増価額を償還させることができる。したがって、本肢は正しい。なお、有益費の償還請求について、裁判所は、所有者の請求により相当の期限を許与することができる（民299Ⅱ但書）。

ウ　誤　留置権者は、留置物の保存に必要な使用を除き、債務者の承諾を得なければ、留置物を使用し、賃貸し、又は担保に供することができず（民298Ⅱ）、留置権者が当該規定に違反したときは、債務者は、留置権の消滅を請求することができる（民298Ⅲ）。すなわち、当該規定に違反する事実があっても、当然に留置権が消滅するわけではなく、留置権者に対する意思表示によって留置権消滅の効果が生ずる。よって、留置権者Aが債務者Bに無断で、第三者に甲建物を賃貸したからといって、留置権は当然には消滅しない。したがって、当然に消滅するとする点で、本肢は誤っている。

エ　正　留置権には、優先弁済を受領する権能がないため、物上代位性は認められていない。よって、Aは、留置権に基づき、Bが取得した保険金請求権に物上代位することはできない。したがって、本肢は正しい。

オ　正　　他人の物の占有者は、その物に関して生じた債権を有するときは、その債権の弁済を受けるまで、その物を留置することができる（民295Ⅰ本文）。この点、「他人の物」とは、債務者自身の所有物である必要はなく、債務者にその物の引渡請求権があれば留置権が生ずる。よって、Aは、Bに対し、留置権を主張することができる。したがって、本肢は正しい。

以上から、誤っているものはアウであり、正解は1となる。

MEMO

26－11（R5－13）

先取特権に関する次のアからオまでの記述のうち、**誤っているもの**の組合せは、後記1から5までのうち、どれか。

ア　一般の先取特権者は、不動産について登記をしなくても、不動産売買の先取特権について登記をした者に優先して当該不動産から弁済を受けることができる。

イ　同一の目的物について共益の費用の先取特権者が数人あるときは、各先取特権者は、その債権額の割合に応じて弁済を受ける。

ウ　一般の先取特権者は、債務者の財産に不動産と不動産以外の財産とがある場合には、まず不動産から弁済を受けなければならない。

エ　同一の不動産について売買が順次された場合には、売主相互間における不動産売買の先取特権の優先権の順位は、売買の前後による。

オ　不動産の売買の先取特権の効力を保存するためには、売買契約と同時に、不動産の代価又はその利息の弁済がされていない旨を登記しなければならない。

1　アイ　　2　アウ　　3　イエ　　4　ウオ　　5　エオ

〈第13問　解説〉

正解　2

ア　誤　一般の先取特権は、不動産について登記をしなくても、特別担保を有しない債権者に対抗することができるが（民336本文）、登記をした第三者に対しては、対抗することができない(民336但書)。この点、「登記をした第三者」には、登記をした特別の先取特権者が含まれる。よって、一般の先取特権者は、不動産について登記をしなければ、特別の先取特権である不動産売買の先取特権について登記した者に優先して弁済を受けることはできない。したがって、不動産について登記をしなくても、不動産売買の先取特権について登記をした者に優先して当該不動産から弁済を受けることができるとする点で、本肢は誤っている。

イ　正　同一の目的物について同一順位の先取特権者が数人あるときは、各先取特権者は、その債権額の割合に応じて弁済を受ける（民332)。この点、「同一の目的物」には、特定財産だけでなく、債務者の総財産が含まれ、当該規定は、一般の先取特権にも適用される。よって、同一の目的物について一般の先取特権者である共益の費用の先取特権者が数人あるときは、各先取特権者は、その債権額の割合に応じて弁済を受ける。したがって、本肢は正しい。

ウ　誤　一般の先取特権者は、まず不動産以外の財産から弁済を受け、なお不足があるのでなければ、不動産から弁済を受けることができない(民335Ⅰ)。したがって、まず不動産から弁済を受けなければならないとする点で、本肢は誤っている。なお、一般の先取特権者は、不動産から弁済を受ける場合には、まず特別担保の目的とされていない不動産から弁済を受けなければならない（民335Ⅱ)。

エ　正　同一の不動産について売買が順次された場合には、売主相互間における不動産売買の先取特権の優先権の順位は、売買の前後による(民331Ⅱ)。これは、前の売買があったからこそ後の売買も可能となったのであり、また、前の売買の登記（民340）により、後の売買の売主は前の売主の先取特権の存在を知ることになるので、前の売主を優先することとしても不都合がないためである。したがって、本肢は正しい。

オ　正　　不動産の売買の先取特権は、不動産の代価及びその利息に関し、その不動産について存在する（民328）。そして、不動産の売買の先取特権の効力を保存するためには、売買契約と同時に、不動産の代価又はその利息の弁済がされていない旨を登記しなければならない（民340）。したがって、本肢は正しい。

以上から、誤っているものはアウであり、正解は２となる。

MEMO

27－21（R5－14）

動産質に関する次のアからオまでの記述のうち、**判例の趣旨に照らし正しいもの**の組合せは、後記１から５までのうち、どれか。

ア　質権者は、質物から生ずる果実を収取し、他の債権者に先立って、被担保債権の弁済に充当することができる。

イ　質権の設定は、債権者にその目的物を現実に引き渡さなければ、その効力を生じない。

ウ　質権者は、その権利の存続期間内において、質権設定者の承諾がなくとも、質物を第三者に引き渡して、当該第三者のために転質権を設定することができる。

エ　質権者は、質権者による質物の使用について質権設定者の承諾がなく、かつ、目的物の保存のために質物の使用の必要がない場合であっても、質物の使用をすることができる。

オ　質権設定者が被担保債権の弁済前に質権者に対して訴訟を提起して目的物の返還を請求し、質権者が質権の抗弁を主張した場合には、裁判所は、当該請求を棄却するとの判決をするのではなく、被担保債権の弁済と引換えに目的物を引き渡せとの引換給付判決をしなければならない。

１　アイ　　２　アウ　　３　イオ　　４　ウエ　　５　エオ

〈第14問　解 説〉

正 解　　2

ア　正　　動産質権者は、質物から生ずる果実を収取し、他の債権者に先立って、これを自己の債権の弁済に充当することができる（民350・297Ⅰ）。これは、果実は通常少額であることから、他の債権者を害するおそれもないため、簡便な処理を認めたものである。したがって、本肢は正しい。なお、収取した果実は、まず債権の利息に充当し、なお残余があるときは元本に充当しなければならない（民350・297Ⅱ）。

イ　誤　　質権の設定は、債権者にその目的物を引き渡すことによって、その効力を生ずる（民344）。この点、この引渡しは、現実の引渡し（民182Ⅰ）である必要はなく、簡易の引渡し（民182Ⅱ）や指図による占有移転（民184）で足りる（大判昭9.6.2）。したがって、現実に引き渡さなければ、その効力を生じないとする点で、本肢は誤っている。なお、この引渡しには、占有改定（民183）によるものは含まれない。

ウ　正　　質権者は、その権利の存続期間内において、質権設定者の承諾がなくとも、自己の責任で、質物について、転質をすることができる（民348前段、大連決大14.7.14・責任転質）。したがって、本肢は正しい。なお、責任転質の場合において、原質権者（転質権設定者）は、転質をしたことによって生じた損失については、不可抗力によるものであっても、その責任を負う（民348後段）。

エ　誤　　動産質権者は、質権設定者の承諾を得なければ、質物を使用し、賃貸し、又は担保に供することができないが（民350・298Ⅱ本文）、質物の保存に必要な範囲内で当該質物を使用する場合には、質権設定者の承諾は不要である（民350・298Ⅱ但書）。よって、質権者は、目的物の保存のために質物の使用の必要がない場合には、質権設定者の承諾を得なければ、質物の使用をすることはできない。したがって、質権設定者の承諾がなく、かつ、目的物の保存のために質物の使用の必要がない場合であっても、質物の使用をすることができるとする点で、本肢は誤っている。

オ　誤　　質権設定者が被担保債権の弁済前に質権者に対して質物の引渡しを求める訴訟を提起した場合において、質権者が質権を主張して認められたときは、請求棄却判決がされる（大判大 9.3.29）。なぜなら、質権設定者は、被担保債権を弁済することで質権を消滅させなければ、所有権に基づく返還請求をすることができないからである。したがって、引換給付判決をしなければならないとする点で、本肢は誤っている。なお、原告が物の引渡しを求める訴訟を提起した場合において、被告の留置権の主張が認められるときは、請求棄却判決がされるのではなく、引換給付判決がされる（最判昭 33.3.13）。

以上から、正しいものはアウであり、正解は２となる。

MEMO

32－25（R5－15）

根抵当権に関する次のアからオまでの記述のうち、**正しいもの**の組合せは、後記1から5までのうち、どれか。

ア　根抵当権者は、利息その他の定期金を請求する権利を有するときは、その満期となった最後の2年分についてのみ、その根抵当権を行使することができる。

イ　根抵当権の担保すべき債権の範囲を変更した場合において、元本の確定前にその変更について登記をしなかったときは、その変更をしなかったものとみなされる。

ウ　根抵当権者は、元本の確定前において、同一の債務者に対する他の債権者の利益のためにその根抵当権又はその順位を譲渡し、又は放棄することができる。

エ　根抵当権者が破産手続開始の決定を受けたときは、根抵当権の担保すべき元本は、確定する。

オ　他人の債務を担保するため根抵当権を設定した者は、元本の確定後において現に存する債務の額がその根抵当権の極度額を超えるときは、その極度額に相当する金額を払い渡し又は供託して、その根抵当権の消滅請求をすることができる。

1　アイ　　2　アウ　　3　イオ　　4　ウエ　　5　エオ

〈第15問　解　説〉

正　解　　　3

ア　誤　　根抵当権者は、確定した元本並びに利息その他の定期金及び債務の不履行によって生じた損害の賠償の全部について、極度額を限度として、その根抵当権を行使することができる(民398の3Ⅰ)。したがって、その満期となった最後の2年分についてのみ、その根抵当権を行使することができるとする点で、本肢は誤っている。

イ　正　　根抵当権は、設定行為で定めるところにより、一定の範囲に属する不特定の債権を極度額の限度において担保するものである（民398の2Ⅰ)。この点、元本の確定前においては、根抵当権の担保すべき債権の範囲の変更をすることができるが（民398の4Ⅰ前段)、その変更について元本の確定前に登記をしなかったときは、その変更をしなかったものとみなされる（民398の4Ⅲ)。したがって、本肢は正しい。

ウ　誤　　元本の確定前においては、根抵当権者は、その根抵当権を他の債権の担保とすること（転抵当）を除き、民法376条1項（抵当権の処分)の規定による根抵当権の処分をすることができない(民398の11Ⅰ)。したがって、元本の確定前において、同一の債務者に対する他の債権者の利益のためにその根抵当権又はその順位を譲渡し、又は放棄することができるとする点で、本肢は誤っている。なお、元本の確定前であっても、根抵当権者は、先順位抵当権者から、順位の譲渡又は順位の放棄を受けることはできる（民398の15参照)。

エ　誤　　債務者又は根抵当権設定者が破産手続開始の決定を受けたときは、根抵当権の担保すべき元本は、確定する（民398の20Ⅰ④)。一方、根抵当権者が破産手続開始の決定を受けることは元本の確定事由とはなっていない（民398の20Ⅰ参照)。したがって、根抵当権者が破産手続開始の決定を受けたときは、根抵当権の担保すべき元本は、確定するとする点で、本肢は誤っている。なお、債務者又は根抵当権設定者に対する破産手続開始の決定の効力が消滅したときは、元本が確定したものとしてその根抵当権又はこれを目的とする権利を取得した者がある場合を除き、担保すべき元本は、確定しなかったものとみなされる（民398の20Ⅱ)。

オ　正　　元本の確定後において現に存する債務の額が根抵当権の極度額を超えるときは、他人の債務を担保するためその根抵当権を設定した者又は抵当不動産について所有権、地上権、永小作権若しくは第三者に対抗することができる賃借権を取得した第三者は、その極度額に相当する金額を払い渡し又は供託して、その根抵当権の消滅請求をすることができる（民 398 の 22 Ⅰ前段）。したがって、本肢は正しい。

以上から、正しいものはイオであり、正解は３となる。

MEMO

35－8 (R5－16)

履行遅滞に関する次のアからオまでの記述のうち、**判例の趣旨に照らし正しいもの**の組合せは、後記１から５までのうち、どれか。

ア　Ａが死亡したら履行するとの履行期を定めた債務の債務者は、Ａが死亡した後に履行の請求を受けていなくとも、Ａの死亡を知った時から遅滞の責任を負う。

イ　指図証券に記載された期限の定めのある債務の債務者は、その期限の到来した時から遅滞の責任を負う。

ウ　詐害行為取消権に基づく受領物返還債務の債務者は、履行の請求を受けた時から遅滞の責任を負う。

エ　返還時期の定めのない貸金の返還債務の債務者は、履行の請求を受けた時から遅滞の責任を負う。

オ　不法行為に基づく損害賠償債務の債務者は、履行の請求を受けた時から遅滞の責任を負う。

１　アウ　　２　アエ　　３　イエ　　４　イオ　　５　ウオ

〈第16問　解 説〉

正 解　　1

ア　正　債務の履行について不確定期限があるときは、債務者は、その期限の到来した後に履行の請求を受けた時又はその期限の到来したことを知った時のいずれか早い時から遅滞の責任を負う（民412Ⅱ・不確定期限付債務）。この点、ある人が死亡したら履行するとの履行期を定めた債務は、不確定期限付債務である。よって、Aが死亡したら履行するとの履行期を定めた債務の債務者は、Aが死亡した後に履行の請求を受けていなくとも、Aの死亡を知った時から遅滞の責任を負う。したがって、本肢は正しい。

イ　誤　指図証券の債務者は、その債務の履行について期限の定めがあるときであっても、その期限が到来した後に所持人がその証券を提示してその履行の請求をした時から遅滞の責任を負う（民520の9）。したがって、その期限の到来した時から遅滞の責任を負うとする点で、本肢は誤っている。

ウ　正　債務の履行について期限を定めなかったときは、債務者は、履行の請求を受けた時から遅滞の責任を負う（民412Ⅲ・期限の定めのない債務）。この点、詐害行為取消権に基づく受領物返還債務は、期限の定めのない債務である（最判平30.12.14）。よって、詐害行為取消権に基づく受領物返還債務の債務者は、履行の請求を受けた時から遅滞の責任を負う。したがって、本肢は正しい。

エ　誤　返還時期の定めのない消費貸借においては、貸主は、相当の期間を定めて返還の催告をし、借主は、その期間が経過した後に、遅滞の責任を負う（民591Ⅰ）。これは、期限の定めのない債務（民412Ⅲ）の例外である。したがって、履行の請求を受けた時から遅滞の責任を負うとする点で、本肢は誤っている。なお、貸主が相当の期間を定めないで催告をした場合には、借主は、催告の時から返還の準備をするのに相当の期間が経過した後に、遅滞の責任を負う（大判昭5.1.29）。

オ　誤　不法行為に基づく損害賠償債務の債務者は、不法行為の時から遅滞の責任を負う（最判昭37.9.4）。したがって、履行の請求を受けた時から遅滞の責任を負うとする点で、本肢は誤っている。

以上から、正しいものはアウであり、正解は1となる。

36－16（R5－17）

債権者代位権に関する次のアからオまでの記述のうち、**判例の趣旨に照らし正しいもの**の組合せは、後記１から５までのうち、どれか。

ア　ＡがＢに対して債権を有しており、その債権を保全するために必要があるときは、Ａは、Ｂが有する債権者代位権を行使することができる。

イ　甲土地につき、ＡがＢに対して所有権移転登記手続請求権を有し、ＢがＣに対して所有権移転登記手続請求権を有しており、ＡがＢのＣに対する所有権移転登記手続請求権を代位行使することができるときは、Ａは、Ｃに対し、甲土地につき、ＣからＡへの所有権移転登記手続をすることを請求することができる。

ウ　ＡがＢに対して甲債権を有し、ＢがＣに対して乙債権を有している場合には、Ａが甲債権を被保全債権として乙債権を代位行使したとしても、乙債権について、消滅時効の完成は猶予されない。

エ　ＡがＢに対して甲債権を有し、ＢがＣに対して乙債権を有している場合には、Ａが、Ｃに対して乙債権の代位行使に係る訴えを提起し、Ｂに対して訴訟告知をした後であっても、Ｂは、乙債権を第三者Ｄに譲渡することができる。

オ　ＡがＢに対して金銭債権である甲債権を有し、ＢがＣに対して金銭債権である乙債権を有している場合において、Ａが、乙債権を代位行使して、自己にその金銭の支払をするように求めたときは、ＣがＢに対して乙債権につき同時履行の抗弁権を有していても、Ｃは、Ａに対して、その同時履行の抗弁権をもって対抗することはできない。

１　アエ　　２　アオ　　３　イウ　　４　イエ　　５　ウオ

〈第17問　解 説〉

正 解　　1

ア　正　　債権者は、自己の債権を保全するため必要があるときは、債務者に属する権利を行使することができる（民423Ⅰ本文）。そして、債権者代位権そのものの代位行使も認められる（最判昭39.4.17）。したがって、本肢は正しい。

イ　誤　　登記又は登録をしなければ権利の得喪及び変更を第三者に対抗することができない財産を譲り受けた者は、その譲渡人が第三者に対して有する登記手続又は登録手続をすべきことを請求する権利を行使しないときは、その権利を行使することができる（民423の7前段）。もっとも、不動産がC→B→Aと譲渡されたが登記がCに残る場合には、Aは、Bに対する登記請求権を代位行使し、Cに対して訴訟を提起することにより、C→Bの移転登記を実現することはできるが、A名義の登記を実現するためには、別途、AのBに対する登記請求権の行使が必要である。したがって、CからAへの所有権移転登記手続をすることを請求することができるとする点で、本肢は誤っている。

ウ　誤　　債権者代位権が行使された場合、裁判上の請求（民147Ⅰ①）又は催告（民150）の効果として、被代位権利の時効については更新や完成猶予の効果が生ずる。よって、Aが甲債権を被保全債権として乙債権を代位行使したときは、被代位権利である乙債権について、消滅時効の完成は猶予される。したがって、乙債権について、消滅時効の完成は猶予されないとする点で、本肢は誤っている。なお、訴訟物ではない被保全債権については、時効の更新や完成猶予の効果は生じない。

エ　正　　債権者が被代位権利を行使した場合であっても、債務者は、被代位権利について、自ら取立てその他の処分をすることを妨げられない（民423の5前段）。よって、債権者Aが、第三債務者Cに対して乙債権の代位行使に係る訴えを提起し、債務者Bに対して訴訟告知をした後であっても、Bは、乙債権を第三者Dに譲渡することができる。したがって、本肢は正しい。なお、債権者は、被代位権利の行使に係る訴えを提起したときは、遅滞なく、債務者に対し、訴訟告知をしなければならない（民423の6）。

オ　誤　債権者が被代位権利を行使したときは、相手方は、債務者に対して主張することができる抗弁をもって、債権者に対抗することができる（民423の4）。すなわち、相手方は、債務者に対して有する全ての抗弁権（同時履行の抗弁権・相殺権・解除権等）を債権者に対して行使することができる。よって、相手方Cは、債権者Aに対して、その同時履行の抗弁権をもって対抗することができる。したがって、その同時履行の抗弁権をもって対抗することはできないとする点で、本肢は誤っている。

以上から、正しいものはアエであり、正解は1となる。

MEMO

47－6（R5－18）

請負に関する次のアからオまでの記述のうち、**正しいもの**の組合せは、後記１から５までのうち、どれか。

ア　目的物の引渡しを要する請負契約においては、報酬は、仕事の目的物の引渡しと同時に、支払わなければならない。

イ　目的物の引渡しを要する請負契約においては、請負人が仕事を完成した後であっても、その目的物の引渡しが完了するまでは、注文者は、いつでも損害を賠償して契約を解除することができる。

ウ　注文者が破産手続開始の決定を受けたときは、請負人は、仕事を完成した後であっても、報酬の支払がされるまでは、注文者の破産手続開始を理由として請負契約を解除することができる。

エ　請負人が注文者に引き渡した目的物の品質が請負契約の内容に適合しない場合には、その不適合が注文者の供した材料の性質によって生じたものであり、かつ、請負人がその材料が不適当であることを知らなかったときであっても、注文者は、請負人に対して、履行の追完の請求をすることができる。

オ　請負契約が仕事の完成前に解除された場合において、請負人が既にした仕事の結果のうち可分な部分の給付によって注文者が利益を受けるときは、請負人は、注文者が受ける利益の割合に応じて報酬を請求することができる。

１　アウ　　２　アオ　　３　イエ　　４　イオ　　５　ウエ

〈第18問　解 説〉

正 解	2

ア　正　請負においては、物の引渡しを要しないときを除き、報酬は、仕事の目的物の引渡しと同時に、支払わなければならない（民633）。したがって、本肢は正しい。

イ　誤　請負人が仕事を完成しない間は、注文者は、いつでも損害を賠償して契約の解除をすることができる（民641）。この点、仕事の完成後は、引渡し前であっても、当該規定により解除することはできない。したがって、請負人が仕事を完成した後であっても、その目的物の引渡しが完了するまでは、注文者は、いつでも損害を賠償して契約を解除することができるとする点で、本肢は誤っている。

ウ　誤　注文者が破産手続開始の決定を受けたときは、請負人又は破産管財人は、契約の解除をすることができるが（民642 Ⅰ本文）、請負人による契約の解除については、仕事の完成前に限られる（民642 Ⅰ但書）。なぜなら、既に仕事が完成したときは、請負人はもはや自らの費用を投下することがなく、請負人に損害の拡大を避けるための解除権を認める必要がないからである。したがって、仕事を完成した後であっても、報酬の支払がされるまでは、注文者の破産手続開始を理由として請負契約を解除することができるとする点で、本肢は誤っている。

エ　誤　請負人が種類又は品質に関して契約の内容に適合しない仕事の目的物を注文者に引き渡した場合には、請負人が注文者の供した材料又は注文者の与えた指図が不適当であることを知りながら告げなかったときを除き、注文者は、その材料の性質又は指図によって生じた不適合を理由として、履行の追完の請求、報酬の減額の請求、損害賠償の請求及び契約の解除をすることができない（民636）。したがって、請負人がその材料が不適当であることを知らなかったときであっても、注文者は、請負人に対して、履行の追完の請求をすることができるとする点で、本肢は誤っている。

オ　正　請負が仕事の完成前に解除された場合において、請負人が既にした仕事の結果のうち可分な部分の給付によって注文者が利益を受けるときは、その部分は仕事の完成とみなされ、請負人は、注文者が受ける利益の割合に応じて報酬を請求することができる(民634②)。したがって、本肢は正しい。なお、当該規定は、請負人が注文者の責めに帰することができない事由によって仕事を完成することができなくなった場合においても適用される（民634①)。

以上から、正しいものはアオであり、正解は２となる。

MEMO

48－9（R5－19）

委任に関する次のアからオまでの記述のうち、**判例の趣旨に照らし誤っているもの**の組合せは、後記１から５までのうち、どれか。

ア　受任者は、委任者の許諾を得なくとも、やむを得ない事由があるときは、復受任者を選任することができる。

イ　受任者は、委任事務を処理するのに必要と認められる費用を支出したときは、委任者に対し、その費用の償還を請求することができるが、支出の日以後におけるその利息の償還を請求することはできない。

ウ　受任者が第三者との間で委任事務を処理するのに必要と認められる金銭債務を負った場合において、受任者が委任者に対して自己に代わってその弁済をすることを請求したときは、委任者は、受任者に対して他の売買契約に基づき代金支払債権を有していても、受任者による当該請求に係る権利を受働債権とし、受任者に対する当該代金支払債権を自働債権として、相殺することができない。

エ　受任者の利益をも目的とする委任については、その利益が専ら受任者が報酬を得ることによるものであるときであっても、これを解除した委任者は、受任者の損害を賠償する義務を負う。

オ　委任の解除をした場合には、その解除は、将来に向かってのみその効力を生ずる。

１　アウ　　２　アオ　　３　イウ　　４　イエ　　５　エオ

〈第19問　解 説〉

正 解　　4

ア　正　受任者は、委任者の許諾を得たとき、又はやむを得ない事由があるときでなければ、復受任者を選任することができない（民644の2Ⅰ）。よって、受任者は、委任者の許諾を得なくとも、やむを得ない事由があるときは、復受任者を選任することができる。したがって、本肢は正しい。

イ　誤　受任者は、委任事務を処理するのに必要と認められる費用を支出したときは、委任者に対し、その費用及び支出の日以後におけるその利息の償還を請求することができる（民650Ⅰ）。したがって、支出の日以後におけるその利息の償還を請求することはできないとする点で、本肢は誤っている。

ウ　正　受任者は、委任事務を処理するのに必要と認められる債務を負担したときは、委任者に対し、自己に代わってその弁済をすることを請求することができる（民650Ⅱ前段・代弁済請求権）。この点、委任者は、代弁済請求権を受働債権とし、委任者が受任者に対して有する金銭債権を自働債権として、相殺をすることはできない（最判昭47.12.22）。したがって、本肢は正しい。

エ　誤　委任は、各当事者がいつでもその解除をすることができるが（民651Ⅰ）、委任者が受任者の利益（専ら報酬を得ることによるものを除く。）をも目的とする委任を解除したときは、委任者は、受任者の損害を賠償しなければならない（民651Ⅱ②）。よって、受任者が専ら報酬を得るという利益をも目的とする委任を解除した委任者は、受任者の損害を賠償する義務を負わない。したがって、その利益が専ら受任者が報酬を得ることによるものであっても、これを解除した委任者は、受任者の損害を賠償する義務を負うとする点で、本肢は誤っている。なお、委任の解除をした者は、やむを得ない事由があったときも、相手方の損害を賠償する義務を負わない（民651Ⅱ柱書但書）。

オ　正　委任の解除をした場合には、その解除は、将来に向かってのみその効力を生ずる（民652・620前段）。したがって、本肢は正しい。

以上から、誤っているものはイエであり、正解は4となる。

54－16（R5－20）

養子に関する次のアからオまでの記述のうち、**正しいもの**の組合せは、後記１から５までのうち、どれか。

ア　普通養子縁組の届出をするには、証人を要しない。

イ　養子となる者が15歳未満である場合において、その父が親権を停止されているときは、養子となる者の法定代理人による縁組の承諾について、当該父の同意は不要である。

ウ　特別養子縁組が成立するまでに18歳に達した者は、養子となることができない。

エ　養子に子がある場合には、養子縁組の日から、養子の子と養親及びその血族との間において、血族間におけるのと同一の親族関係を生ずる。

オ　普通養子縁組の当事者の一方が死亡した場合において、その後に生存当事者が離縁をしようとするときは、家庭裁判所の許可を得て、これをすることができる。

１　アイ　　２　アウ　　３　イエ　　４　ウオ　　５　エオ

〈第20問　解 説〉

正 解　　4

ア　誤　普通養子縁組の届出は、当事者双方及び成年の証人二人以上が署名した書面で、又はこれらの者から口頭で、しなければならない（民799・739 Ⅱ）。したがって、証人を要しないとする点で、本肢は誤っている。

イ　誤　養子となる者が15歳未満であるときは、その法定代理人が、これに代わって、縁組の承諾をすることができる（民797 Ⅰ・代諾縁組）。そして、法定代理人が当該承諾をするには、養子となる者の父母で親権を停止されているものがあるときは、その同意を得なければならない（民797 Ⅱ後段）。したがって、同意は不要であるとする点で、本肢は誤っている。

ウ　正　特別養子縁組が成立するまでに18歳に達した者は、養子となることができない（民817の5 Ⅰ後段）。したがって、本肢は正しい。なお、特別養子縁組の請求の時に15歳に達している者も、原則として、特別養子となることができない（民817の5 Ⅰ前段）。

エ　誤　養子と養親及びその血族との間においては、養子縁組の日から、血族間におけるのと同一の親族関係を生ずる（民727）。よって、養子の血族である養子の子と養親及びその血族との間において、血族間におけるのと同一の親族関係は生じない。したがって、血族間におけるのと同一の親族関係を生ずるとする点で、本肢は誤っている。なお、養子縁組以後に生まれた養子の子と養親及びその血族との間には血族間におけるのと同一の親族関係が生ずる。

オ　正　縁組の当事者の一方が死亡した後に生存当事者が離縁をしようとするときは、家庭裁判所の許可を得て、これをすることができる（民811 Ⅵ・死後離縁）。したがって、本肢は正しい。なお、死後離縁は、家庭裁判所の許可を得て、届け出ることによってその効力を生ずる。

以上から、正しいものはウオであり、正解は4となる。

56－10（R5－21）

未成年後見に関する次のアからオまでの記述のうち、**正しいもの**の組合せは、後記1から5までのうち、どれか。

ア　未成年者に対して最後に親権を行う者であっても、管理権を有しない場合には、遺言で未成年後見人を指定することはできない。

イ　未成年後見人が欠けたときは、家庭裁判所は、職権で未成年後見人を選任することができる。

ウ　未成年後見人が数人選任されている場合であっても、各未成年後見人は、未成年被後見人の身上の監護に関する権限を単独で行使することができる。

エ　家庭裁判所は、法人を未成年後見人に選任することができる。

オ　親権を喪失した父又は母は、未成年後見人の選任を家庭裁判所に請求することができない。

1　アウ　　2　アエ　　3　イエ　　4　イオ　　5　ウオ

〈第21問　解 説〉

正 解　　2

ア　正　　未成年者に対して最後に親権を行う者は、遺言で、未成年後見人を指定することができるが（民839 Ⅰ本文）、管理権を有しない者は、未成年後見人を指定することができない（民839 Ⅰ但書）。したがって、本肢は正しい。

イ　誤　　未成年後見人が欠けたときは、家庭裁判所は、未成年被後見人又はその親族その他の利害関係人の請求によって、未成年後見人を選任する（民840 Ⅰ後段）。したがって、職権で未成年後見人を選任することができるとする点で、本肢は誤っている。なお、当該規定は、民法839条の規定により未成年後見人となるべき者がないときにも適用される（民840 Ⅰ前段）。

ウ　誤　　未成年後見人が数人あるときは、共同してその権限を行使するのが原則であり（民857の２Ⅰ）、身上の監護に関する権限については、単独行使や分掌の定めも認められない。なぜなら、身上監護権に関して単独行使や分掌を認めると、重要な事項について、未成年後見人の間で異なる決定がされたり、各未成年後見人の権限の範囲が不明確になったりして、子の安定的な監護を害するおそれがあるからである。したがって、各未成年後見人は、未成年被後見人の身上の監護に関する権限を単独で行使することができるとする点で、本肢は誤っている。なお、財産に関する権限については、未成年後見人が数人あるときは、家庭裁判所は、職権で、各未成年後見人が単独で又は数人の未成年後見人が事務を分掌して、その権限を行使すべきことを定めることができる（民857の２Ⅲ）。

エ　正　　未成年後見人を選任する場合において、「未成年後見人となる者が法人であるときは、その事業の種類及び内容並びにその法人及びその代表者と未成年被後見人との利害関係の有無」（民840 Ⅲ括弧書）などを考慮しなければならないとの規定により、法人を未成年後見人に選任することも認められる。したがって、本肢は正しい。

オ　誤　　父若しくは母が親権若しくは管理権を辞し、又は父若しくは母について親権喪失、親権停止若しくは管理権喪失の審判があったことによって未成年後見人を選任する必要が生じたときは、その父又は母は、遅滞なく未成年後見人の選任を家庭裁判所に請求しなければならない(民841)。したがって、請求することができないとする点で、本肢は誤っている。

以上から、正しいものはアエであり、正解は2となる。

MEMO

63－12（R5－22）

相続の限定承認に関する次のアからオまでの記述のうち、**誤っているもの**の組合せは、後記１から５までのうち、どれか。

ア　限定承認者は、受遺者に弁済をした後でなければ、相続債権者に弁済をすることができない。

イ　民法第927条第１項の期間内に同項の申出をしなかった相続債権者及び受遺者で限定承認者に知れなかったものは、相続財産について特別担保を有する場合を除き、残余財産についてのみその権利を行使することができる。

ウ　限定承認をした相続人が数人ある場合には、家庭裁判所は、相続人の中から、相続財産の清算人を選任しなければならない。

エ　民法第927条第１項の期間が満了した後は、限定承認者は、弁済期に至らない債権であっても、相続財産をもって、その期間内に同項の申出をした相続債権者その他知れている相続債権者に、それぞれその債権額の割合に応じて弁済をしなければならない。

オ　限定承認をした共同相続人の一人が相続財産を処分したときは、相続債権者は、相続財産をもって弁済を受けることができなかった債権額について、共同相続人の全員に対し、その相続分に応じて権利を行使することができる。

（参考）

民法

第927条　限定承認者は、限定承認をした後５日以内に、すべての相続債権者（相続財産に属する債務の債権者をいう。以下同じ。）及び受遺者に対し、限定承認をしたこと及び一定の期間内にその請求の申出をすべき旨を公告しなければならない。この場合において、その期間は、２箇月を下ることができない。

２～４　（略）

１　アウ　　２　アオ　　３　イエ　　４　イオ　　５　ウエ

〈第22問　解 説〉

正 解　　2

ア　誤　限定承認者は、民法929条及び930条の規定に従って各相続債権者に弁済をした後でなければ、受遺者に弁済をすることができない(民931)。これは、相続債権者の多くは被相続人の財産状態を考慮して契約として債権を取得するのに対し、受遺者は被相続人の単独行為により一方的に権利を取得するのであるから、相続債権者と受遺者を同順位で扱うと相続債権者に不利であるし、被相続人が相続債権者を害するために生前にいつでも遺贈をするリスクがあるためである。したがって、受遺者に弁済をした後でなければ、相続債権者に弁済をすることができないとする点で、本肢は誤っている。

イ　正　民法927条1項の期間内に同項の申出をしなかった相続債権者及び受遺者で限定承認者に知れなかったものは、相続財産について特別担保を有する場合を除き、残余財産についてのみその権利を行使することができる（民935)。したがって、本肢は正しい。なお、特別担保とは、先取特権、質権、抵当権などの優先弁済権を意味する。

ウ　正　相続人が数人あるときは、限定承認は、共同相続人の全員が共同してのみこれをすることができる（民923)。そして、限定承認をした相続人が数人ある場合には、家庭裁判所は、相続人の中から、相続財産の清算人を選任しなければならない（民936 Ⅰ)。これは、限定承認の際に相続財産の管理及び清算を全ての相続人にさせるという煩雑さを避け、相続財産の清算人に選任された相続人に代表させる趣旨である。したがって、本肢は正しい。

エ　正　民法927条1項の期間が満了した後は、限定承認者は、弁済期に至らない債権であっても、相続財産をもって、その期間内に同項の申出をした相続債権者その他知れている相続債権者に、それぞれその債権額の割合に応じて弁済をしなければならない（民929本文・930 Ⅰ)。したがって、本肢は正しい。

オ　誤　限定承認をした共同相続人の一人又は数人が相続財産の全部又は一部を処分したときは、相続債権者は、相続財産をもって弁済を受けることができなかった債権額について、当該共同相続人に対し、その相続分に応じて権利を行使することができる（民937・921①)。これは、法定単純承認事由のある共同相続人に対して単純承認があったのと同様の責任を負わせることで、他の共同相続人には限定承認の利益を保障しつつ、相続債権者の保護を図る制度である。したがって、共同相続人の全員に対し、その相続分に応じて権利を行使することができるとする点で、本肢は誤っている。なお、当該規定は、限定承認をした共同相続人の一人又は数人が、相続財産の全部若しくは一部を隠匿し、私にこれを消費し、又は悪意でこれを相続財産の目録中に記載しなかったときにも適用される（民937・921③)。

以上から、誤っているものはアオであり、正解は2となる。

MEMO

64－26（R5－23）

遺言に関する次のアからオまでの記述のうち、**判例の趣旨に照らし正しいもの**の組合せは、後記1から5までのうち、どれか。

ア　被相続人が、生前、その所有する不動産を推定相続人の一人に贈与したが、その旨の登記が未了の間に、他の推定相続人に当該不動産の特定遺贈をし、その後相続の開始があった場合、当該贈与と遺贈による物権変動の優劣は、登記の具備の有無によって決まる。

イ　遺言は、二人以上の者が同一の証書ですることもできる。

ウ　受遺者は、遺言者の死亡前であっても、遺贈の放棄をすることができる。

エ　秘密証書による遺言について、その方式に欠けるものがある場合には、当該遺言は、自筆証書による遺言の方式を具備しているときであっても、自筆証書による遺言として有効とはならない。

オ　疾病その他の事由によって死亡の危急に迫った者が特別の方式によってした遺言は、法定の期間内に、証人の一人又は利害関係人から家庭裁判所に請求してその確認を得なければ、その効力を生じない。

1　アエ　　2　アオ　　3　イウ　　4　イエ　　5　ウオ

〈第23問　解 説〉

正 解　　2

ア　正　　被相続人が、生前、その所有にかかる不動産を推定相続人の一人に贈与したが、その登記が未了の間に、他の推定相続人に当該不動産の特定遺贈をし、その後相続の開始があった場合、当該贈与と遺贈による物権変動の優劣は、対抗要件である登記の具備の有無をもって決する（最判昭 46. 11. 16）。したがって、本肢は正しい。

イ　誤　　遺言は、二人以上の者が同一の証書ですることができない（民975・共同遺言の禁止）。したがって、二人以上の者が同一の証書ですることもできるとする点で、本肢は誤っている。なお、二人以上の者が遺言書を合綴して契印を施しているが、一方の遺言書と他方の遺言書を容易に切り離すことができる場合には、当該遺言は、民法 975 条によって禁止された共同遺言に当たらない（最判平 5. 10. 19）。

ウ　誤　　受遺者は、遺言者の死亡後、いつでも、遺贈の放棄をすることができる（民 986 Ⅰ）。すなわち、遺言者の死亡前は、受遺者は何らの権利も取得していないため、遺贈の放棄をすることはできない。したがって、遺言者の死亡前であっても、遺贈の放棄をすることができるとする点で、本肢は誤っている。

エ　誤　　秘密証書による遺言は、秘密証書遺言としての方式に欠けるものがあっても、自筆証書遺言としての方式（民 968）を具備しているときは、自筆証書による遺言としてその効力を有する（民 971）。これは、無効行為転換の一例であり、遺言者の意思をできるだけ実現させようという趣旨から認められたものである。したがって、自筆証書による遺言として有効とはならないとする点で、本肢は誤っている。

オ　正　　疾病その他の事由によって死亡の危急に迫った者が遺言をしようとするときは、証人３人以上の立会いをもって、その一人に遺言の趣旨を口授して、これをすることができる（民 976 Ⅰ前段・死亡危急者遺言）。そして、死亡危急者遺言は、遺言の日から 20 日以内に、証人の一人又は利害関係人から家庭裁判所に請求してその確認を得なければ、その効力を生じない（民 976 Ⅳ）。したがって、本肢は正しい。なお、民法 976 条から 982 条までの規定によりした遺言は、遺言者が普通の方式によって遺言をすることができるようになった時から6か月間生存するときは、その効力を生じない（民983）。

以上から、正しいものはアオであり、正解は2となる。

MEMO

2－5（R5－24）

刑法の適用範囲に関する次のアからオまでの記述のうち、**判例の趣旨に照らし誤っているもの**の組合せは、後記1から5までのうち、どれか。

ア　貿易商を営む外国人Aは、外国人Bから日本での絵画の買付けを依頼され、その代金として日本国内の銀行に開設したAの銀行口座に振り込まれた金銭を、日本国内において、業務のため預かり保管中、これを払い出して、日本人Cに対する自己の借金の返済に費消した。この場合、Aには、我が国の刑法が適用され、業務上横領罪が成立する。

イ　外国人Aは、外国のホテルの客室内において、観光客である日本人Bに対し、けん銃を突きつけて脅した上で持っていたロープでBを緊縛し、反抗を抑圧されたBから現金等在中の財布を強奪した。この場合、Aには、我が国の刑法の適用はなく、強盗罪は成立しない。

ウ　外国人Aは、日本国内で使用する目的で、外国において、外国で発行され日本国内で流通する有価証券を偽造した。この場合、Aには、我が国の刑法が適用され、有価証券偽造罪が成立する。

エ　日本人Aは、外国において、現に外国人Bが住居として使用する木造家屋に放火して、これを全焼させた。この場合、Aには、我が国の刑法の適用はなく、現住建造物等放火罪は成立しない。

オ　外国人Aは、外国において、日本人Bに対し、外国人C名義の保証書を偽造してこれを行使し、借用名下にBから現金をだまし取った。この場合、Aには、我が国の刑法の適用はなく、私文書偽造・同行使・詐欺罪は成立しない。

1　アウ　　2　アオ　　3　イエ　　4　イオ　　5　ウエ

〈第24問　解 説〉

正 解　　3

ア　正　　刑法は、日本国内において罪を犯したすべての者に適用される（刑１Ⅰ・属地主義）。この点、業務上横領罪（刑253）は、業務上の委託に基づき自己の占有する他人の物を横領した場合に成立する。本肢において、外国人Ａは、日本国内において、業務のために預かり保管している金銭を払い出し、自己の借金の返済のためにこれを費消している。よって、Ａには、我が国の刑法が適用され、業務上横領罪が成立する。したがって、本肢は正しい。

イ　誤　　刑法は、日本国外において日本国民に対して強盗罪（刑236）を犯した日本国民以外の者にも適用される（刑３の２⑥・保護主義）。この点、強盗罪は、暴行又は脅迫により、相手方の反抗を抑圧し、その意思に反して他人の財物を自己又は第三者の占有に移した場合に成立する。本肢において、外国人Ａは、外国のホテルの客室において、日本人Ｂに対し、けん銃を突き付けて脅した上で持っていたロープでＢを緊縛し､反抗を抑圧されたＢから現金等在中の財布を強奪している。よって、Ａには、我が国の刑法が適用され、強盗罪が成立する。したがって、我が国の刑法の適用はなく、強盗罪は成立しないとする点で、本肢は誤っている。

ウ　正　　刑法は、日本国外において有価証券偽造罪（刑162）を犯した者にも適用される（刑２⑥・保護主義）。この点、有価証券偽造罪は、行使の目的で、公債証書、官庁の証券、会社の株券その他の有価証券を偽造した場合に成立する。本肢において、外国人Ａは、日本国内で使用する目的で、外国において、外国で発行され日本国内で流通する有価証券を偽造している。よって、Ａには、我が国の刑法が適用され、有価証券偽造罪が成立する。したがって、本肢は正しい。

エ　誤　　刑法は、日本国外において現住建造物等放火罪（刑108）を犯した日本国民にも適用される（刑３①・属人主義）。この点、現住建造物等放火罪は、放火して、現に人が住居に使用し又は現に人がいる建造物、汽車、電車、艦船又は鉱坑を焼損した場合に成立する。本肢において、日本人Ａは、外国において、現に外国人Ｂが住居として使用する木造家屋に放火して、これを全焼させている。よって、Ａには、我が国の刑法が適用され、現住建造物等放火罪が成立する。したがって、我が国の刑法の適用はなく、現住建造物等放火罪は成立しないとする点で、本肢は誤っている。

オ　正　刑法は、日本国外において刑法２条に列挙された罪を犯したすべての者に適用される（刑２・保護主義）。また、日本国外において、日本国民に対して刑法３条の２に列挙された罪を犯した日本国民以外の者にも、刑法が適用される（刑３の２・保護主義）。この点、刑法２条及び刑法３条の２には、「次に掲げる罪を犯した」と規定されているが、私文書偽造（刑 159）・同行使（刑 161）・詐欺罪（刑 246）は、これらの規定で列挙されていない（刑２・３の２参照）。本肢において、外国人Ａは、外国において、日本人Ｂに対し、外国人Ｃ名義の保証書を偽装してこれを行使し、借用名下にＢから現金をだまし取っている。よって、Ａには、我が国の刑法の適用はなく、私文書偽造・同行使・詐欺罪は成立しない。したがって、本肢は正しい。

以上から、誤っているものはイエであり、正解は３となる。

MEMO

9－18（R5－25）

刑法の共犯に関する次の１から５までの記述のうち、**判例の趣旨に照らし正しいもの**は、どれか。

1　教唆犯を教唆した者には、教唆犯は成立しない。

2　他人を唆して特定の犯罪を実行する決意を生じさせた場合には、唆された者が実際に当該犯罪の実行に着手しなくても、教唆犯が成立する。

3　拘留又は科料のみに処すべき罪を教唆した者は、特別の規定がなくても、教唆犯として処罰される。

4　不作為により正犯の実行行為を容易にさせた場合には、幇助犯は成立しない。

5　幇助者と正犯との間に意思の連絡がなく、正犯が幇助者の行為を認識していない場合であっても、正犯の実行行為を容易にさせる行為をしたときは、幇助犯が成立する。

〈第25問　解 説〉

正 解　　5

1　誤　　間接教唆とは、「教唆者を教唆した」場合をいい、教唆犯と同様に正犯に準じて処罰される（刑61Ⅱ）。したがって、教唆犯は成立しないとする点で、本肢は誤っている。なお、教唆者を教唆した者も教唆者であるとして、さらにこれを教唆した者（再間接教唆）も刑法61条2項により処罰しうる（大判大11.3.1）。

2　誤　　共犯が成立するためには、正犯者が少なくとも基本的構成要件に該当する行為を行ったことを要する（共犯従属性説）。そのため、教唆行為が行われても、それだけでは原則として犯罪を構成せず、被教唆者が犯罪を実行したことを必要とする。したがって、唆された者が実際に当該犯罪の実行に着手しなくても、教唆犯が成立するとする点で、本肢は誤っている。

3　誤　　拘留又は科料のみに処すべき罪の教唆者及び従犯は、特別の規定がなければ、罰しない（刑64）。これは、拘留又は科料のみに処すべき犯罪は罪質軽微であるから、その教唆犯及び従犯は罪質さらに軽微であって、一般にこれを処罰する必要がないとし、特に必要のあるものに限って、各本条の規定にゆずる趣旨の規定である。したがって、特別の規定がなくても、教唆犯として処罰されるとする点で、本肢は誤っている。

4　誤　　不作為による幇助犯は、正犯者の犯罪を防止しなければならない作為義務のある者が、一定の作為によって正犯者の犯罪を防止することが可能であるのに、そのことを認識しながら、当該一定の作為をせず、これによって正犯者の犯罪の実行を容易にした場合に成立し、以上が作為による幇助犯の場合と同視できることが必要と解される（札幌高判平12.3.16）。したがって、幇助犯は成立しないとする点で、本肢は誤っている。

5　正　　幇助犯（刑62Ⅰ）の成立には、幇助者に、正犯の行為を認識してこれを幇助する意思があれば足り、幇助者と正犯者の間の相互の意思連絡は必要とされていない(大判大14.1.22・片面的幇助犯)。したがって、本肢は正しい。

以上から、正しいものは5であり、正解は5となる。

21－7（R5－26）

刑法における親族間の犯罪に関する特例に関する次の1から5までの記述のうち、**判例の趣旨に照らし正しいもの**は、どれか。

1　Aは、同居の長男BがBの先輩であるCと共謀の上起こした強盗事件に関して、Bから頼まれて、Cの逮捕を免れさせるためにのみ、B及びCの両名が犯行の計画について話し合った内容が録音されたＩＣレコーダーを破壊して自宅の裏庭に埋めて隠匿した。この場合、Aは、証拠隠滅罪の刑が免除される。

2　Aは、先輩であるBと共謀して、Bと不仲であったBの同居の実母Cの金庫内から、C所有の現金を盗んだ。この場合、Aは、窃盗罪の刑が免除される。

3　Aは、ギャンブルで借金を抱えており、同居の内縁の妻Bが所有する宝石を盗んで売却した。この場合、Aは、窃盗罪の刑が免除される。

4　Aは、情を知って、同居の長男Bの依頼を受け、Bの友人であるCが窃取し、BがCから有償で譲り受けた普通乗用自動車を運搬した。この場合、Aには、盗品等運搬罪が成立し、その刑は免除されない。

5　Aは、家庭裁判所から同居の実父Bの成年後見人に選任されたものであるが、自己の経営する会社の運転資金に充てるために、Aが成年後見人として管理しているB名義の銀行口座から預金を全額引き出して、これを着服した。この場合、Aは、業務上横領罪の刑が免除される。

〈第26問　解 説〉

正 解　　4

1　誤　　証拠隠滅等罪（刑104）については、犯人又は逃走した者の親族がこれらの者の利益のために犯したときは、その刑を免除することができる（刑105参照）。もっとも、親族が犯人又は逃走者の利益のためにしたものであっても、それが同時に第三者の刑事事件に関連している場合には、刑法105条の適用は認められない（大判昭7.12.10）。本肢において、Aは、第三者であるCの逮捕を免れさせるために、証拠となるICレコーダーを破壊して自宅の裏庭に埋めて隠匿している。よって、Aには、証拠隠滅罪が成立し、刑法105条は適用されない。したがって、証拠隠滅罪の刑が免除されるとする点で、本肢は誤っている。

2　誤　　配偶者、直系血族又は同居の親族との間で、窃盗罪（刑235）を犯した者は、刑が免除される（刑244Ⅰ・親族相盗例）。もっとも、親族でない共犯については、刑法244条1項の規定は適用しない（刑244Ⅲ）。本肢において、Cは、窃盗罪の共犯者Bとは親子という直系血族の関係にあるが、他方の共犯者Aとは親族等の関係にない。よって、Aには、窃盗罪が成立し、刑法244条1項は適用されない。したがって、窃盗罪の刑が免除されるとする点で、本肢は誤っている。

3　誤　　配偶者、直系血族又は同居の親族との間で、窃盗罪（刑235）を犯した者は、刑が免除される（刑244Ⅰ・親族相盗例）。この点、刑法244条1項は、刑の必要的免除を定めるものであって、免除を受ける者の範囲は明確に定める必要があることなどからして、内縁の配偶者に適用又は類推適用されない（最決平18.8.30）。本肢において、Aは、同居の内縁の妻Bが所有する宝石を盗んで売却している。よって、Aには、窃盗罪が成立し、刑法244条1項は適用又は類推適用されない。したがって、窃盗罪の刑が免除されるとする点で、本肢は誤っている。

4　正　　配偶者との間又は直系血族、同居の親族若しくはこれらの者の配偶者との間で盗品等関与罪（刑256）を犯した者は、その刑を免除する（刑257Ⅰ）。これは、刑法257条1項所定の親族関係にある本犯者から盗品を譲り受けるなどは、比較的ありがちなうえに、強くは非難しにくいので、一応犯罪とはしつつも、刑を免除することにしたものと解される。この点、刑法257条1項所定の親族関係は、盗品等関与罪の犯人と本犯者との間に存在することが必要である（最決昭38.11.8）。本肢において、Aは、情を知って、同居の長男Bの依頼を受け、Bの友人であるCが窃取し、BがCから有償で譲り受けた普通乗用自動車を運搬している。よって、Aには、本犯者であるCとの間に親族関係がないことから、盗品等運搬罪が成立し、刑法257条1項は適用されない。したがって、本肢は正しい。

5　誤　家庭裁判所から選任された成年後見人の後見の事務は公的性格を有するものであって、成年被後見人のためにその財産を誠実に管理すべき法律上の義務を負っているのであるから、成年後見人が業務上占有する成年被後見人所有の財物を横領した場合、成年後見人と成年被後見人との間に刑法244条1項所定の親族関係があっても、同条項を準用して刑法上の処罰を免除することはできない（最決平24.10.9）。本肢において、Aは、家庭裁判所から同居の実父Bの成年後見人に選任され、成年後見人として管理しているB名義の銀行口座から預金を全額引き出して着服している。よって、Aは、Bと直系血族の関係にあるが、Bの成年後見人にも選任されていることから、業務上横領罪が成立し、刑法244条1項は適用されない。したがって、業務上横領罪の刑が免除されるとする点で、本肢は誤っている。

以上から、正しいものは4であり、正解は4となる。

MEMO

3a－30（R5－27）

第27問から第34問までの試験問題については、問題文に明記されている場合を除き、定款に法令の規定と異なる別段の定めがないものとして、解答してください。

次の対話は、株式会社の設立に関する教授と学生との対話である。教授の質問に対する次のアからオまでの学生の解答のうち、**正しいもの**の組合せは、後記1から5までのうち、どれか。

教授：　今日は、株式会社の設立に関する会社法の規定について検討しましょう。まず、会社法上、株式会社の設立時の資本金の最低額についての規定はありますか。

学生：ア　はい。株式会社の設立時の資本金の額は、300万円を下回ることはできません。

教授：　ところで、法人や未成年者は、発起人となることができるでしょうか。

学生：イ　会社法上、法人は、発起人となることができますが、未成年者は、発起人となることはできません。

教授：　発起設立の場合には、発起人は、割当てを受けた設立時発行株式について、現物出資をすることができますが、募集設立の場合はどうでしょうか。

学生：ウ　会社法上、募集設立の場合には、発起人でない設立時募集株式の引受人は、割当てを受けた設立時募集株式について、現物出資をすることはできません。

教授：　それでは、払込金の保管証明について、発起設立の場合と募集設立の場合とで異なる点はありますか。

学生：エ　会社法上、発起人は、発起設立の場合も、募集設立の場合も、払込取扱機関に対し、払い込まれた金額に相当する金銭の保管に関する証明書の交付を請求することができます。

教授：　最後に、会社法上、株式会社の成立についてはどのように規定されていますか。

学生：オ　株式会社は、その本店の所在地において設立の登記をすることによって成立するものとされています。

1　アイ　　2　アウ　　3　イエ　　4　ウオ　　5　エオ

〈第27問　解 説〉

正 解　　4

ア　誤　株式会社の定款には、設立に際して出資される財産の価額又はその最低額を記載し、又は記録しなければならないとされているが（会社27④）、会社法上、株式会社の設立時の資本金の最低額についての制限は存しない。したがって、設立時の資本金の額は、300万円を下回ることはできないとする点で、本肢は誤っている。なお、株式会社が、剰余金の配当により株主に対して交付する金銭等の帳簿価額の総額は、剰余金の配当がその効力を生ずる日における分配可能額を超えてはならず（会社461Ⅰ⑧）、当該帳簿価額の総額が分配可能額の範囲内であったとしても、当該株式会社の純資産額が300万円を下回る場合は、当該株式会社は剰余金の配当をすることができない（会社458による453から457までの不適用）。

イ　誤　発起人とは、定款が書面をもって作成されたときはそれに署名又は記名押印した者、電磁的記録をもって作成されたときはいわゆる電子署名をした者をいう（会社26Ⅰ・Ⅱ、会社施規225Ⅰ①、大判明41.1.29）。この点、発起人の資格に制限はなく、法人や未成年者その他制限行為能力者も、発起人となることができる（会社27⑤参照）。したがって、未成年者は、発起人となることはできないとする点で、本肢は誤っている。

ウ　正　株式会社の設立の手続において、金銭以外の財産を出資すること（以下「現物出資」という。）ができる者は、発起人に限られる（会社34Ⅰ本文・58Ⅰ③・63Ⅰ参照）。これは、現物出資は、その目的物が過大に評価され、会社債権者が害されるおそれがあるため、発起人に検査役の調査（会社33）や現物出資財産不足額塡補責任（会社52Ⅰ・Ⅱ括弧書）を課すことで、会社設立の責任主体である発起人に限り現物出資を認める趣旨である。したがって、本肢は正しい。

エ　誤　募集設立の場合、発起人は、払込みの取扱いをした銀行等に対し、発起人及び引受人が払い込んだ金額に相当する金銭を保管している旨を記載した証明書の交付を請求することができる（払込金保管証明制度　会社64Ⅰ・34Ⅰ・63Ⅰ）。しかし、発起設立の場合には、募集設立の場合と異なり、払込金保管証明制度は適用されない。したがって、発起設立の場合もとする点で、本肢は誤っている。

オ　正　株式会社は、その本店の所在地において設立の登記をすることによって成立する（会社49）。したがって、本肢は正しい。

以上から、正しいものはウオであり、正解は４となる。

MEMO

3b－7（R5－28）

株式会社の定款に関する次のアからオまでの記述のうち、**判例の趣旨に照らし誤っているもの**の組合せは、後記1から5までのうち、どれか。

ア　株式会社が、その発行する全部の株式ではなく、一部の株式についてのみ、その内容として譲渡による当該株式の取得について当該株式会社の承認を要する旨の定款の定めを設けていない場合であっても、当該株式会社は、会社法上の公開会社である。

イ　会社法上の公開会社でない取締役会設置会社においては、取締役会の決議によるほか株主総会の決議によっても代表取締役を選定することができる旨の定款の定めは、有効である。

ウ　株式会社は、定款の変更を目的とする株主総会の決議について、総株主の議決権の3分の1以上を有する株主が出席し、出席した当該株主の議決権の過半数をもって行うことができる旨を定款で定めることができる。

エ　株式会社の資本金の額は、定款で定める必要はない。

オ　株式会社の債権者は、当該株式会社の定款の閲覧の請求をする場合には、当該請求の理由を明らかにしてしなければならない。

1　アウ　　2　アエ　　3　イエ　　4　イオ　　5　ウオ

〈第28問　解　説〉

正　解　　5

ア　正　　会社法上の公開会社とは、発行する全部又は一部の株式の内容として譲渡による当該株式の取得について当該株式会社の承認を要する旨の定款の定めを設けていない株式会社をいう（会社２⑤）。したがって、本肢は正しい。

イ　正　　取締役会設置会社においては、株主総会は、会社法に規定する事項及び定款で定めた事項に限り、決議をすることができる（会社295Ⅱ）。これは、取締役会設置会社においては、会社の運営・管理は基本的に取締役会に委ねられているためである。この点、会社法上の公開会社でない取締役会設置会社において、取締役会の決議によるほか株主総会の決議によっても代表取締役を定めることができる旨を定款に定めたとしても、代表取締役の選定及び解職に関する取締役会の権限（会社362Ⅱ③）が否定されるものではないことから、当該定款の定めは有効である（最決平29.2.21）。したがって、本肢は正しい。

ウ　誤　　定款の変更を目的とする株主総会の決議は、当該株主総会において議決権を行使することができる株主の議決権の過半数（３分の１以上の割合を定款で定めた場合にあっては、その割合以上）を有する株主が出席し、出席した当該株主の議決権の３分の２（これを上回る割合を定款で定めた場合にあっては、その割合）以上に当たる多数をもって行わなければならない（特別決議　会社309Ⅱ⑪）。したがって、総株主の議決権の３分の１以上を有する株主が出席し、出席した当該株主の議決権の過半数をもって行うことができるとする点で、本肢は誤っている。

エ　正　　株式会社の定款には、①目的、②商号、③本店の所在地、④設立に際して出資される財産の価額又はその最低額、⑤発起人の氏名又は名称及び住所を記載し、又は記録しなければならない（会社27各号）。しかし、資本金の額は、定款で定めることを要しない（会社27参照）。したがって、本肢は正しい。

オ　誤　　発起人（株式会社の成立後にあっては、その株主及び債権者。以下同じ。）は、発起人が定めた時間（株式会社の成立後にあっては、その営業時間）内は、いつでも、定款が書面をもって作成されているときは、当該書面の閲覧の請求、定款が電磁的記録をもって作成されているときは、当該電磁的記録に記録された事項を法務省令で定める方法により表示したものの閲覧の請求をすることができる（会社31Ⅱ①③）。この点、当該株式会社の債権者が、当該株式会社の定款の閲覧の請求をする場合に、当該請求の理由を明らかにしてしなければならないとする規定は存しない。したがって、請求の理由を明らかにしてしなければならないとする点で、本肢は誤っている。なお、株主及び債権者は、株式会社の営業時間内は、いつでも、請求の理由を明らかにして株主名簿の閲覧又は謄写の請求をすることができる（会社125Ⅱ）。

以上から、誤っているものはウオであり、正解は5となる。

MEMO

4c－12 (R5－29)

異なる種類の株式に関する次のアからオまでの記述のうち、**正しいもの**の組合せは、後記1から5までのうち、どれか。

ア　会社法上の公開会社は、ある種類の株式の株主が一株につき複数個の議決権を有することを内容とする種類の株式を発行することができる。

イ　株主総会において決議をすることができる事項の全部につき議決権を行使することができない種類の株式の株主であっても、当該種類の株式の種類株主を構成員とする種類株主総会においては議決権を行使することができる。

ウ　種類株主総会は、毎事業年度の終了後一定の時期に招集しなければならない。

エ　内容の異なる二以上の種類の株式を発行する株式会社は、一の種類の株式を取得条項付株式とし、その内容として、当該種類の株式一株を取得するのと引換えに他の種類の株式を交付することを定めることができる。

オ　内容の異なる二以上の種類の株式を発行する株式会社は、一の種類の株式については株券を発行し、他の種類の株式については株券を発行しない旨を定款で定めることができる。

1　アウ　　2　アオ　　3　イウ　　4　イエ　　5　エオ

〈第29問　解説〉

正解　4

ア　誤　株式会社は、株主総会において議決権を行使することができる事項について異なる定めをした内容の異なる２以上の種類の株式を発行することができる（会社108Ⅰ③）。しかし、例えば「Ａ種類株式は１株につき１議決権、Ｂ種類株式は１株につき10議決権を有する」といった定め（複数議決権株式）は、会社法上の公開会社であるか否かにかかわらず認められない。したがって、ある種類の株式の株主が一株につき複数個の議決権を有することを内容とする種類の株式を発行することができるとする点で、本肢は誤っている。なお、株式の種類ごとに異なる単元株式数を定めることができるため、例えば配当等の権利についてわずかに違いのある２種類の株式を発行し、「Ａ種類株式は10株１単元、Ｂ種類株式は１株１単元」と定めることにより、複数議決権株式と実質的に同じ仕組みを作ることが可能である。

イ　正　株主総会において決議をすることができる事項の全部につき議決権を行使することができない種類の株式（議決権制限株式）とは、「株主総会」において議決権を行使することができる事項について制限がある種類の株式である（会社108Ⅰ③）。よって、当該種類の株式の種類株主を構成員とする「種類株主総会」においては議決権を行使することができる。したがって、本肢は正しい。

ウ　誤　株主総会は、毎事業年度の終了後一定の時期に招集しなければならない（定時株主総会　会社296Ⅰ）。しかし、種類株主総会については、このような定めはなく、必要の都度、合理的期間内に開催することとなる（会社325による296Ⅰ・Ⅱの不準用）。したがって、種類株主総会は、毎事業年度の終了後一定の時期に招集しなければならないとする点で、本肢は誤っている。

エ　正　内容の異なる二以上の種類の株式を発行する株式会社が一の種類の株式として取得条項付株式を発行する場合には、取得の対価として当該取得条項付株式一株を取得するのと引換えに当該株主に対して当該株式会社の他の株式を交付することを定めることができる（会社108Ⅱ⑥ロ）。したがって、本肢は正しい。

オ　誤　株式会社は、その株式（種類株式発行会社にあっては、全部の種類の株式）に係る株券を発行する旨を定款で定めることができる（会社214)。この点、種類株式発行会社は、種類ごとに株券の発行の有無を定めることはできず、株券を発行する旨の定款の定めは、全ての種類の株式について株券を発行する旨を定めるものでなければならない。したがって、一の種類の株式については株券を発行し、他の種類の株式については株券を発行しない旨を定款で定めることができるとする点で、本肢は誤っている。

以上から、正しいものはイエであり、正解は4となる。

MEMO

5a－32（R5－30）

株主総会に関する次のアからオまでの記述のうち、**正しいもの**の組合せは、後記１から５までのうち、どれか。

ア　会社法上の公開会社でない株式会社において、総株主の議決権の100分の３以上の議決権を有する株主は、取締役に対し、株主総会の目的である事項であって当該株主が議決権を行使することができるもの及び招集の理由を示して、株主総会の招集を請求することができる。

イ　会社法上の公開会社において、総株主の議決権の100分の１以上の議決権又は300個以上の議決権を６か月前から引き続き有する株主は、株主総会の日の８週間前までに、取締役に対し、当該株主が議決権を行使することができる一定の事項を株主総会の目的とすることを請求することができる。

ウ　会社法上の公開会社において、総株主の議決権の100分の１以上の議決権及び300個以上の議決権のいずれも有しない株主は、株主総会において、株主総会の目的である事項であって当該株主が議決権を行使することができるものにつき議案を提出することができない。

エ　会社法上の公開会社において、総株主の議決権の100分の１以上の議決権及び300個以上の議決権のいずれも有しない株主は、株主総会の日の８週間前までに、取締役に対し、株主総会の目的である事項であって当該株主が議決権を行使することができるものにつき当該株主が提出しようとする議案のうち10を超えないものの要領を株主に通知することを請求することができる。

オ　会社法上の公開会社でない株式会社において、総株主の議決権の100分の１以上の議決権を有する株主は、これを６か月前から引き続き有する場合に限り、株主総会に係る招集の手続及び決議の方法を調査させるため、当該株主総会に先立ち、裁判所に対し、検査役の選任の申立てをすることができる。

１　アイ　　２　アオ　　３　イウ　　４　ウエ　　５　エオ

〈第30問　解 説〉

正 解　　1

ア　正　　会社法上の公開会社においては、総株主の議決権の100分の３（これを下回る割合を定款で定めた場合にあっては、その割合）以上の議決権を６か月（これを下回る期間を定款で定めた場合にあっては、その期間）前から引き続き有する株主は、取締役に対し、株主総会の目的である事項（当該株主が議決権を行使することができる事項に限る。）及び招集の理由を示して、株主総会の招集を請求することができる（会社297 Ⅰ）。他方、会社法上の公開会社でない株式会社においては、総株主の議決権の100分の３（これを下回る割合を定款で定めた場合にあっては、その割合）以上の議決権を有する株主は、取締役に対し、株主総会の目的である事項（当該株主が議決権を行使することができる事項に限る。）及び招集の理由を示して、株主総会の招集を請求することができる（会社297 Ⅱ・Ⅰ）。したがって、本肢は正しい。

イ　正　　会社法上の公開会社は取締役会設置会社であるところ、取締役会設置会社においては、総株主の議決権の100分の１（これを下回る割合を定款で定めた場合にあっては、その割合）以上の議決権又は300個（これを下回る数を定款で定めた場合にあっては、その個数）以上の議決権を６か月（これを下回る期間を定款で定めた場合にあっては、その期間）前から引き続き有する株主に限り、取締役に対し、一定の事項を株主総会の目的とすることを請求することができる（会社303 Ⅱ前段・327 Ⅰ①）。この場合において、その請求は、株主総会の日の８週間（これを下回る期間を定款で定めた場合にあっては、その期間）前までにしなければならない（会社303 Ⅱ後段）。したがって、本肢は正しい。

ウ　誤　　株主は、原則として、株主総会において、株主総会の目的である事項（当該株主が議決権を行使することができる事項に限る。）につき議案を提出することができる（議案提案権　会社304）。この点、議案提案権を行使する株主については、総株主の議決権の100分の１以上の議決権又は300個以上の議決権を有することを要しない（会社304参照）。したがって、総株主の議決権の100分の１以上の議決権及び300個以上の議決権のいずれも有しない株主はとする点で、本肢は誤っている。なお、当該議案が法令若しくは定款に違反する場合又は実質的に同一の議案につき株主総会において総株主（当該議案について議決権を行使することができない株主を除く。）の議決権の10分の1（これを下回る割合を定款で定めた場合にあっては、その割合）以上の賛成を得られなかった日から3年を経過していない場合は、株主は、株主総会において当該議案を提出することができない（会社304但書）。

エ　誤　株主は、取締役に対し、株主総会の日の8週間（これを下回る期間を定款で定めた場合にあっては、その期間）前までに、株主総会の目的である事項につき当該株主が提出しようとする議案の要領を株主に通知することを請求することができる。ただし、取締役会設置会社においては、総株主の議決権の100分の1（これを下回る割合を定款で定めた場合にあっては、その割合）以上の議決権又は300個（これを下回る数を定款で定めた場合にあっては、その個数）以上の議決権を6か月（これを下回る期間を定款で定めた場合にあっては、その期間）前から引き続き有する株主に限り、当該請求をすることができる（会社305Ⅰ）。そして、会社法上の公開会社は取締役会設置会社であるところ、取締役会設置会社の株主が当該請求をする場合において、当該株主が提出しようとする議案の数が10を超えるときは、10を超える数に相当することとなる数の議案については、適用しない（会社305Ⅳ・327Ⅰ①）。したがって、総株主の議決権の100分の1以上の議決権又は300個以上の議決権のいずれも有しない株主はとする点で、本肢は誤っている。

オ　誤　会社法上の公開会社でない取締役会設置会社において、株式会社又は総株主（株主総会の目的である事項の全部につき議決権を行使することができない株主を除く。）の議決権の100分の1（これを下回る割合を定款で定めた場合にあっては、その割合）以上の議決権を有する株主は、株主総会に係る招集の手続及び決議の方法を調査させるため、当該株主総会に先立ち、裁判所に対し、検査役の選任の申立てをすることができる（会社306Ⅱ・Ⅰ・298Ⅰ②）。他方、会社法上の公開会社においては、議決権の要件に加え、当該議決権を6か月（これを下回る期間を定款で定めた場合にあっては、その期間）前から引き続き有する株主に限り、当該株主総会に先立ち、裁判所に対し、検査役の選任の申立てをすることができる（会社306Ⅱ・Ⅰ）。よって、会社法上の公開会社でない株式会社の株主においては、当該申立てをする場合に議決権を6か月前から引き続き有することを要しない。したがって、6か月前から引き続き有する場合に限りとする点で、本肢は誤っている。

以上から、正しいものはアイであり、正解は1となる。

MEMO

5c－12（R5－31）

監査役会設置会社において株主総会、取締役会及び監査役会の議事録が書面で作成されている場合に関する次のアからオまでの記述のうち、**誤っているもの**の組合せは、後記1から5までのうち、どれか。

ア　監査役会設置会社の債権者が当該監査役会設置会社の株主総会の議事録の閲覧又は謄写の請求をするには、裁判所の許可を得ることを要しない。

イ　監査役会設置会社の親会社社員が当該監査役会設置会社の株主総会の議事録の閲覧又は謄写の請求をするには、裁判所の許可を得ることを要する。

ウ　監査役会設置会社の債権者が当該監査役会設置会社の取締役会の議事録の閲覧又は謄写の請求をするには、裁判所の許可を得ることを要しない。

エ　監査役会設置会社の親会社社員が当該監査役会設置会社の取締役会の議事録の閲覧又は謄写の請求をするには、裁判所の許可を得ることを要する。

オ　監査役会設置会社の株主が当該監査役会設置会社の監査役会の議事録の閲覧又は謄写の請求をするには、裁判所の許可を得ることを要しない。

1　アウ　　2　アエ　　3　イエ　　4　イオ　　5　ウオ

〈第31問　解 説〉

正 解　　5

ア　正　　株主総会の議事については、法務省令で定めるところにより、議事録を作成しなければならない（会社318Ⅰ、会社施規72)。そして、株主及び債権者は、株式会社の営業時間内は、いつでも、①株主総会の議事録が書面をもって作成されているときは、当該書面又は当該書面の写しの閲覧又は謄写の請求、②株主総会の議事録が電磁的記録をもって作成されているときは、当該電磁的記録に記録された事項を法務省令で定める方法により表示したものの閲覧又は謄写の請求をすることができる（会社318Ⅳ各号・Ⅰ、会社施規226⑰)。この点、債権者が株主総会の議事録の閲覧の請求をするには、裁判所の許可を得ることを要しない。したがって、本肢は正しい。

イ　正　　株式会社の親会社社員は、その権利を行使するため必要があるときは、裁判所の許可を得て、①株主総会の議事録が書面をもって作成されているときは、当該書面又は当該書面の写しの閲覧又は謄写の請求、②株主総会の議事録が電磁的記録をもって作成されているときは、当該電磁的記録に記録された事項を法務省令で定める方法により表示したものの閲覧又は謄写の請求をすることができる（会社318Ⅳ各号・Ⅰ・Ⅴ、会社施規226⑰)。したがって、本肢は正しい。

ウ　誤　　取締役会の議事については、法務省令で定めるところにより、議事録を作成しなければならない（会社369Ⅲ、会社施規101)。そして、取締役会設置会社の債権者は、取締役会の議事録が書面をもって作成されている場合において、役員の責任を追及するために必要があるときは、裁判所の許可を得て、当該議事録の閲覧又は謄写の請求をすることができる（会社371Ⅳ・Ⅱ①・Ⅰ)。したがって、裁判所の許可を得ることを要しないとする点で、本肢は誤っている。

エ　正　　取締役会の議事については、法務省令で定めるところにより、議事録を作成しなければならない（会社369Ⅲ、会社施規101)。そして、取締役会設置会社の親会社社員は、取締役会の議事録が書面をもって作成されている場合において、役員の責任を追及するために必要があるときは、裁判所の許可を得て、当該議事録の閲覧又は謄写の請求をすることができる（会社371Ⅴ・Ⅳ・Ⅱ①・Ⅰ)。したがって、本肢は正しい。

オ　誤　監査役会設置会社は、監査役会の日から10年間、監査役会議事録をその本店に備え置かなければならない（会社394Ⅰ・393Ⅱ）。そして、監査役会設置会社の株主は、監査役会の議事録が書面をもって作成されている場合において、その権利を行使するため必要があるときは、裁判所の許可を得て、当該議事録の閲覧又は謄写の請求をすることができる（会社394Ⅱ①）。したがって、裁判所の許可を得ることを要しないとする点で、本肢は誤っている。なお、監査役会設置会社の債権者が役員の責任を追及するため又は親会社社員がその権利を行使するため必要があるときも同様に、裁判所の許可を得て、監査役会議事録の閲覧又は謄写の請求をすることができる（会社394Ⅲ）。

以上から、誤っているものはウオであり、正解は5となる。

MEMO

9d－11（R5－32）

持分会社に関する次のアからオまでの記述のうち、**誤っているもの**の組合せは、後記１から５までのうち、どれか。

ア　持分会社は、定款によっても、社員が事業年度の終了時に当該持分会社の計算書類の閲覧の請求をすることを制限する旨を定めることはできない。

イ　持分会社において、利益又は損失の一方についてのみ分配の割合についての定めを定款で定めたときは、その割合は、利益及び損失の分配に共通であるものと推定される。

ウ　持分会社は、会計帳簿の閉鎖の時から10年間、その会計帳簿及びその事業に関する重要な資料を保存しなければならない。

エ　合名会社の債権者は、当該合名会社の営業時間内は、いつでも、その計算書類の閲覧の請求をすることができる。

オ　合資会社が資本金の額を減少する場合には、当該合資会社の債権者は、当該合資会社に対し、資本金の額の減少について異議を述べることができる。

１　アウ　　２　アオ　　３　イウ　　４　イエ　　５　エオ

〈第 32 問　解 説〉

正 解　　5

ア　正　　持分会社の社員は、当該持分会社の営業時間内は、いつでも、計算書類の閲覧又は謄写の請求をすることができる（会社 618 Ⅰ、会社施規 226 ㉚）。この点、会社法 618 条 1 項の規定は、定款で別段の定めをすることを妨げないが、定款によっても、社員が事業年度の終了時に当該請求をすることを制限する旨を定めることはできない（会社 618 Ⅱ）。したがって、本肢は正しい。

イ　正　　持分会社において、社員の損益分配の割合について定款の定めがないときは、その割合は、各社員の出資の価額に応じて定める（会社 622 Ⅰ）。この点、利益又は損失の一方についてのみ分配の割合についての定めを定款で定めたときは、その割合は、利益及び損失の分配に共通であるものと推定する（会社 622 Ⅱ）。したがって、本肢は正しい。

ウ　正　　持分会社は、会計帳簿の閉鎖の時から 10 年間、その会計帳簿及びその事業に関する重要な資料を保存しなければならない（会社 615 Ⅱ）。したがって、本肢は正しい。

エ　誤　　合同会社の債権者は、当該合同会社の営業時間内は、いつでも、その計算書類（作成した日から 5 年以内のものに限る。）について、閲覧又は謄写の請求をすることができる（会社 625・618 Ⅰ）。しかし、合名会社の債権者は、当該会社の計算書類の閲覧又は謄写の請求をすることはできない（会社 625 参照）。したがって、閲覧の請求をすることができるとする点で、本肢は誤っている。

オ　誤　　合資会社は、損失のてん補のために、その資本金の額を減少することができる（会社 620 Ⅰ）。この点、合資会社が資本金の額を減少する場合には、当該合資会社の債権者は、当該合資会社に対し、資本金の額の減少について異議を述べることはできない。したがって、資本金の額の減少について異議を述べることができるとする点で、本肢は誤っている。なお、合同会社が資本金の額を減少する場合には、当該合同会社の債権者は、当該合同会社に対し、資本金の額の減少について異議を述べることができる（会社 627 Ⅰ）。

以上から、誤っているものはエオであり、正解は 5 となる。

10－18（R5－33）

社債に関する次のアからオまでの記述のうち、**誤っているもの**の組合せは、後記1から5までのうち、どれか。

なお、担保付社債信託法及び社債、株式等の振替に関する法律の適用はないものとする。

ア　募集社債の総額の引受けを行う契約により募集社債の総額を引き受けた者は、その契約が成立した時に、引き受けた募集社債の社債権者となる。

イ　社債券を発行する旨の定めがある社債に質権を設定した者は、社債発行会社に対し、質権に関する所定の事項を社債原簿に記載し、又は記録することを請求することができない。

ウ　社債の償還請求権は、これを行使することができる時から10年間行使しないときは、時効によって消滅する。

エ　会社は、社債を発行する場合において、各社債の金額が1億円以上であるときは、社債管理者を定めなければならない。

オ　議決権者の議決権の総額の5分の1で、かつ、出席した議決権者の議決権の総額の3分の2の議決権を有する者の同意により、社債管理者が当該社債の全部について支払の猶予をすることを可決する旨の社債権者集会の決議は、裁判所の認可を受けなくても、その効力を生ずる。

1　アイ　　2　アウ　　3　イオ　　4　ウエ　　5　エオ

〈第33問　解 説〉

正 解　　5

ア　正　　社債の総額引受契約の場合、総額を引き受けた者は、総額引受契約が成立したときに、引き受けた募集社債の社債権者となる（会社680②・679）。したがって、本肢は正しい。

イ　正　　社債に質権を設定した者は、社債発行会社に対し、質権に関する所定の事項を社債原簿に記載し、又は記録することを請求することができる（会社694Ⅰ）。しかし、社債券を発行する旨がある場合には、当該請求をすることができない（会社694Ⅱ）。したがって、本肢は正しい。

ウ　正　　社債の償還請求権は、これを行使することができる時から10年間行使しないときは、時効によって消滅する（会社701Ⅰ）。したがって、本肢は正しい。なお、社債の利息の請求権は、これを行使することができる時から5年間行使しないときは、時効によって消滅する（会社701Ⅱ）。

エ　誤　　会社は、社債を発行する場合には、社債管理者を定め、社債権者のために、弁済の受領、債権の保全その他の社債の管理を行うことを委託しなければならない（会社702本文）。しかし、各社債の金額が1億円以上である場合、又はある種類の社債の総額を当該種類の各社債の金額の最低額で除して得た数が50を下回る場合は、社債管理者を定めることを要しない（会社702但書、会社施規169）。よって、各社債の金額が1億円以上である場合は、社債管理者を定めることを要しない。したがって、各社債の金額が1億円以上であるときは、社債管理者を定めなければならないとする点で、本肢は誤っている。

オ　誤　　社債管理者は、社債の全部について支払の猶予をする場合には、社債権者集会の決議によらなければならず、当該決議は、議決権者の議決権の総額の5分の1以上で、かつ、出席した議決権者の議決権の総額の3分の2以上の議決権を有する者の同意がなければならない（会社706Ⅰ①・724Ⅱ①）。そして、社債権者集会の決議は、裁判所の認可を受けなければ、その効力を生じない（会社734Ⅰ）。したがって、裁判所の認可を受けなくても、その効力を生ずるとする点で、本肢は誤っている。なお、社債権者集会の目的である事項についての提案に、議決権者の全員が書面又は電磁的記録による同意の意思表示をしたことにより、当該提案を可決する旨の社債権者集会の決議があったものとみなされた場合には、裁判所の認可を受けることを要しない（会社735の2Ⅳ・Ⅰ・734Ⅰ）。

以上から、誤っているものはエオであり、正解は5となる。

MEMO

11b－15（R5－34）

会社の合併に関する次のアからオまでの記述のうち、**正しいもの**の組合せは、後記1から5までのうち、どれか。

ア　株式会社を吸収合併存続会社とし、合名会社を吸収合併消滅会社とする吸収合併は、することができない。

イ　公告方法として官報に掲載する方法を定款で定めている吸収合併消滅株式会社は、吸収合併について異議を述べることができる債権者がいる場合において、官報及び時事に関する事項を掲載する日刊新聞紙にそれぞれ合併に関する公告を行ったときは、知れている債権者に対して各別に催告することを要しない。

ウ　吸収合併存続株式会社は、吸収合併消滅株式会社の株主に対し、吸収合併の対価として、当該吸収合併存続株式会社の子会社の株式を交付することはできない。

エ　株式会社を設立する新設合併は、新設合併設立株式会社の設立の登記をすることによって、その効力を生ずる。

オ　吸収合併の効力が生じた後に吸収合併存続株式会社の株主になった者は、当該吸収合併の効力が生じた日から6か月以内に、訴えをもって当該吸収合併の無効を主張することができる。

1　アウ　　2　アオ　　3　イウ　　4　イエ　　5　エオ

〈第34問　解 説〉

正 解　5

ア 誤　合併は、会社法上の会社の種類を問わず、会社間で行うことができる(会社748前段)。したがって、株式会社を吸収合併存続会社とし、合名会社を吸収合併消滅会社とする吸収合併は、することができないとする点で、本肢は誤っている。

イ 誤　吸収合併をする場合において、消滅株式会社は、一定の事項を官報に公告し、かつ、知れている債権者には、各別にこれを催告しなければならない（会社789Ⅱ・Ⅰ）。この点、消滅株式会社が当該公告を、官報のほか、定款所定の公告方法に従い、日刊新聞紙に掲載する方法又は電子公告によりするときは、当該催告は、することを要しない（会社789Ⅲ・Ⅱ本文・939Ⅰ②③)。すなわち、当該消滅株式会社は公告方法として官報に掲載する方法を定款に定めているため、当該催告をしなければならない。したがって、知れている債権者に対して各別に催告することを要しないとする点で、本肢は誤っている。

ウ 誤　吸収合併存続株式会社は、吸収合併消滅株式会社の株主に対してその株式に代わる金銭その他の財産を交付することができる（会社749Ⅰ②)。そして、当該金銭その他の財産の中には、当該吸収合併存続株式会社の子会社の株式も含まれる。したがって、子会社の株式を交付することはできないとする点で、本肢は誤っている。

エ 正　株式会社を設立する新設合併の効力は、新設した会社の設立の登記の日に生ずる（会社754Ⅰ・49)。したがって、本肢は正しい。

オ 正　吸収合併後存続する会社の株主は、吸収合併の効力が生じた日から6か月以内に、訴えをもってのみ当該吸収合併の無効を主張することができる（会社828Ⅰ⑦・Ⅱ⑦)。したがって、本肢は正しい。

以上から、正しいものはエオであり、正解は5となる。

1b－8（R5－35）

商人（小商人、会社及び外国会社を除く。）の商号に関する次のアからオまでの記述のうち、**判例の趣旨に照らし誤っているもの**の組合せは、後記１から５までのうち、どれか。

ア　商人は、同一の営業について、同一の営業所で複数の商号を有することができる。

イ　自己の商号を使用して営業を行うことを他人に許諾した商人が当該他人と取引した者に対して当該取引によって生じた債務を弁済する責任を負うには、特段の事情がない限り、当該他人の営業が当該商人の営業と同種の営業であることを要する。

ウ　商人は、その商号を登記しなければ、不正の目的をもって自己と誤認されるおそれのある商号を使用する者に対し、営業上の利益の侵害の停止を請求することができない。

エ　営業の譲渡とともにされた商号の譲渡は、登記をしなければ、第三者に対抗することができない。

オ　営業を譲り受けた商人は、譲渡人の商号を引き続き使用する場合において、営業の譲渡がされた後、遅滞なく、譲渡人の債務を弁済する責任を負わない旨の登記をしたときは、譲渡人の営業によって生じた債務を弁済する責任を負わない。

１　アイ　　２　アウ　　３　イエ　　４　ウオ　　５　エオ

〈第35問 解 説〉

正 解	2

ア 誤　商人は、同一の営業について、同一の営業所で複数の商号を使用することができない（大決大13.6.13）。なぜなら、商号は、営業の同一性の認識の標準となるものであり、一つの種類の営業について複数の商号を用いることができるとすれば、一般公衆に誤解を与えるおそれがあるからである。したがって、複数の商号を有することができるとする点で、本肢は誤っている。

イ 正　自己の商号を使用して営業又は事業を行うことを他人に許諾した商人（以下「名板貸人」という。）は、当該名板貸人が当該営業を行うものと誤認して当該他人（以下「名板借人」という。）と取引をした者に対し、当該名板借人と連帯して、当該取引によって生じた債務を弁済する責任を負う（商14）。この点、名板貸人が当該責任を負う場合には、名板借人の営業は、特段の事情のない限り、その許諾をした名板貸人の営業と同種の営業であることを要する（最判昭43.6.13）。したがって、本肢は正しい。なお、例外的に業種を異にする場合であっても、名板貸人との取引であると誤認するおそれが十分にあるような特段の事情がある場合には、当該名板貸人は商法14条の責任を負う（同判例）。

ウ 誤　何人も、不正の目的をもって、他の商人であると誤認されるおそれのある名称又は商号を使用してはならず（商12Ⅰ）、当該規定に違反する名称又は商号の使用によって営業上の利益を侵害され、又は侵害されるおそれがある商人は、商号の登記の有無にかかわらず、その営業上の利益を侵害する者又は侵害するおそれがある者に対し、その侵害の停止又は予防を請求することができる（商12Ⅱ・Ⅰ）。したがって、その商号を登記しなければ、不正の目的をもって自己と誤認されるおそれのある商号を使用する者に対し、営業上の利益の侵害の停止を請求することができないとする点で、本肢は誤っている。

エ 正　商人の商号は、営業とともにする場合又は営業を廃止する場合に限り、譲渡することができる（商15Ⅰ）。そして、この場合、商号の譲渡は、登記をしなければ、第三者に対抗することができない（商15Ⅱ）。したがって、本肢は正しい。

オ　正　営業を譲り受けた商人（以下「譲受人」という。）が譲渡人の商号を引き続き使用する場合において、営業の譲渡がされた後、遅滞なく、譲受人が譲渡人の債務を弁済する責任を負わない旨を登記したときは、譲受人は、譲渡人の営業によって生じた債務を弁済する責任を負わない（商17Ⅱ前段・Ⅰ）。したがって、本肢は正しい。

以上から、誤っているものはアウであり、正解は2となる。

午後の部

択一式

1a−8（R5−1）

民事訴訟における管轄に関する次のアからオまでの記述のうち、**正しいもの**の組合せは、後記1から5までのうち、どれか。

ア　被告が第一審裁判所において管轄違いの抗弁を提出せずに、訴訟要件が欠けることを理由として訴えの却下を求めた場合には、応訴管轄が生ずる。

イ　裁判所の管轄は、口頭弁論終結の時を標準として定める。

ウ　裁判所は、管轄に関する事項について、職権で証拠調べをすることができる。

エ　不動産の売買契約に基づく売買代金の支払を求める訴えは、不動産に関する訴えとして、不動産の所在地を管轄する裁判所に提起することができる。

オ　簡易裁判所に提起された貸金100万円の返還を求める本訴に対し、被告が適法な反訴により地方裁判所の管轄に属する請求をした場合において、本訴原告（反訴被告）の申立てがあるときは、簡易裁判所は、決定で、本訴及び反訴を地方裁判所に移送しなければならない。

1　アエ　　2　アオ　　3　イウ　　4　イエ　　5　ウオ

〈第1問　解 説〉

正 解　　5

ア　誤　　被告が第一審裁判所において管轄違いの抗弁を提出しないで本案について弁論をし、又は弁論準備手続で申述をしたときは、その裁判所は、管轄権を有する（民訴 12・応訴管轄）。この点、被告が弁論又は申述をする「本案」とは、請求の理由の有無に関する事項をいう。そのため、訴訟要件がないとして訴えを却下するよう申し立てたりしただけでは、応訴管轄は生じない。したがって、訴訟要件が欠けることを理由として訴えの却下を求めた場合には、応訴管轄が生ずるとする点で、本肢は誤っている。

イ　誤　　裁判所の管轄は、訴えの提起の時を標準として定める（民訴 15）。これは、訴え提起時に管轄があれば、その後の管轄原因の変動には影響されないことにすることにより、審理の円滑、手続の安定を図ろうとする趣旨である。したがって、口頭弁論終結の時を標準として定めるとする点で、本肢は誤っている。

ウ　正　　裁判所は、管轄に関する事項について、職権で証拠調べをすることができる（民訴 14）。これは、受訴裁判所は、被告から管轄違いの抗弁が提出されなくても管轄の存否を調査する義務を負い、そのために必要な証拠調べを職権をもってすることができる旨を定めたものであり、弁論主義に由来する職権証拠調べの禁止の例外規定である。したがって、本肢は正しい。

エ　誤　　不動産に関する訴えは、不動産の所在地に訴えを提起することができる（民訴 5⑫）。この点、不動産に関する訴えの中には、所有権等の物権に関する確認訴訟や、契約に基づいて不動産の移転登記、引渡し等を求める訴えが含まれる。もっとも、不動産の売買代金、賃料等の支払を求める訴えは、不動産に関する訴えとは解されない。したがって、不動産に関する訴えとして、不動産の所在地を管轄する裁判所に提起することができるとする点で、本肢は誤っている。

オ　正　　被告が反訴で地方裁判所の管轄に属する請求をした場合において、相手方の申立てがあるときは、簡易裁判所は、決定で、本訴及び反訴を地方裁判所に移送しなければならない（民訴 274 Ⅰ前段）。これは、反訴の相手方（原告）が反訴事件について地方裁判所において審理を受ける権利を尊重し、訴訟経済上本訴・反訴を同一の訴訟手続で審理すべき要請を充たそうとする趣旨である。したがって、本肢は正しい。

以上から、正しいものはウオであり、正解は５となる。

MEMO

11a－4（R5－2）

共同訴訟に関する次のアからオまでの記述のうち、**判例の趣旨に照らし誤っているもの**の組合せは、後記１から５までのうち、どれか。

ア　通常共同訴訟において、共同被告の一人が原告の主張する請求原因事実を認める旨の陳述をしたとしても、他の共同被告に対する請求との関係では、当該事実につき自白の効果は生じない。

イ　通常共同訴訟においては、共同被告の一人が提出した証拠につき、他の共同被告がこれを援用しない限り、その者に対する請求との関係では、事実認定の資料とすることはできない。

ウ　類似必要的共同訴訟においては、共同訴訟人の一人が控訴すれば、それによって原判決の確定が妨げられ、当該訴訟は全体として控訴審に移審し、控訴審の判決の効力は控訴をしなかった共同訴訟人にも及ぶ。

エ　共同被告の一方に対する訴訟の目的である権利と共同被告の他方に対する訴訟の目的である権利とが法律上併存し得ない関係にある場合において、原告から同時審判の申出があったときは、裁判所は、弁論及び裁判を分離することができない。

オ　必要的共同訴訟に係る事件が適法に係属し、共同被告の一人がその本案について準備書面を提出した場合において、その共同被告の一人が訴えの取下げに同意をしたときは、共同被告の全員が同意をしなくても、同意をした者に対する関係で訴えの取下げの効力が生ずる。

１　アウ　　２　アエ　　３　イウ　　４　イオ　　５　エオ

〈第２問　解説〉

正解　４

ア　正　通常共同訴訟においては、各共同訴訟人は他の共同訴訟人によって制約されることなく、各自独立に訴訟を追行することができる(民訴39･共同訴訟人独立の原則)。そのため、通常共同訴訟においては、共同訴訟人の一人がする主張は、他の共同訴訟人の訴訟に効力を及ぼさない（最判昭43.9.12)。したがって、本肢は正しい。

イ　誤　通常共同訴訟においては、共同訴訟人の一人が提出した証拠は、他の共同訴訟人の援用の有無にかかわらず、他の共同訴訟人についても証拠として裁判所の事実認定の資料とすることができる（最判昭45.1.23・証拠共通の原則)。なぜなら、証拠に基づいて裁判所の心証形成がされているときに、その証拠申出をした共同訴訟人についてのみ当該証拠を用いて、他の共同訴訟人について用いないのは、裁判所の自由心証を制約する結果となり、また、証拠共通を認めないと、認定されるべき真実は一つであるにもかかわらず、一の審理において矛盾した事実認定を強いることになるからである。したがって、事実認定の資料とすることはできないとする点で、本肢は誤っている。

ウ　正　必要的共同訴訟では、共同訴訟人の一人がした訴訟行為は、他の共同訴訟人にとって有利な行為については全員に効力を生ずる（民訴40Ⅰ)。そのため、類似必要的共同訴訟においては、終局判決に対し共同訴訟人の一人が上訴すれば、全員のために確定遮断効及び移審の効力を生ずる（最判昭58.4.1)。したがって、本肢は正しい。

エ　正　共同被告に対する原告の各請求が法律上併存し得ない関係にある場合において、原告の申出があったときは、裁判所は、弁論及び裁判を分離しないでしなければならない（民訴41Ⅰ・同時審判申出共同訴訟)。これは、裁判所による弁論の分離・一部判決を禁止し、共同訴訟としての併合審判を維持することによって、原告に統一的な弁論と裁判を確保することにある。したがって、本肢は正しい。

オ　誤　固有必要的共同訴訟における共同被告の一部に対する訴えの取下げは無効である（最判平6.1.25)。したがって、同意をした者に対する関係で訴えの取下げの効力が生ずるとする点で、本肢は誤っている。

なお、訴えの取下げは、固有必要的共同訴訟の場合には、共同訴訟人の一人がしても、効力を生じない（最判昭46.10.7）。

以上から、誤っているものはイオであり、正解は4となる。

MEMO

15－23（R5－3）

次の対話は、訴訟費用に関する教授と学生の対話である。教授の質問に対する次のアからオまでの学生の解答のうち、**正しいもの**の組合せは、後記1から5までのうち、どれか。

教授：　裁判所は、当事者の申立てがない場合であっても、事件を完結する裁判において、訴訟費用の負担の裁判をしなければなりませんか。

学生：ア　裁判所は、当事者の申立てがない場合には、訴訟費用の負担の裁判をする必要はありません。

教授：　民事訴訟法上、訴訟費用の負担の原則については、どのように定められていますか。

学生：イ　訴訟費用は敗訴の当事者の負担とすると定められています。

教授：　それでは、原告の請求のうち一部は認容されたが、一部は棄却された場合に、訴訟費用の全部を被告に負担させることはできますか。

学生：ウ　その訴訟における具体的な事情にかかわらず、一部しか敗訴していない被告に、訴訟費用の全部を負担させることはできません。

教授：　次に、当事者が裁判所において和解をした場合において、訴訟費用の負担について特別の定めをしなかったときは、訴訟費用の負担はどうなりますか。

学生：エ　この場合の訴訟費用は、当事者の各自が負担することになります。

教授：　最後に、当事者は、裁判所がした訴訟費用の負担の裁判に対して、独立して不服を申し立てることはできますか。

学生：オ　訴訟費用の負担の裁判に不服がある者は、その裁判について即時抗告をすることができます。

1　アウ　　2　アオ　　3　イウ　　4　イエ　　5　エオ

〈第3問　解 説〉

正 解　　4

ア　誤　　裁判所は、事件を完結する裁判において、職権で、その審級における訴訟費用の全部について、その負担の裁判をしなければならない（民訴67Ⅰ本文）。なぜなら、訴訟費用は、国家の裁判制度を利用する対価であり、当事者のいずれか一方に必ず負担させなければならず、公益的な要請上、当事者の申立てをまつまでもなく、職権で費用の裁判をしなければならないからである。したがって、訴訟費用の負担の裁判をする必要はないとする点で、本肢は誤っている。

イ　正　　訴訟費用は、敗訴の当事者の負担とする（民訴61）。これは、訴訟上正当な権利を主張する者が要した費用は、それを必要とさせた相手方が負担するのが公平であるという観念に基づいている。したがって、本肢は正しい。

ウ　誤　　請求の一部について敗訴した場合、訴訟費用は敗訴当事者が負担する（民訴61）という原則によれば、その当事者は敗訴部分についての訴訟費用を負担することになる。しかし、敗訴部分と勝訴部分の訴訟費用を明確に区別できない場合も多く、一部敗訴には種々の態様があり、一律に適用できる負担基準を立てることが困難な場合もある。そこで、一部敗訴の場合における各当事者の訴訟費用の負担は、裁判所が、その裁量で定めるが、事情により、当事者の一方に訴訟費用の全部を負担させることができる（民訴64）。したがって、訴訟費用の全部を負担させることはできないとする点で、本肢は誤っている。

エ　正　　当事者が裁判所において和解をした場合において、和解の費用又は訴訟費用の負担について特別の定めをしなかったときは、その費用は各自が負担する（民訴68）。したがって、本肢は正しい。なお、「裁判上において和解をする場合」には、訴訟上の和解（民訴89）と起訴前の和解（民訴275）が含まれる。

オ　誤　　訴訟費用の負担の裁判に対しては、独立して上訴することが認められない（民訴282・313）。なぜなら、訴訟費用の負担は、本案の判断と密接不可分であり、これについて独立に原判決の当否を判断できないからである。したがって、即時抗告をすることができるとする点で、本肢は誤っている。

以上から、正しいものはイエであり、正解は4となる。

7c－27（R5－4）

民事訴訟における証人尋問及び当事者尋問に関する次のアからオまでの記述のうち、**正しいもの**の組合せは、後記1から5までのうち、どれか。

ア　当事者尋問の申出は、証明すべき事実を特定しなくても、することができる。

イ　当事者本人を尋問する場合において、その当事者は、裁判長の許可を受けなくとも、書類に基づいて陳述することができる。

ウ　簡易裁判所の訴訟手続において、裁判所は、相当と認めるときは、当事者本人の尋問に代え、書面の提出をさせることができる。

エ　16歳未満の者を証人として尋問する場合であっても、法定代理人の同意があれば、宣誓をさせることができる。

オ　裁判所は、正当な理由なく出頭しない証人の勾引を命ずることができる。

1　アウ　　2　アエ　　3　イエ　　4　イオ　　5　ウオ

〈第4問　解 説〉

正 解　5

ア　誤　当事者尋問は、原則として要証事実について証明責任を負う当事者から申し出る。この点、当該申出は、証明すべき事実を特定してしなければならない（民訴 180 Ⅰ）。したがって、特定しなくても、することができるとする点で、本肢は誤っている。

イ　誤　当事者本人の尋問において、当事者本人は、裁判長の許可を受けたときを除き、書類に基づいて陳述することができない（民訴 210・203)。これは、メモなどの書類を見ながら質問に答えると、ありのままの記憶に基づく自由な証言が阻害されるおそれがあり、また偽証もしやすくなるため、原則として書類に基づいて陳述をすることは認められないが、備忘的な記録・資料を用いなければ正確な記憶を呼び戻すことができない場合などもあるので、裁判長の許可があれば、書類に基づいて陳述することも認められるとしたものである。したがって、裁判長の許可を受けなくとも、書類に基づいて陳述することができるとする点で、本肢は誤っている。

ウ　正　簡易裁判所の訴訟手続において、裁判所は、相当と認めるときは、証人若しくは当事者本人の尋問又は鑑定人の意見の陳述に代え、書面の提出をさせることができる（民訴 278)。これは、審理の簡易迅速化と訴訟経済を図るために、簡易裁判所は、証人尋問、当事者本人尋問、鑑定人尋問に代えて、尋問事項に対する供述書、鑑定書の提出をさせることができるものとしたものである。したがって、本肢は正しい。

エ　誤　証人には、特別の定めがある場合を除き、宣誓をさせなければならない（民訴 201 Ⅰ)。もっとも、16 歳未満の者を証人として尋問する場合には、宣誓をさせることができない（民訴 201 Ⅱ)。これは、宣誓の趣旨を理解することができたとしても、16 歳未満の者に対しては政策的観点から画一的に宣誓を禁じている。したがって、法定代理人の同意があれば、宣誓をさせることができるとする点で、本肢は誤っている。

オ　正　裁判所は、正当な理由なく出頭しない証人の勾引を命ずることができる（民訴 194 Ⅰ)。したがって、本肢は正しい。なお、勾引とは、実力で証人を受訴裁判所などの出頭すべき場所に引致することをいう。

以上から、正しいものはウオであり、正解は5となる。

13d－10（R5－5）

督促手続に関する次のアからオまでの記述のうち、**誤っているもの**の組合せは、後記1から5までのうち、どれか。

ア　支払督促の申立ては、請求の目的の価額が140万円を超えるときであっても、簡易裁判所の裁判所書記官に対してすることができる。

イ　支払督促は、日本において公示送達によらないで債務者に送達することができる場合でなければ、発することはできない。

ウ　支払督促の申立てが管轄権を有しない簡易裁判所の裁判所書記官に対してされた場合には、その裁判所書記官は、管轄違いを理由に移送することができる。

エ　支払督促は、債権者が仮執行の宣言の申立てをすることができる時から30日以内にその申立てをしないときは、その効力を失う。

オ　適法な督促異議の申立てがあったときは、督促異議に係る請求については、その目的の価額にかかわらず、支払督促を発した裁判所書記官の所属する簡易裁判所に訴えの提起があったものとみなされる。

1　アイ　　2　アエ　　3　イオ　　4　ウエ　　5　ウオ

〈第5問　解 説〉

正 解　　5

ア　正　　支払督促の申立ては、債務者の普通裁判籍の所在地を管轄する簡易裁判所の裁判所書記官に対してする（民訴383Ⅰ）。この点、支払督促は、請求の訴額にかかわらず、債務者の普通裁判籍の所在地を管轄する簡易裁判所の裁判所書記官に対してする。これは、督促手続においては、債権者の主張の真否について実体的な判断は行わず、また債務者の督促異議の申立てがあったときは、訴訟手続に移行すること等に照らして、支払督促及び仮執行宣言について簡易裁判所の裁判所書記官が発付することとしたものである。したがって、本肢は正しい。

イ　正　　支払督促は、日本において公示送達によらないでこれを送達することができる場合でなければ、発することができない（民訴382但書）。なぜなら、外国において送達される場合は、債務者が所定の短期間に督促異議を申し立てられないおそれがあり、また、公示送達は債務者にとってほとんど確知できず、督促異議申立権を失うことになるからである。したがって、本肢は正しい。

ウ　誤　　支払督促の申立ては、債務者の普通裁判籍の所在地を管轄する簡易裁判所の裁判所書記官に対してする（民訴383Ⅰ）。この点、支払督促の申立てが管轄違いの裁判所の裁判所書記官に対してされたときは、その申立ては却下される（民訴385Ⅰ前段・383Ⅰ参照）。したがって、管轄違いを理由に移送することができるとする点で、本肢は誤っている。

エ　正　　債権者が仮執行の宣言の申立てをすることができる時から30日以内にその申立てをしないときは、支払督促は、その効力を失う（民訴392）。これは、督促手続は、簡易・迅速に債務名義を取得させることを目的とするものであるから、手続遂行に不熱心な債権者には、その利用を認める必要はないとしたものである。したがって、本肢は正しい。

オ　誤　　適法な督促異議の申立てがあったときは、督促異議に係る請求については、その目的の価額に従い、支払督促の申立ての時に、支払督促を発した裁判所書記官の所属する簡易裁判所又はその所在地を管轄する地方裁判所に訴えの提起があったものとみなす（民訴395Ⅰ）。したがって、その目的の価額にかかわらず、支払督促を発した裁判所書記官の所属する簡易裁判所に訴えの提起があったものとみなされるとする点で、本肢は誤っている。

以上から、誤っているものはウオであり、正解は5となる。

MEMO

33－13（R5－6）

民事保全に関する次のアからオまでの記述のうち、**誤っているもの**の組合せは、後記１から５までのうち、どれか。

ア　仮差押命令は、金銭の支払を目的とする債権について、強制執行をすることができなくなるおそれがあるとき、又は強制執行をするのに著しい困難を生ずるおそれがあるときに発することができる。

イ　裁判所は、保全すべき権利が金銭の支払を受けることをもってその行使の目的を達することができるものであるときは、仮処分命令において仮処分解放金の額を定めなければならない。

ウ　保全命令に関する手続については、債権者であっても、保全命令の申立てに関し口頭弁論若しくは債務者を呼び出す審尋の期日の指定があり、又は債務者に対する保全命令の送達があるまでの間は、裁判所書記官に対し、事件の記録の閲覧を請求することができない。

エ　保全命令の申立てについて、口頭弁論を経ないで決定をする場合には、理由の要旨を示せば足りる。

オ　保全命令は、債権者にも送達しなければならない。

１　アエ　　２　アオ　　３　イウ　　４　イオ　　５　ウエ

〈第6問 解 説〉

正 解 3

ア 正　仮差押命令は、金銭の支払を目的とする債権について、強制執行をすることができなくなるおそれがあるとき、又は強制執行をするのに著しい困難を生ずるおそれがあるときに発することができる（民保20Ⅰ）。したがって、本肢は正しい。

イ 誤　仮処分解放金とは、仮処分の執行停止又は取消しを得るために債務者が供託すべき金銭のことである。この点、裁判所は、保全すべき権利が金銭の支払を受けることをもってその行使の目的を達することができるものであるときに限り、債権者の意見を聴いて、仮処分の執行の停止を得るため、又は既にした仮処分の執行の取消しを得るために債務者が供託すべき金銭の額を仮処分命令において定めることができる（民保25Ⅰ）。したがって、定めなければならないとする点で、本肢は誤っている。なお、仮処分解放金を定めることができるのは、係争物に関する仮処分のみであって、仮の地位を定める仮処分について仮処分解放金を定めることはできない。

ウ 誤　保全命令に関する手続又は保全執行に関し裁判所が行う手続について、利害関係を有する者は、裁判所書記官に対し、事件の記録の閲覧若しくは謄写、その正本、謄本若しくは抄本の交付又は事件に関する事項の証明書の交付を請求することができる（民保5）。ただし、債権者以外の者にあっては、保全命令の申立てに関し口頭弁論若しくは債務者を呼び出す審尋の期日の指定があり、又は債務者に対する保全命令の送達があるまでの間は、この限りでない（民保5但書）。これは、保全命令事件はその性質上密行性を要することから、債権者以外の利害関係人からの閲覧等の請求を、密行性が害されるおそれがないと認められるまでの間、制限する必要があるためである。したがって、債権者であっても請求することができないとする点で、本肢は誤っている。

エ 正　保全命令の申立てについての決定には、理由を付さなければならない（民保16本文）。ただし、口頭弁論を経ないで決定をする場合には、理由の要旨を示せば足りる（民保16但書）。これは、保全手続においては迅速性の要請があるため、口頭弁論を経たか否かによって理由記載の詳細さの程度を区別したものである。したがって、本肢は正しい。

オ　正　保全命令は、当事者に送達しなければならない（民保17)。なぜなら、保全命令は民事保全手続における基本的で重要な裁判であり、その内容を当事者に確実に知らせ、その証明方法を残す必要があるからである。したがって、本肢は正しい。

以上から、誤っているものはイウであり、正解は3となる。

MEMO

18a－9（R5－7）

不動産の強制競売に関する次のアからオまでの記述のうち、**正しいもの**の組合せは、後記１から５までのうち、どれか。

ア　執行裁判所は、不動産の強制競売の開始決定をする場合には、債務者を審尋しなければならない。

イ　強制競売の開始決定がされた不動産について強制競売の申立てがあったときは、執行裁判所は、更に強制競売の開始決定をすることができない。

ウ　差押えの登記がされる前に不動産の強制競売の開始決定が債務者に送達された場合であっても、差押えの効力は、登記がされた時に生ずる。

エ　不動産の強制競売の申立てを却下する裁判に対しては、執行抗告をすることができる。

オ　不動産の強制競売の開始決定に係る差押えの登記の嘱託は、裁判所書記官が職権により行う。

１　アイ　　２　アエ　　３　イウ　　４　ウオ　　５　エオ

〈第7問　解 説〉

正 解　　5

ア 誤　執行裁判所は、任意的口頭弁論による裁判をする（民執4）ために、民事訴訟の一般原則によって当事者を審尋することができる（民執20、民訴87 Ⅱ）。したがって、債務者を審尋しなければならないとする点で、本肢は誤っている。なお、執行裁判所は、執行処分をするに際し、必要があると認めるときは、利害関係を有する者その他参考人を審尋することができる（民執5）。

イ 誤　強制競売又は担保権の実行としての競売の開始決定がされた不動産について強制競売の申立てがあったときは、執行裁判所は、更に強制競売の開始決定をするものとする（民執47 Ⅰ）。これは、二重の開始決定自体を許さないと、債務名義を有する債権者の権利行使が配当要求に限定され、執行手続が取下げ等で終了した場合や停止した場合に、債権者が不当に害される結果になるため規定されたものである。したがって、更に強制競売の開始決定をすることができないとする点で、本肢は誤っている。

ウ 誤　差押えの効力は、強制競売の開始決定が債務者に送達された時に生ずるが、差押えの登記がその開始決定の送達前にされたときは、登記がされた時に生ずる（民執46 Ⅰ）。この点、差押えとは、債務者所有の不動産の処分権を奪ってそれを国家の執行機関に付与することを内容とすることから、その効力も、開始決定が債務者に送達された時に生ずるのが本則とされる。しかし、差押えの効力が発生しても差押えの登記がされる前に債務者が当該不動産を処分し第三者がその旨の登記を備えてしまうと差押えが実質的に無意味なものとなってしまうことから、差押えの登記が強制競売開始決定の送達前にされた場合は、登記がされた時に差押えの効力が生ずるものとされる。したがって、差押えの登記がされる前に送達された場合であっても登記がされた時に生ずるとする点で、本肢は誤っている。

エ 正　強制競売の申立てを却下する裁判に対しては、執行抗告をすることができる（民執45 Ⅲ）。なぜなら、申立て却下の裁判は、債権者に対し、強制競売手続への関与を全面的に拒絶し、しかも手続を最終的に終局させる内容のものであるから、これに対する不服については、上級審の判断を得る機会を与えるのが相当と考えられるからである。したがって、本肢は正しい。

オ　正　　強制競売の開始決定がされたときは、裁判所書記官は、直ちに、その開始決定に係る差押えの登記を嘱託しなければならない（民執48 Ⅰ）。これは、不動産の交換価値を確保するための差押えの効力を実効あらしめるため、強制競売の開始決定がされたときは、まず最初の手続として、直ちに差押えの登記の嘱託をすることにしたものである。したがって、本肢は正しい。

以上から、正しいものはエオであり、正解は5となる。

MEMO

5－2（R5－8）

司法書士又は司法書士法人に対する懲戒に関する次のアからオまでの記述のうち、**誤っているもの**の組合せは、後記1から5までのうち、どれか。

ア　何人も、司法書士又は司法書士法人に司法書士法又は同法に基づく命令に違反する事実があると思料するときは、法務大臣に対し、当該事実を通知し、適当な措置をとることを求めることができる。

イ　法務大臣は、司法書士法人に対する懲戒処分として、当該司法書士法人の取り扱う業務のうちの一部に限って業務を停止する処分をすることはできない。

ウ　司法書士法人の社員である司法書士が当該司法書士法人の業務について司法書士法又は同法に基づく命令に違反する行為を行った場合には、当該行為について、当該司法書士法人が懲戒処分を受けることはあるが、当該行為を行った当該司法書士法人の社員である司法書士が重ねて懲戒処分を受けることはない。

エ　法務大臣は、司法書士に対し、戒告の処分をしようとする場合には、当該司法書士の聴聞を行わなければならない。

オ　司法書士又は司法書士法人がその所属する司法書士会又は日本司法書士会連合会の会則に違反する行為を行った場合には、これらの会則の遵守義務を定めた司法書士法違反を理由に懲戒処分を受けることがある。

1　アイ　　2　アエ　　3　イウ　　4　ウオ　　5　エオ

〈第8問　解説〉

正解　3

ア　正　何人も、司法書士又は司法書士法人にこの法律又はこの法律に基づく命令に違反する事実があると思料するときは、法務大臣に対し、当該事実を通知し、適当な措置をとることを求めることができる（司書49Ⅰ）。これは、懲戒処分に関する情報をよく知り得る立場にある国民に懲戒処分の申出を認めることにより、懲戒権がより適正に行使できるようにする趣旨である。したがって、本肢は正しい。

イ　誤　司法書士法人がこの法律又はこの法律に基づく命令に違反したときは、法務大臣は、当該司法書士法人に対し、２年以内の業務の全部又は一部の停止の処分をすることができる(司書48Ⅰ②)。したがって、処分をすることはできないとする点で、本肢は誤っている。

ウ　誤　司書法は、社員である司法書士に対する懲戒処分（司書47）とは別に、司法書士法人に対する懲戒処分制度を設けている（司書48)。したがって、重ねて懲戒処分を受けることはないとする点で、本肢は誤っている。

エ　正　法務大臣は、司書法47条１号に掲げる戒告の処分をするときは、行手法13条１項の規定による意見陳述のための手続の区分にかかわらず、聴聞を行わなければならない（司書49Ⅲ)。なぜなら、戒告の懲戒処分であっても、その処分内容が公告され（司書51)、司法書士又は司法書士法人としての経歴に残ること等からすれば、司法書士等に対して与える事実上の不利益は大きく、その手続保障を図る必要があるからである。したがって、本肢は正しい。

オ　正　司書法は、司法書士会及び日本司法書士会連合会の会則の遵守義務についても規定している（司書23）ことから、司法書士会及び日本司法書士会連合会の会則に違反したことも、懲戒事由となる（司書47参照)。したがって、本肢は正しい。

以上から、誤っているものはイウであり、正解は３となる。

5b－27（R5－9）

供託金の払渡請求手続に関する次のアからオまでの記述のうち、**誤っているもの**の組合せは、後記1から5までのうち、どれか。

ア　同一人が数個の供託について同時に供託金の還付を受けようとする場合において、還付請求の事由が同一であるときは、一括してその請求をすることができる。

イ　供託物払渡請求書に記載した払渡しを請求する供託金の額については、訂正、加入又は削除をしてはならない。

ウ　委任による代理人によって供託金の払渡しを請求する場合には、代理人の権限を証する書面はこれを提示すれば足り、供託物払渡請求書にこれを添付することを要しない。

エ　執行供託における供託金の払渡しをすべき場合において、裁判所から供託所に送付された支払委託書の記載から供託金の払渡しを受けるべき者であることが明らかとならないときは、供託金の払渡しを受けるべき者は、供託物払渡請求書に裁判所から交付された証明書を添付しなければならない。

オ　電子情報処理組織を使用して供託金の払渡しの請求をするときは、預貯金振込みの方法又は国庫金振替の方法によらなければならない。

1　アウ　　2　アオ　　3　イウ　　4　イエ　　5　エオ

〈第9問　解説〉

正解　3

ア　正　　同一人が数個の供託について同時に供託物の還付を受け、又は取戻しをしようとする場合において、払渡請求の事由が同一であるときは、一括してその請求をすることができる（供託規23）。したがって、本肢は正しい。

イ　誤　　供託金払渡請求書に記載した供託金額については、訂正、加入又は削除をすることができる（供託規6Ⅵ参照）。なぜなら、供託金払渡請求書は払渡請求をする際に供託所に対して1通提出すれば足り（供託規22Ⅰ）、一定の手続後、供託所に保管される関係上、供託金額が不正に訂正、加入又は削除されるおそれがないからである。したがって、訂正、加入又は削除をしてはならないとする点で、本肢は誤っている。

ウ　誤　　代理人によって供託物の払渡しを請求する場合には、代理人の権限を証する書面を供託物払渡請求書に添付しなければならない（供託規27Ⅰ本文）。したがって、代理人の権限を証する書面はこれを提示すれば足り、供託物払渡請求書にこれを添付することを要しないとする点で、本肢は誤っている。

エ　正　　執行供託における供託金の払渡しは、執行裁判所の配当等の実施としての支払委託に基づいてされる。そのため、配当その他官庁又は公署の決定によって供託物の払渡しをすべき場合には、当該官庁又は公署は、供託物の種類に従い、供託所に支払委託書を送付し、払渡しを受けるべき者に証明書を交付しなければならない(供託規30Ⅰ)。そして、支払委託書の記載から供託物の払渡しを受けるべき者であることが明らかとならないときは、供託物の払渡しを受けるべき者は、供託物払渡請求書に当該証明書を添付しなければならない（供託規30Ⅱ）。したがって、本肢は正しい。

オ　正　　電子情報処理組織を使用して供託金又は供託金利息の払渡しの請求をするときは、預貯金振込みの方法又は国庫金振替の方法によらなければならない（供託規43Ⅰ）。したがって、本肢は正しい。

以上から、誤っているものはイウであり、正解は3となる。

5c－19（R5－10）

供託の通知に関する次のアからオまでの記述のうち、**判例の趣旨に照らし正しいもの**の組合せは、後記１から５までのうち、どれか。

ア　供託者が被供託者に供託の通知をしなければならない場合において、これを欠くときは、供託は無効となる。

イ　金銭債権の一部が差し押さえられた場合において、第三債務者が当該金銭債権の全額に相当する金銭を供託したときは、第三債務者は、執行債務者に供託の通知をしなければならない。

ウ　供託官から供託通知書の送付を受けた被供託者が供託物の還付請求をするときは、供託物払渡請求書に当該供託通知書を添付しなければならない。

エ　供託官に対し、被供託者に供託通知書を発送することを請求するときは、供託者は、被供託者の数に応じて、供託書に供託通知書を添付しなければならない。

オ　供託者が被供託者に供託の通知をしなければならない場合において、供託者からの請求を受けて供託官が行う供託通知書の発送は、行政訴訟の対象となる処分ではない。

１　アウ　　２　アエ　　３　イエ　　４　イオ　　５　ウオ

〈第10問　解 説〉

正 解　　4

ア　誤　　供託の通知は供託の有効要件ではなく、供託通知がされない場合の弁済供託についても、通知がされないことをもってその効力に影響を及ぼすものではない（大判大13.4.2）。なぜなら、供託通知は、供託者が被供託者に対して還付請求権が生じたことを知らせるためにするものだからである。したがって、これを欠くときは、供託は無効となるとする点で、本肢は誤っている。

イ　正　　第三債務者が、債権の一部につき差押えを受け、債権全額を供託した場合、その差押えの効力の及んでいない部分の供託は、弁済供託としての性質を有し、被供託者を特定することができることから、供託者は、遅滞なく被供託者に供託の通知をしなければならない（民495 Ⅲ）。したがって、本肢は正しい。

ウ　誤　　供託物払渡請求書の添付書類として供託通知書を添付する旨の規定は存在しない（供託規24参照）。したがって、供託通知書を添付しなければならないとする点で、本肢は誤っている。

エ　誤　　金銭又は有価証券の供託をしようとする者が提出すべき供託書は、すべての供託所において原則として、ＯＣＲ用供託書でなければならないとされている（供託規13 Ⅰ）。そして、ＯＣＲ用供託書を提出する方法で供託申請をする場合において、供託者が供託官に対し被供託者に供託通知書を発送することを請求するとき（供託規16 Ⅰ）は、供託者は、被供託者の数に応じて、供託書に、送付に要する費用に相当する郵便切手などを付した封筒を添付しなければならないが（供託規16 Ⅱ）、供託通知書を添付することを要しない（供託規16 Ⅱ参照）。したがって、供託書に供託通知書を添付しなければならないとする点で、本肢は誤っている。

オ　正　　行政訴訟の対象となる供託官の処分（行訴３ Ⅱ）として考えられるものとしては、供託の申請、代供託及び附属供託の申請及び供託金保管替請求の受理又は却下、供託物払渡請求、供託金利息払渡請求及び供託有価証券利札払渡請求の認可又は却下、供託に関する書類の閲覧請求及び供託に関する事項の証明請求の却下等が挙げられる。この点、供託官が行う供託通知書の送付は、行政訴訟の対象となる供託官の処分には該当しない。したがって、本肢は正しい。

以上から、正しいものはイオであり、正解は4となる。

MEMO

5c－20（R5－11）

弁済供託の受諾に関する次のアからオまでの記述のうち、**誤っているもの**の組合せは、後記１から５までのうち、どれか。

ア　供託物還付請求権の仮差押債権者は、供託所に対し、供託を受諾する旨の意思表示をすることができない。

イ　被供託者が供託物還付請求権を譲渡し、供託所に対し書面によりその旨の通知をした場合であっても、当該書面に供託を受諾する旨が積極的に明示されていない限り、供託者は、供託物の取戻請求をすることができる。

ウ　被供託者が供託所に対し書面により供託を受諾する旨の意思表示をする場合には、当該書面に記名押印すれば足り、当該書面に押された印鑑に係る印鑑証明書を添付することを要しない。

エ　被供託者は、供託所に対し供託を受諾する旨の意思表示をした後は、当該意思表示を撤回することができない。

オ　債権者を確知することができないことを理由として、被供託者をＡ又はＢとする弁済供託がされた場合において、Ａが供託所に対し、自己の債権額に相当する部分につき、当該供託を受諾する旨の意思表示をするときは、Ａは、自らが債権者であることを証明しなければならない。

１　アウ　　２　アエ　　３　イエ　　４　イオ　　５　ウオ

〈第11問 解説〉

正解 4

ア 正　供託物還付請求権の仮差押債権者は、供託受諾の意思表示をすることはできない（昭38.2.4民甲351号）。なぜなら、仮差押債権者は、単に供託物払渡請求権の処分を禁ずる地位にとどまり、第三債務者（供託所）に対して直接取立権を有していないからである（民保50Ⅴは民執155を準用していない）。したがって、本肢は正しい。

イ 誤　供託物還付請求権の譲渡は、元の被供託者（譲渡人）の自由意思により行われるものであるから、特別の事情のない限り、譲渡行為自体に供託受諾の意思表示も含まれていると解される余地がある。そのため、供託所に送付された債権譲渡通知書中に供託を受諾する旨の記載がない場合であっても、当該書面中に供託を受諾したものでない旨の積極的な記載がある等特別の事情のない限り、債権譲渡通知の到達と同時に供託受諾の意思表示があったものと認めることができる。したがって、供託者は、供託物の取戻請求をすることができるとする点で、本肢は誤っている。

ウ 正　供託受諾書には、被供託者の印鑑証明書の添付は必ずしも必要ではない（昭41.12.8民甲3321号）。したがって、本肢は正しい。

エ 正　供託受諾の法的性質は、被供託者がいまだ還付請求の要件を備えることができない場合に、供託者の取戻しを妨げる意思表示であり、供託受諾の意思表示は、撤回することはできない（昭37.10.22民甲3044号）。したがって、本肢は正しい。

オ 誤　債権者不確知供託において、供託書に記載された債権者中の一人が供託金のうち自己の債権額に相当する部分につき供託を受諾する旨の供託受諾書を提出したときは、これを受理すべきである（昭31.4.10民甲767号）。したがって、Aは、自らが債権者であることを証明しなければならないとする点で、誤っている。

以上から、誤っているものはイオであり、正解は4となる。

10－58 (R5－12)

次のアからオまでの登記のうち、**登記をすることができるもの**の組合せは、後記１から５までのうち、どれか。

ア　更地である甲土地に新築された表題登記のある乙建物を目的とし、乙建物の新築工事に要した費用を被担保債権として申請する不動産工事の先取特権の保存の登記

イ　Ａを所有権の登記名義人とする甲土地について、公正証書によりＢを借地権者とする事業用借地権を設定する契約が締結されたが、当該事業用借地権の設定の登記がされないまま、ＡからＣへの所有権の移転の登記がされた場合において、Ｃが当該契約を承諾したときの、Ｂを登記権利者、Ｃを登記義務者とし、ＡとＢとの間で当該借地権を設定した日を登記原因の日付として申請する借地権の設定の登記

ウ　甲土地の一部を目的として地上権を設定する契約が締結されたが、甲土地の隣地との筆界を確認することができないために分筆の登記が未了であるときの、分筆未了を理由とした当該甲土地の一部について申請する地上権の設定の仮登記

エ　Ａを所有権の登記名義人とする甲土地について、Ａがその配偶者であるＢとの間にもうけた胎児Ｃに対して甲土地を贈与する旨の記載がある贈与証書を登記原因を証する情報として提供して、Ｃの出生前に申請する、ＡからＣへの所有権の移転の登記

オ　工場財団に属した旨の登記がされている甲土地について、その所有権の登記名義人が、当該工場財団の抵当権者の同意を得て甲土地について賃貸借契約を締結した場合の、甲土地について申請する賃借権の設定の登記

１　アウ　　２　アオ　　３　イエ　　４　イオ　　５　ウエ

〈第12問　解 説〉

正 解　　4

ア　登記をすることはできない　不動産の工事の先取特権の効力を保存するためには、工事を始める前にその費用の予算額を登記しなければならない（民 338 Ⅰ前段）。したがって、新築された表題登記のある乙建物を目的とし、乙建物の新築工事に要した費用を被担保債権として不動産工事の先取特権の保存の登記をすることはできない。

イ　登記をすることができる　借地借家法 23 条 3 項の規定により公正証書によって事業用定期借地権とする賃借権を設定する契約がされたが、その旨の登記がされないまま土地の所有権の移転の登記がされている場合において、現在の所有権の登記名義人が当該事業用定期借地権を承認したときは、賃借権者を登記権利者、現在の所有権の登記名義人を登記義務者とし、前所有者との間における契約の日を登記原因の日付とする賃借権の設定の登記を申請することができる(平 17. 7. 28 民二 1690 号)。したがって、登記をすることができる。

ウ　登記をすることはできない　地上権は、一筆の土地の一部を目的として設定することができるが、一筆の土地の一部を目的とする地上権の設定の登記を申請することはできず（昭 35. 3. 31 民甲 712 号）、前提として、地上権の目的となった部分につき分筆の登記を申請し、当該部分を一筆の土地とした後に、当該地上権の設定の登記を申請することはできる。この点、分筆未了を理由とした当該土地の一部について地上権の設定の仮登記は受理されない（昭 38. 1. 24 民甲 157 号)。したがって、甲土地の一部について地上権の設定の仮登記をすることはできない。

エ　登記をすることはできない　相続、遺贈及び不法行為による損害賠償請求権に関して胎児は既に生まれたものとして取り扱われ（民 721・886 Ⅰ・965)、胎児名義の相続又は遺贈の登記を申請することは認められているが、胎児のために贈与の登記を申請することはできない（昭 29. 6. 15 民甲 1188 号参照)。したがって、Cへの所有権の移転の登記をすることはできない。

オ　登記をすることができる　工場財団に属する不動産について、抵当権者全員の同意を得て、賃借権を設定した場合、当該同意をしたことを証する情報を提供して、その不動産について賃借権の設定の登記を申請することができる(工場抵当13Ⅱ但書、昭41.12.20民三851号)。したがって、登記をすることができる。

以上から、登記をすることができるものはイオであり、正解は4となる。

MEMO

2a－70（R5－13）

電子情報処理組織を使用する方法による不動産登記の申請（以下「電子申請」という。）に関する次のアからオまでの記述のうち、**誤っているもの**の組合せは、後記１から５までのうち、どれか。

なお、不動産登記令附則第５条に規定する添付情報の提供方法に関する特例（特例方式）については、考慮しないものとする。

ア　自然人が申請人である所有権の移転の登記の電子申請を、委任による代理人によってする場合であっても、申請人は、申請情報に電子署名を行わなければならない。

イ　法人の代表者が申請情報に電子署名を行った場合において、電子認証登記所の登記官が作成した当該法人の代表者に係る電子証明書を提供したときは、当該電子証明書の提供をもって、当該法人の会社法人等番号の提供に代えることができる。

ウ　委任による代理人によって権利に関する登記の電子申請をする場合において、当該電子申請の添付情報が、当該代理人以外の第三者が作成した書面に記載されているときは、当該書面に記載された情報を電磁的記録に記録したものに、当該代理人が電子署名を行ったものを添付情報として提供して申請することができる。

エ　登記の電子申請をした場合においても、登録免許税を納付するときは、当該電子申請をした登記所に、登録免許税に係る領収証書を貼付した登録免許税納付用紙を提出する方法によって納付することができる。

オ　自然人である申請人が委任による代理人によらずに登記の電子申請をした場合において、申請情報に誤りがあり補正するときは、申請人は、補正情報を作成した上でこれに電子署名し、当該申請人の電子証明書とともに送信しなければならない。

１　アウ　　２　アエ　　３　イウ　　４　イオ　　５　エオ

〈第13問　解 説〉

正 解　　1

ア　誤　　電子情報処理組織を使用する方法による不動産登記の申請（以下「電子申請」という。）をするときは、申請人（登記権利者及び登記義務者）又はその代表者若しくは代理人は、申請情報に電子署名を行わなければならない（不登令12 Ⅰ）。よって、代理人が電子申請をする場合、代理人が、申請情報に電子署名を行わなければならない。したがって、委任による代理人によってする場合であっても、申請人は、申請情報に電子署名を行わなければならないとする点で、本肢は誤っている。

イ　正　　電子申請をする場合において、電子署名が行われている情報を送信するときは、電子証明書（電子署名を行った者を確認するために用いられる事項が当該者に係るものであることを証明するために作成された電磁的記録をいう。）であって法務省令で定めるものを併せて送信しなければならない（不登令14、不登規43）。この点、会社法人等番号を有する法人である電子申請の申請人が、その者の電子証明書を提供したときは、当該電子証明書の提供をもって、当該申請人の会社法人等番号の提供に代えることができる（不登規44 Ⅱ）。したがって、本肢は正しい。

ウ　誤　　電子申請をする場合における添付情報は、作成者による電子署名が行われているものでなければならない（不登令12 Ⅱ）。したがって、代理人が電子署名を行ったものを添付情報として提供して申請することができるとする点で、本肢は誤っている。

エ　正　　電子申請をする場合の登録免許税の納付は、歳入金電子納付システムを利用する方法のほかに、領収証書又は印紙を電子申請の受付をした登記所に提出する方法によってすることもできる（登録税21・22・24の2 Ⅰ本文、登録税施行規23 Ⅰ）。したがって、本肢は正しい。

オ　正　　電子申請の場合における申請の補正は、法務大臣の定めるところにより電子情報処理組織を使用して申請の補正をする方法によってしなければならない（不登規60 Ⅱ①）。そして、電子情報処理組織を使用する方法により申請の補正をする場合は、申請人又はその代表者若しくは代理人は、補正情報に電子署名を行い、電子署名が行われている情報を送信するときは、電子証明書であって法務省令で定めるものを併せて送信しなければならない（登研730-85）。したがって、本肢は正しい。

以上から、誤っているものはアウであり、正解は1となる。

10－59（R5－14）

次のアからオまでの記述のうち、**第１欄に掲げる登記を申請する場合に、第２欄に掲げる登記原因及びその日付が誤っているもの**の組合せは、後記１から５までのうち、どれか。

	第１欄	第２欄
ア	Ａが死亡して、その相続人がＢ、Ｃ及びＤである場合において、Ｄの相続放棄に係る相続放棄申述受理証明書を提供して相続を原因とするＡからＢ及びＣへの所有権の移転の登記がされた後、令和５年４月４日にＤの相続放棄の申述受理の審判が取り消されたときにおけるＢ、Ｃ及びＤを共有者とする所有権の更正の登記	令和５年４月４日相続放棄取消
イ	農地である甲土地について、買戻権者をＡとし、期間を「令和３年４月５日から２年間」とする買戻しの特約の登記がされている場合において、令和５年４月４日にＡがＢに対してＢが支払った売買代金及び契約の費用を返還して買戻しの意思表示をしたが、同年５月10日に当該買戻しに係る農地法所定の許可が到達したときの買戻しによる所有権の移転の登記	令和５年４月４日買戻
ウ	配偶者居住権者をＡとし、存続期間を「配偶者居住権者の死亡時まで」とする配偶者居住権の設定の登記がされた場合において、令和５年４月４日にＡが死亡したことによる配偶者居住権の抹消の登記	令和５年４月４日死亡による消滅
エ	相続を原因として胎児を登記名義人とする所有権の移転の登記がされた場合において、令和５年４月４日に当該胎児が生きて生まれたことによる当該胎児の登記名義人の氏名の変更の登記	令和５年４月４日氏名変更
オ	利息の定めが登記された抵当権について、令和５年４月４日に当該利息の定めを廃止したことによる抵当権の変更の登記	令和５年４月４日変更

１　アウ　　２　アオ　　３　イウ　　４　イエ　　５　エオ

〈第14問　解 説〉

正 解　　4

ア　正　　相続の放棄に関しては、民法総則の規定が適用され、制限行為能力又は錯誤、詐欺、強迫を理由とし、家庭裁判所への申述によって取り消すことが可能である（民919Ⅱ・Ⅳ)。そして、相続放棄の取消しの申述受理確定の日を登記原因の日付として、「年月日相続放棄取消」を登記原因とする所有権の更正の登記を申請することができる（平28.6.8民二386号記録例199)。したがって、本肢は正しい。

イ　誤　　農地について、買戻しの意思表示は買戻しの期間内にされたが、農地法所定の許可が買戻しの期間経過後にされた場合であっても、買戻しによる所有権の移転の登記を申請することができる（昭42.2.8民甲293号)。この場合、登記原因の日付は、農地法所定の許可が到達した日となる（同先例)。よって、本肢の場合、登記原因及びその日付は、「令和5年5月10日買戻」となる。したがって、令和5年4月4日とする点で、本肢は誤っている。

ウ　正　　配偶者居住権の登記の存続期間を「配偶者居住権者の死亡時まで」とした場合において、配偶者居住権者が死亡したときは、死亡した日を登記原因の日付として、「年月日死亡による消滅」を登記原因とする配偶者居住権の登記の抹消を申請することができる（令2.3.30民二324号)。したがって、本肢は正しい。

エ　誤　　相続を原因として胎児を登記名義人とする所有権の移転の登記がされた後に、胎児が生きて生まれてきた場合、胎児が生まれた日を登記原因の日付として、「年月日出生」を登記原因とする所有権登記名義人の氏名等の変更の登記を申請することができる（平28.6.8民二386号記録例620)。したがって、令和5年4月4日氏名変更とする点で、本肢は誤っている。

オ　正　　利息の定めが登記された抵当権について、当該利息の定めを廃止した場合、利息に関する定めを廃止する契約が成立した日を登記原因の日付として、「年月日変更」を登記原因とする抵当権の変更の登記を申請することができる。したがって、本肢は正しい。

以上から、誤っているものはイエであり、正解は4となる。

2a－71（R5－15）

一の申請情報による登記に関する次のアからオまでの記述のうち、**誤っているもの**の組合せは、後記1から5までのうち、どれか。

なお、複数の不動産について申請がされる場合には、当該不動産は、同一の登記所の管轄区域内にあるものとする。

ア　信託財産に属する不動産に関する権利が受託者の固有財産となった場合には、信託の登記の抹消と当該信託財産に属する不動産に関する権利の変更の登記とは、一の申請情報によって申請しなければならない。

イ　Ａが所有権の登記名義人である甲土地及び乙土地について、売主をＡとし、買主をＢとする売買により同一の日に所有権がＡからＢに移転した場合には、甲土地について登記識別情報を提供して申請する所有権の移転の登記と、乙土地について登記識別情報を提供することができないために事前通知による手続を利用して申請する所有権の移転の登記とは、一の申請情報によって申請することができる。

ウ　同一の債権を担保するために複数の土地に設定された元本の確定前の根抵当権の一部譲渡を登記原因とする根抵当権の一部移転の登記は、各土地についての登記原因の日付が異なる場合であっても、一の申請情報によって申請することができる。

エ　根抵当権者が単独で申請する根抵当権の元本の確定の登記と代位弁済を登記原因とする根抵当権の移転の登記は、一の申請情報によって申請しなければならない。

オ　Ａが所有権の登記名義人である甲土地とＡ及びＢが所有権の登記名義人である乙土地について、Ａ及びＢが同一の日に、同一の住所に住所を移転した場合には、Ａ及びＢは、甲土地及び乙土地に係る所有権の登記名義人の住所の変更の登記を、一の申請情報によって申請することができる。

1　アウ　　2　アオ　　3　イウ　　4　イエ　　5　エオ

〈第15問　解 説〉

正 解　　5

ア　正　信託財産に属する不動産に関する権利が移転、変更又は消滅により信託財産に属しないこととなった場合における信託の登記の抹消の申請は、当該権利の移転の登記若しくは変更の登記又は当該権利の登記の抹消の申請と同時に、一の申請情報によってしなければならない（不登104 Ⅰ、不登令5Ⅲ）。したがって、本肢は正しい。

イ　正　Aを所有権の登記名義人とする甲土地及び乙土地をBに一括して売却したため、各不動産について所有権の移転の登記を申請する場合において、甲土地については登記識別情報を提供し、乙土地については事前通知による手続を利用するときは、AからBへの甲土地及び乙土地の所有権の移転の登記を一の申請情報により申請することができる（昭37.4.19民甲1173号参照）。したがって、本肢は正しい。

ウ　正　共同根抵当権の一部譲渡による一部移転の登記の申請は、各不動産についての登記原因の日付が異なる場合であっても、これを一の申請情報により申請することができる(昭46.10.4民甲3230号)。したがって、本肢は正しい。

エ　誤　同一の不動産について申請する２以上の権利に関する登記の、登記の目的並びに登記原因及びその日付が同一であるときは、一の申請情報により申請することができる（不登規35⑨、不登令４但書）。よって、根抵当権の元本の確定の登記と代位弁済を登記原因とする根抵当権の移転の登記は、登記の目的及び登記原因が異なるため、一の申請情報により申請することはできない。したがって、一の申請情報によって申請しなければならないとする点で、本肢は誤っている。

オ　誤　同一登記所の管轄区域内にある所有権の登記名義人をAとする甲土地及び所有権の登記名義人をA及びBとする乙土地について、A及びBが、同一の日付で同一の住所に移転した場合であっても、当該住所移転による住所の変更の登記は、一の申請情報により申請することはできない（登研519-187)。したがって、一の申請情報によって申請することができるとする点で、本肢は誤っている。

以上から、誤っているものはエオであり、正解は５となる。

2a－72（R5－16）

判決による登記に関する次のアからオまでの記述のうち、**誤っているもの**の組合せは、後記１から５までのうち、どれか。

ア　ＡからＢへの所有権の移転の登記の抹消登記手続を命ずる旨の判決が確定した後、当該所有権の移転の登記を抹消する前にＡが死亡し、Ｃが単独でＡを相続した場合には、Ｃは、承継執行文の付与を受けることなく、ＣがＡの相続人であることを証する情報を提供して、単独で当該判決による当該所有権の移転の登記の抹消を申請することができる。

イ　所有権の登記名義人はＡであるが、実際の所有者はＢである甲土地について、Ｂが死亡した後、Ｂの唯一の相続人であるＣが、ＡからＢへの真正な登記名義の回復を登記原因とする所有権の移転の登記手続を命ずる旨の確定判決を得た場合には、Ｃは、単独で当該判決による当該所有権の移転の登記を申請することができる。

ウ　Ａが所有権の登記名義人である甲土地に、Ｂを抵当権者とする抵当権の設定の登記がされている場合において、Ａの債権者であるＣが、詐害行為を理由として当該抵当権の設定契約を取り消し、Ｂに対して当該抵当権の設定の登記の抹消登記手続を命ずる旨の判決が確定したときは、Ｃは、自らを登記権利者として単独で当該判決による当該抵当権の設定の登記の抹消を申請することができる。

エ　Ａが所有権の登記名義人である農地である甲土地について、農地法所定の許可があったことを条件としてＡからＢへの所有権の移転の登記手続を命ずる旨の判決が確定した場合において、Ｂが単独で当該判決による当該所有権の移転の登記を申請するときは、当該判決に執行文の付与を受けることを要する。

オ　ＡからＢへの所有権の移転の登記の抹消登記手続を命ずる旨の判決が確定した後、当該所有権の移転の登記を抹消する前にＢが死亡し、ＢからＢの相続人であるＣへの相続を原因とする所有権の移転の登記がされている場合には、Ａは、Ｃに対する承継執行文の付与を受けることなく、単独で当該判決による当該相続を原因とする所有権の移転の登記の抹消を申請することができる。

１　アイ　　２　アエ　　３　イウ　　４　ウオ　　５　エオ

〈第16問　解説〉

正解　4

ア　正　ＡからＢへの所有権の移転の登記の抹消登記手続を命ずる旨の判決が確定したが、当該訴訟の口頭弁論終結後に、登記権利者Ａが死亡し、ＣがＡを相続した場合、Ｃは、承継執行文の付与を受けなくても、相続があったことを証する市町村長、登記官その他の公務員が職務上作成した情報（公務員が職務上作成した情報がない場合にあっては、これに代わるべき情報）（不登令７Ⅰ⑤イ）を提供して、単独で当該判決による当該所有権の移転の登記の抹消を申請することができる（不登62・63Ⅰ）。したがって、本肢は正しい。

イ　正　真正な登記名義の回復を登記原因とする所有権の移転の登記手続を命ずる旨の判決により、既に死亡している者への所有権の移転の登記を申請することができる（平13.3.30民二874号）。よって、本肢の場合、Ｃが、ＡからＢへの真正な登記名義の回復を登記原因とする所有権の移転の登記手続を命ずる旨の確定判決を得たときは、Ｃは、単独で当該判決による当該所有権の移転の登記を申請することができる。したがって、本肢は正しい。

ウ　誤　抵当権の設定を詐害行為とする取消訴訟において、原告の勝訴判決が確定した場合、原告は、自らを登記権利者として抵当権の設定の登記の抹消を申請することはできないが、目的不動産の所有者に代位して、単独で抵当権の登記の抹消を申請することができる（昭38.3.14民甲726号）。したがって、Ｃは、自らを登記権利者として単独で当該判決による当該抵当権の設定の登記の抹消を申請することができるとする点で、本肢は誤っている。

エ　正　債務者の意思表示が債権者の証明すべき事実の到来に係る場合は、執行文が付与された時に意思表示をしたものとみなす（民執177Ⅰ但書）。この点、農地法所定の許可があったことを条件として所有権の移転の登記手続を命ずる確定判決に基づいて単独で当該登記を申請する場合には、農地法所定の許可を受けた上で裁判所書記官に対し、当該許可があったことを証する書面を提出して執行文の付与を受けることを要する（民執27Ⅰ）。したがって、本肢は正しい。

オ　誤　ＡからＢへの所有権の移転の登記の抹消登記手続を命ずる旨の判決が確定した後、当該所有権の移転の登記を抹消する前にＢが死亡し、ＢからＢの相続人であるＣへの相続を原因とする所有権の移転の登記がされている場合、Ａは、Ｃに対する承継執行文の付与を受けて（民執27Ⅱ）、単独で当該判決による当該相続を原因とする所有権の移転の登記の抹消を申請することができる。したがって、Ａは、Ｃに対する承継執行文の付与を受けることなく、単独で当該判決による当該相続を原因とする所有権の移転の登記の抹消を申請することができるとする点で、本肢は誤っている。

以上から、誤っているものはウオであり、正解は４となる。

MEMO

5a－12（R5－17）

所有権の保存の登記に関する次のアからオまでの記述のうち、**正しいもの**の組合せは、後記1から5までのうち、どれか。

ア　権利能力なき社団の旧代表者であるAが表題部所有者として記録されている不動産について、当該権利能力なき社団から当該不動産を買い受けたBは、Aの唯一の相続人であるCを被告として、Bが当該不動産の所有権を有することを確認する旨の確定判決を得て、これに基づき、Bを所有権の登記名義人とする所有権の保存の登記を申請することができる。

イ　Aが表題部所有者として記録されている甲建物について、Aが死亡し、Aの相続人がB及びCである場合には、Bは、単独で、自己の相続分についてのみ相続による所有権の保存の登記を申請することができる。

ウ　表題部所有者をA及びBとする甲建物をCが買い受けた場合において、CがAを被告として、Cが甲建物の所有権を有することを確認する旨の確定判決を得たときは、Cは、自己を所有権の登記名義人とする所有権の保存の登記を申請することができる。

エ　敷地権付き区分建物の専有部分の表題部所有者Aが、当該区分建物をBに売却し、その売却代金について抵当権の設定契約を締結した場合において、Bが不動産登記法第74条第2項の規定による所有権の保存の登記をしないときは、Aは抵当権設定登記請求権を代位原因として、Bを所有権の登記名義人とする当該所有権の保存の登記を代位により申請することができる。

オ　Aを表題部所有者とする甲建物について、Aが生前に相続人以外のBに対して甲建物を売却していた場合には、Aの相続人Cは、Aを所有権の登記名義人とする所有権の保存の登記を申請することができる。

（参考）

不動産登記法

第74条　所有権の保存の登記は、次に掲げる者以外の者は、申請することができない。

一～三　（略）

2　区分建物にあっては、表題部所有者から所有権を取得した者も、前項の登記を申請することができる。この場合において、当該建物が敷地権付き区分建物であるときは、当該敷地権の登記名義人の承諾を得なければならない。

1　アエ　　2　アオ　　3　イウ　　4　イエ　　5　ウオ

MEMO

〈第17問　解 説〉

正 解　　2

ア　正　　不動産の登記記録の表題部に権利能力なき社団の代表者(故人)が所有者として記録されている場合に、当該社団からその不動産を買い受けた買主は、当該代表者の相続人を被告とする所有権確認の判決に基づき、直接自己を登記名義人とする所有権の保存の登記を申請することができる（平2.3.28民三1147号）。よって、本肢の場合、Bは、Aの相続人Cを被告として、Bが当該不動産の所有権を有することを確認する旨の確定判決に基づき、直接自己を登記名義人とする所有権の保存の登記を申請することができる。したがって、本肢は正しい。

イ　誤　　表題部所有者の相続人が数人いる場合に、相続人の一人が自己の持分のみについて、所有権の保存の登記を申請することはできない(登研132-44)。したがって、申請することができるとする点で、本肢は誤っている。

ウ　誤　　不登法74条1項2号の規定により自己名義で所有権の保存の登記を受けるために提供すべき判決は、表題部に所有者として記載されている者（又はその相続人）全員を被告とするものでなければならず、表題部に記載されていない者を被告とした判決や、表題部の所有者（共有者）の一部の者を被告とした判決は含まれない（平10.3.20民三552号）。よって、本肢の場合、Cは、Aを被告として、Cが甲建物の所有権を有することを確認する旨の確定判決に基づき、自己を登記名義人とする所有権の保存の登記を申請することはできない。したがって、申請することができるとする点で、本肢は誤っている。

エ　誤　　敷地権付き区分建物の表題部所有者が当該区分建物を売却し、その売却代金について抵当権の設定契約を締結した場合、抵当権設定登記請求権を代位原因として、買主に代位して、買主を登記名義人とする所有権の保存の登記を申請することはできない(昭63.1.19民三325号)。したがって、申請することができるとする点で、本肢は誤っている。なお、不動産の売買における買主が、所有権の移転の登記の申請に協力しない場合、当該不動産の売主が、買主に対して当該不動産の売買代金債権の他に債権を有するときは、売主は、債権者として買主に代位して、当該不動産について所有権の移転の登記を申請することができる（昭

24.2.25 民甲 389 号)。

オ　正　　所有権の保存の登記が未了のまま表題部所有者につき相続が開始した場合、その相続人は被相続人名義で所有権の保存の登記を申請することができる（昭 32.10.18 民甲 1953 号)。したがって、本肢は正しい。

以上から、正しいものはアオであり、正解は２となる。

MEMO

5e－14（R5－18）

共有の不動産に係る登記に関する次のアからオまでの記述のうち、**正しいもの**の組合せは、後記１から５までのうち、どれか。

ア　Ａ及びＢが所有権の登記名義人である甲土地をＡが単独で取得し、Ａが所有権の登記名義人である乙土地をＢが単独で取得する共有物分割の協議により甲土地の登記を申請する場合の登記原因は、共有物分割による交換である。

イ　所有権の登記がない建物の表題部所有者であるＡ及びＢが、当該建物について所有権の保存の登記を申請する場合には、当該登記の申請情報と同一の申請情報により共有物の分割をしない旨の定めの登記を申請することができない。

ウ　Ａ及びＢが所有権の登記名義人である甲土地について、Ａが自己の持分をＣに売却した後にＢが自己の持分を放棄した場合には、ＡからＣへの持分の移転の登記をする前であっても、持分放棄を登記原因とするＢからＣへの持分の移転の登記を申請することができる。

エ　甲土地の所有権の登記名義人であるＡが死亡し、Ａの法定相続人であるＢ及びＣがそれぞれ自己の相続分をＡの相続人でないＤに贈与した場合には、相続分の贈与を登記原因として直接ＡからＤへの所有権の移転の登記を申請することができる。

オ　Ａ及びＢが所有権の登記名義人である甲土地のＡの持分に対してＣを債権者とする差押えの登記がされている場合において、Ａ及びＢが、Ｄに対して、同一の売買契約に基づいて、同一の日に甲土地のそれぞれの持分を売却したときであっても、Ａ及びＢからＤへの共有者全員の持分の全部の移転の登記は、一の申請情報により申請することはできない。

１　アウ　　２　アエ　　３　イエ　　４　イオ　　５　ウオ

〈第18問　解 説〉

正 解　　4

ア　誤　　A及びB共有名義の甲土地について共有物分割の協議がされ、甲土地のB持分全部をAが取得した場合に申請するBからAへの持分全部の移転の登記の登記原因は、「共有物分割」である。したがって、登記原因は、共有物分割による交換であるとする点で、本肢は誤っている。

イ　正　　表題部所有者が2名以上の共有の所有権の保存の登記がされた場合、共有物分割禁止の定めの登記は、権利の変更の登記としてされるため、共有者間で共有物分割禁止の特約がされたときは、不登法65条の規定により、その共有者全員が権利の変更の登記として、共有物分割禁止の定めの登記を合同して申請することになる（登研683-14）。よって、所有権の保存の登記と共有物不分割の定めの登記の申請は、一の申請情報によりすることができる登記の要件を満たさない。したがって、本肢は正しい。

ウ　誤　　A及びB共有名義の不動産について、Bの持分について共有名義人ではないCのために「持分放棄」を登記原因とするB持分全部移転の登記を申請することはできない（昭60.12.2民三5441号）。したがって、申請することができるとする点で、本肢は誤っている。

エ　誤　　相続分の譲渡は、相続人以外の第三者に対してもすることができる（民905 Ⅰ）が、相続人以外の第三者が相続分を譲り受けた場合でも相続人となるわけではないので、直接被相続人から当該第三者への相続による所有権の移転の登記を申請することはできない（登研491-107）。この場合、AからB及びCへの相続を原因とする所有権の移転の登記を申請し、次いでB及びCからDへの相続分の贈与を原因とする共有者全員持分全部移転の登記を申請するものとされている（平4.3.18民三1404号）。したがって、直接AからDへの所有権の移転の登記を申請することができるとする点で、本肢は誤っている。

オ　正　　数人が共有する不動産について、共有者以外の他の者が共有者の全員から持分の全部を取得した場合、便宜、一の申請情報により共有者全員持分全部移転の登記を申請することができるが、第三者の権利に関する登記がされている持分の移転については、原則どおり別個の申請情報により各別に登記を申請することを要する(昭37.1.23民甲112号)。なぜなら、仮に第三者の権利の目的となっている共有持分をも含めて、一の申請情報により登記を申請することができるとすると、当該登記後、更に所有権の一部又は持分移転の登記がされた場合などに、第三者の権利の目的である部分が不明確になるおそれがあるからである。よって、Aの持分にCを債権者とする差押えの登記がされている場合、Aの持分移転の登記とBの持分移転の登記は別個に申請することを要し、売買を登記原因としてDが共有者全員の持分の全部を取得した旨の登記を一の申請情報により申請することはできない。したがって、本肢は正しい。

以上から、正しいものはイオであり、正解は4となる。

MEMO

5b－20（R5－19）

時効取得を登記原因とする所有権の移転の登記に関する次のアからオまでの記述のうち、**正しいもの**の組合せは、後記1から5までのうち、どれか。

ア　Aは、Bが所有権の登記名義人である甲土地を占有していたが、甲土地の取得時効の完成前に死亡し、Aの相続人であるCが甲土地の占有を継続して甲土地を時効により取得した場合において、Cが当該時効の起算日より後に出生したときであっても、Cは、時効取得を登記原因として、当該時効の起算日の日付を登記原因の日付とする所有権の移転の登記を申請することができる。

イ　Aは、B及びCが所有権の登記名義人である甲土地を時効により取得したが、Bが共有者全員持分全部移転の登記に協力しない場合には、Aは、Cと共同して時効取得を登記原因としてCの持分の移転の登記を申請することはできない。

ウ　Aは、Bが所有権の登記名義人である甲土地を時効により取得したが、その時効の起算日より前にBが死亡していた場合には、Aは、甲土地について相続を登記原因とする所有権の移転の登記をすることなく、Bの相続人全員と共同してBからAへの所有権の移転の登記を申請することはできない。

エ　Aは、時効の起算日より後にBが死亡し、Bの相続人であるCに相続を登記原因とする所有権の移転の登記がされている甲土地を時効により取得した場合には、Cへの所有権の移転の登記を抹消した上で、Aは、Bの相続人全員と共同して所有権の移転の登記を申請しなければならない。

オ　Aは、Bが所有権の登記名義人である甲土地を時効により取得したが、その後に、BがCに対し、甲土地を贈与しており、贈与を登記原因とするBからCへの所有権の移転の登記がされている場合には、Aは、Cと共同して時効取得を登記原因とする所有権の移転の登記を申請することができる。

1　アイ　　2　アウ　　3　イエ　　4　ウオ　　5　エオ

〈第19問　解 説〉

正 解　　2

ア　正　　時効取得者の出生前の日付を登記原因の日付として、時効取得を登記原因とする所有権の移転の登記を申請することができる（登研603-135)。よって、時効の起算日後に出生したCが、時効の完成前に占有者を相続した場合、Cの出生日前の日付を登記原因の日付として、時効取得を登記原因とする所有権の移転の登記を申請することができる。したがって、本肢は正しい。

イ　誤　　B及びCを所有権の登記名義人とする不動産について、C持分についてのみの時効取得を登記原因とするAへのC持分全部移転の登記を申請することができる（登研547-145)。したがって、申請することはできないとする点で、本肢は誤っている。

ウ　正　　Aが、Bを所有権の登記名義人とする土地を時効取得した場合において、時効の起算日前にBが死亡し、Bの相続人への相続の登記が未了のときは、Aへの時効取得を登記原因とする所有権の移転の登記を申請する前提として、Bの相続人への相続による所有権の移転の登記を申請しなければならない（登研455-89)。よって、相続を登記原因とする所有権の移転の登記をすることなく、Bの相続人全員と共同してBからAへの所有権の移転の登記を申請することはできない。したがって、本肢は正しい。

エ　誤　　時効期間中に、土地所有者に相続が生じ、相続による所有権の移転の登記がされている場合であっても、相続による所有権の移転の登記を抹消することなく、現在の登記名義人であるCから時効取得者であるA名義への所有権の移転の登記を申請することができる。したがって、Cへの所有権の移転の登記を抹消した上で、Aは、Bの相続人全員と共同して所有権の移転の登記を申請しなければならないとする点で、本肢は誤っている。

オ　誤　　Aが、Bを所有権の登記名義人とする甲土地を時効取得したが、その登記が未了の間に、BがCに甲土地を贈与し、Cへの所有権の移転の登記がされた場合、AはCと共同して、時効取得を登記原因とする所有権の移転の登記を申請することはできない(昭57.4.28民三2986号)。

なぜなら、ＡはＣに対して登記なくして所有権の取得を対抗することができず、また、Ｃが自己の所有権の取得を主張しないで、ＢからＡへの所有権の移転を認めた場合、ＢからＣへの所有権の移転は成立しなかったものとなるため、登記名義を是正するためには、ＢからＣへの所有権の移転の登記の抹消及びＢからＡへの所有権の移転の登記を申請するか、ＣからＡへの真正な登記名義の回復を登記原因とする所有権の移転の登記を申請することになるからである。したがって、時効取得を登記原因とする所有権の移転の登記を申請することができるとする点で、本肢は誤っている。

以上から、正しいものはアウであり、正解は２となる。

MEMO

5d－8（R5－20）

買戻しの特約の登記に関する次のアからオまでの記述のうち、**正しいもの**の組合せは、後記１から５までのうち、どれか。

なお、複数の不動産について申請がされる場合には、当該不動産は、同一の登記所の管轄区域内にあるものとする。

ア　甲建物の所有権を目的として買戻しの特約が付された売買契約が締結され、買主が実際に支払った代金に代えて別途合意により定めた金額により買い戻せるものとした場合において、当該買戻しの特約の登記を申請するときは、その合意により定めた金額を申請情報の内容とすることはできない。

イ　甲土地及び乙土地の売買代金及び契約費用を一括して定めた買戻しの特約が付された売買契約が締結された場合において、甲土地及び乙土地について買戻しの特約の登記を申請するときは、甲土地及び乙土地で一括して定めた売買代金及び契約費用を申請情報の内容とすることができる。

ウ　甲土地を目的とする乙区１番で登記された地上権の移転の登記と同時に買戻しの特約の登記がされている場合において、売買を登記原因として当該特約に係る買戻権の移転の登記を申請するときの登記の目的は、「１番地上権付記１号の付記１号買戻権移転」である。

エ　買戻しの期間を15年と合意する旨を記載した登記原因を証する情報を添付し、買戻しの期間を15年として申請情報を提供してした買戻しの特約の登記の申請をしても、買戻期間を10年と引き直して買戻しの特約の登記がされる。

オ　買戻しの特約が付された売買契約が締結され、所有権の移転の時期を後日売買代金の全額を支払ったときとする旨の合意がされた場合には、買戻しの特約の登記の申請に係る登記原因の日付を当該売買契約の締結の日とし、所有権の移転の登記の申請に係る登記原因の日付を当該売買代金全額の支払をした日として、買戻しの特約の登記と所有権の移転の登記とを同時に申請することができる。

１　アイ　　２　アオ　　３　イエ　　４　ウエ　　５　ウオ

〈第20問　解 説〉

正 解　　5

ア　誤　不動産の売主は、売買契約と同時にした買戻しの特約により、買主が支払った代金（別段の合意をした場合にあっては、その合意により定めた金額。）及び契約の費用を返還して、売買の解除をすることができる（民579前段）。そして、買戻しの特約の登記は、買主が支払った代金（民法579条の別段の合意をした場合にあっては、その合意により定めた金額）及び契約の費用並びに買戻しの期間の定めがあるときはその定めを申請情報の内容としなければならない（不登令3⑬、不登令別表64申）。したがって、申請情報の内容とすることはできないとする点で、本肢は誤っている。

イ　誤　数個の不動産の売買代金等を一括して定めた買戻しの特約が付された売買契約を締結した場合、原則として、不動産ごとにそれぞれ支払った売買代金及び契約費用を各別に申請情報の内容とすることを要する（昭43.2.21民甲335号）。したがって、一括して定めた売買代金及び契約費用を申請情報の内容とすることができるとする点で、本肢は誤っている。なお、区分所有権の目的となっている建物の一部、その共用部分の共有持分及び敷地の共有持分について一括して買戻特約がされた場合のように、不動産ごとに定めることが不可能と認められるときに限り、支払った売買代金及び契約の費用をそれぞれ一括して申請情報の内容とすることができる（昭35.8.1民甲1934号）。

ウ　正　地上権を目的とする買戻権の移転の登記は、買戻しの特約の付記登記に付記してされる（不登規3⑤）。そして、当該買戻権の移転の登記を申請するときの登記の目的は、「1番地上権付記1号の付記1号買戻権移転」となる（平28.6.8民二386号記録例512）。したがって、本肢は正しい。

エ　誤　買戻しの期間は、10年を超えることができず、特約でこれより長い期間を定めたときは、その期間は、10年とする（民580Ⅰ）。この点、買戻しの期間を15年と特約し、これを申請情報の内容として記載して買戻しの特約の登記の申請があった場合、当該申請は却下すべきであり、登記事項に買戻期間を10年として記録することはできない（登研815-139）。したがって、10年と引き直して買戻しの特約の登記がされるとする点で、本肢は誤っている。なお、この場合、申請情報の内容とすべき買戻しの期間は10年である。

オ　正　買戻しの特約が同時にされている売買契約の特約として、「売買代金の支払が完了した時に所有権が移転する。」旨が定められた場合において、後日、売買代金が完済されたときは、所有権の移転の登記の登記原因の日付を「売買代金の支払が完了した日」、買戻しの特約の登記の登記原因の日付を「買戻しの特約のされた日」として同時に申請する（登研689-291）。したがって、本肢は正しい。

以上から、正しいものはウオであり、正解は5となる。

MEMO

9c－23（R5－21）

敷地権付き区分建物又は所有権が敷地権である旨の登記がされている土地についての登記に関する次のアからオまでの記述のうち、**正しいもの**の組合せは、後記1から5までのうち、どれか。

なお、建物の区分所有等に関する法律第22条第1項ただし書の規約はないものとする。

ア　敷地権付き区分建物についての処分禁止の仮処分の登記は、当該敷地権が生じた後に当該仮処分がされた場合であっても、敷地権の目的である土地のみを目的とすることができる。

イ　敷地権付き区分建物について所有権の移転の登記を申請する場合において、当該区分建物の不動産番号を申請情報の内容としたときは、敷地権の目的となる土地の所在する市、区、郡、町、村及び字並びに当該土地の地番、地目、地積、敷地権の種類及び割合を申請情報の内容とすることを要しない。

ウ　敷地権である旨の登記がされた土地のみを目的として、当該敷地権が生じた日より後の日付を登記原因の日付とする区分地上権の設定の登記を申請することはできない。

エ　抵当権の設定の登記がされた土地を敷地権の目的として区分建物が新築され、敷地権である旨の登記がされた後、当該抵当権の被担保債権と同一の債権を担保するために当該区分建物のみを目的として抵当権の追加設定の登記を申請することができる。

オ　敷地権付き区分建物の建物のみを目的として、当該敷地権が生じた日より後の日付を登記原因の日付とする賃借権の設定の登記を申請することはできない。

（参考）

建物の区分所有等に関する法律

第22条　敷地利用権が数人で有する所有権その他の権利である場合には、区分所有者は、その有する専有部分とその専有部分に係る敷地利用権とを分離して処分することができない。ただし、規約に別段の定めがあるときは、この限りでない。

2・3 (略)

1 アウ　2 アエ　3 イエ　4 イオ　5 ウオ

MEMO

〈第21問　解 説〉

正 解　　2

ア　正　処分禁止の仮処分の登記は、敷地権である旨の登記がされた土地又は敷地権の表示の登記がされている区分建物のみを目的とするものであっても嘱託することができる(昭58.11.10民三6400号)。したがって、本肢は正しい。

イ　誤　敷地権付き区分建物について所有権の移転の登記を申請する場合において、当該区分建物の不動産番号を申請情報の内容としたときは、敷地権の目的となる土地の所在する市、区、郡、町、村及び字並びに当該土地の地番、地目及び地積を申請情報の内容とすることを要しない（不登令6Ⅰ③・3⑪へ(1)）。もっとも、敷地権の種類及び割合（不登令3⑪へ(2)）を申請情報の内容とすることを要しない旨の規定はない。したがって、敷地権の種類及び割合を申請情報の内容とすることを要しないとする点で、本肢は誤っている。

ウ　誤　区分地上権の設定の登記については、その登記原因の日付が敷地権の発生の前であるか後であるかを問わず、敷地権付き区分建物の敷地たる土地（の全体）のみを目的としてすることができる（昭58.11.10民甲6400号)。したがって、敷地権が生じた日より後の日付を登記原因の日付とする区分地上権の設定の登記を申請することはできないとする点で、本肢は誤っている。

エ　正　抵当権の設定の登記がされている土地を敷地として区分建物が新築され、敷地権である旨の登記がされた後、敷地について設定されている既存の抵当権の被担保債権と同一の債権を担保するために当該区分建物のみを目的として抵当権の追加設定の登記を申請することができる(昭59.9.1民三4675号)。したがって、本肢は正しい。なお、この場合、当該区分建物を目的として設定された抵当権には、建物のみに関する旨の記録が付記される（同先例)。

オ　誤　賃借権の設定の登記については、その登記原因の日付が敷地権発生の前であるか後であるかを問わず、敷地権付き区分建物の建物のみを目的としてすることができる(昭58.11.10民甲6400号)。したがって、敷地権が生じた日より後の日付を登記原因の日付とする賃借権の設定の登記を申請することはできないとする点で、本肢は誤っている。

以上から、正しいものはアエであり、正解は2となる。

9a－38（R5－22）

地上権の登記に関する次のアからオまでの記述のうち、**誤っているもの**の組合せは、後記1から5までのうち、どれか。

ア　A、B及びCが所有権の登記名義人である土地について、A及びBが、Cに対して、A及びBの持分に地上権を設定することを承諾した場合には、Cを地上権者として、A及びBの持分につき地上権を設定する登記を申請することができる。

イ　地上権の設定の保全仮登記に基づく本登記を申請する場合には、当該保全仮登記に係る仮処分の債権者は、当該申請と同時に、単独で当該保全仮登記に係る仮処分の登記に後れる質権の設定の登記の抹消を申請することはできない。

ウ　区分地上権の設定の登記がされている土地の当該区分地上権を、竹木の所有を目的とする地上権に変更する旨の地上権の変更の登記を申請することができる。

エ　乙区1番で登記された地上権の持分を売買により取得したAが、その持分の一部を更にBに売却した場合に申請する登記の目的は、「1番地上権A持分一部移転」である。

オ　強制競売により法定地上権が設定されたものとみなされた場合には、地上権の設定の登記は、裁判所書記官の嘱託によってされる。

1　アウ　　2　アオ　　3　イウ　　4　イエ　　5　エオ

〈第22問　解 説〉

正 解　　2

ア　誤　　土地が共有である場合、その共有者の持分のみを目的とする地上権の設定の登記の申請は、共有者の同意がある場合であってもすることができない（登研 191-72 参照）。したがって、申請することができるとする点で、本肢は誤っている。

イ　正　　不動産の使用又は収益をする権利について保全仮登記がされた後、当該保全仮登記に係る仮処分の債権者が本登記を申請する場合においては、これと同時に申請するときに限り、当該債権者は、所有権以外の不動産の使用若しくは収益をする権利又は当該権利を目的とする権利に関する登記であって当該保全仮登記とともにした処分禁止の登記に後れるものの抹消を単独で申請することができる（不登 113、民保 58 Ⅳ、平 2. 11. 8 民三 5000 号）。しかし、処分禁止の登記に後れる質権の設定の登記については、抹消の申請をすることはできない。なぜなら、質権が使用収益できるものであったとしても、その本質は担保物権であり、保全する権利と抵触しないからである。したがって、本肢は正しい。

ウ　正　　区分地上権の登記を普通地上権とする変更の登記を申請することができる。そして、区分地上権の登記がされている土地に、他に使用収益する権利の登記がされていない場合には、当該区分地上権を普通地上権に変更する合意によって、当該区分地上権の登記を普通地上権とする変更の登記を申請することができる。したがって、本肢は正しい。なお、当該変更の登記は、目的である土地について既に排他的な使用収益する権利（地上権、永小作権、賃借権など）の登記又はこれらの権利を目的とする権利の登記がされている場合は、これらの登記を抹消した後でなければ、申請することができない。

エ　正　　地上権においてもその一部の譲渡あるいは共有地上権の持分の譲渡は認められ、この場合は「何番地上権一部移転」あるいは「何番地上権何某持分一部移転」のように記載する（平 28. 6. 8 民二 386 号記録例 262・264）。したがって、本肢は正しい。

オ　誤　　法定地上権の設定の登記は、登記原因を法定地上権設定として、当事者の申請によることとなる（昭 55. 8. 28 民三 5267 号）。したがって、裁判所書記官の嘱託によってされるとする点で、本肢は誤っている。なお、この場合、登記原因の日付は、「買受人が代金を納付した日」である（同先例）。

以上から、誤っているものはアオであり、正解は２となる。

MEMO

6a－9（R5－23）

抵当権の設定の登記に関する次のアからオまでの記述のうち、**誤っているもの**の組合せは、後記１から５までのうち、どれか。

ア　ＡのＢに対する金銭消費貸借契約に基づく債権と、ＣのＢに対する保証委託契約に基づく債権を担保するために、Ａ及びＣを抵当権者、Ｂを債務者とする１個の抵当権の設定契約を締結した旨が記載された登記原因を証する情報を添付して、Ａ及びＣを抵当権者とする抵当権の設定の登記を一の申請情報によって申請することができる。

イ　Ａを所有権の登記名義人とする甲土地について、Ａが債権者Ｂとの間で抵当権の設定契約を締結し、利息について「利息　年３％　ただし、将来の金融情勢に応じ債権者において利率を適宜変更することができる」旨を申請情報の内容とする抵当権の設定の登記を申請することはできない。

ウ　株主総会の決議により解散した旨の登記がされているＡ株式会社を所有権の登記名義人とする甲土地について、Ａ株式会社が清算中に、Ａ株式会社がＢとの間でＢを抵当権者とする抵当権の設定契約を締結した場合には、その旨が記載された登記原因を証する情報を提供したとしても、当該抵当権の設定の登記を申請することはできない。

エ　Ａ及びＢが、Ｂを所有権の登記名義人とする甲土地について、Ａを抵当権者とする抵当権の設定契約を締結した場合において、当該抵当権の設定の登記を申請する前に、甲土地に対しＣを債権者とする強制競売による差押えの登記がされていたときであっても、当該抵当権の設定の登記を申請することができる。

オ　Ａを債権者とするＸ債権、Ｙ債権及びＺ債権の３個の債権を各別に担保するために、甲土地の所有権を目的として順位１番にＸ債権、順位２番にＹ債権、順位３番にＺ債権を被担保債権とする３個の抵当権の設定の登記がされている場合には、Ａは、乙土地に当該３個の債権を被担保債権とする１個の抵当権の追加設定の登記を申請することができる。

１　アウ　　２　アオ　　３　イエ　　４　イオ　　５　ウエ

〈第23問　解 説〉

正 解　　1

ア　誤　　債権者を異にする数個の債権を担保するために１個の抵当権の設定の登記を申請することはできない（昭 35. 12. 27 民甲 3280 号）。したがって、A及びCを抵当権者とする抵当権の設定の登記を一の申請情報によって申請することができるとする点で、本肢は誤っている。

イ　正　　抵当権の設定契約において、「利息　年何%、ただし、将来の金融情勢に応じ債権者において適宜変更することができる。」旨の約定をした場合、この約定のうち、ただし書の部分は登記を申請することができない（昭 31. 3. 14 民甲 506 号）。なぜなら、このただし書の部分は、将来利息が確定する客観的基準が定められているわけではなく、仮に登記を認めたとしても、後順位担保権者や一般債権者において当該抵当権が負担する利息債権の範囲を予測することができないため、適当ではないからである。したがって、本肢は正しい。

ウ　誤　　清算中の会社を設定者とする抵当権の設定の登記は、抵当権の設定契約の時点が解散前であるか否かを問わず、申請することができる（昭 41. 11. 7 民甲 3252 号）。なぜなら、会社の解散後であっても、抵当権の設定契約は、会社法 476 条のいう清算の目的の範囲内の行為として有効に締結することができるからである。したがって、申請することはできないとする点で、本肢は誤っている。

エ　正　　差押えの効力発生後に債務者の行った処分は、差押債権者との関係で無効となるが、当事者間では有効であるため、債務者は、差し押さえられた不動産について抵当権設定等の処分行為をすることができ、それに基づく登記も可能である（大決大 4. 12. 14）。したがって、本肢は正しい。

オ　正　　甲土地の所有権を目的として、順位１番にX債権、順位２番にY債権、順位３番にZ債権を被担保債権として登記名義人をAとする３個の抵当権の設定の登記がされている場合、Aは、乙土地に当該３個の債権を被担保債権とする１個の抵当権の追加設定の登記を申請することができる（昭 38. 4. 9 民甲 965 号）。したがって、本肢は正しい。

以上から、誤っているものはアウであり、正解は１となる。

7h－22（R5－24）

根抵当権の登記に関する次のアからオまでの記述のうち、**正しいもの**の組合せは、後記１から５までのうち、どれか。

ア　Ａを所有権の登記名義人とする甲土地について、Ｂを根抵当権者とする根抵当権を設定した場合において、登記原因を証する情報に被担保債権の範囲として「信託取引」と記載されているときは、「信託取引」を当該根抵当権の債権の範囲として当該根抵当権の設定の登記を申請することができる。

イ　元本の確定前の根抵当権の登記名義人であるＡが死亡し、その相続人がＢ及びＣである場合において、ＢとＣとの間で当該根抵当権が担保している既発生の債権をＢが相続しない旨の遺産分割協議がされたときは、民法第398条の８第１項の合意により定めた相続人としてＢを根抵当権者とする同項の合意の登記を申請することはできない。

ウ　Ａ及びＢを登記名義人とする元本の確定前の根抵当権について、ＡがＢに先立って弁済を受けるべきことを定めた場合には、Ａを登記権利者、Ｂを登記義務者として、当該根抵当権の優先の定めの登記を申請することができる。

エ　Ａを所有権の登記名義人とする甲土地について、Ｂを根抵当権者とする元本が確定した根抵当権の設定の登記がされている場合において、Ａから甲土地の所有権を取得し、その所有権の登記名義人となったＣが、当該根抵当権の消滅請求をしたときは、Ｃは、当該根抵当権の抹消の登記の登記原因を証する情報として、当該根抵当権の極度額に相当する金額を供託したことを証する供託書正本を添付して、単独で当該根抵当権の抹消の登記を申請することができる。

オ　Ａを所有権の登記名義人とする甲土地について、Ｂを根抵当権者とする令和５年６月30日設定を登記原因及びその日付とする根抵当権の設定の登記を申請する場合において、登記原因を証する情報に元本の確定期日として「令和５年６月30日から３年間」と記載されているときであっても、当該元本の確定期日について「令和５年６月30日から３年間」を申請情報の内容として登記を申請することはできない。

(参考)

民法

第398条の8　元本の確定前に根抵当権者について相続が開始したときは、根抵当権は、相続開始の時に存する債権のほか、相続人と根抵当権設定者との合意により定めた相続人が相続の開始後に取得する債権を担保する。

2～4　(略)

1　アイ　　2　アオ　　3　イウ　　4　ウエ　　5　エオ

MEMO

〈第24問　解 説〉

正 解　　2

ア　正　　根抵当権の債権の範囲として、「信託取引」と定めることは認められている（昭48.11.14民三8573号）。したがって、本肢は正しい。

イ　誤　　元本の確定前に根抵当権者について相続が開始した場合において、共同相続人の一人が、遺産分割協議書に既発生の債権を相続しない旨、及び民法398条の８第１項の合意による指定を受ける意思のない旨を明らかにしたときは、当該相続人は、相続による根抵当権の移転の登記の申請人とはならない（昭46.12.27民三960号）。よって、既発生の債権をＢが相続しない旨の遺産分割協議がされたのみの場合、Ｂは相続人とならないわけではない。したがって、民法第398条の８第１項の合意により定めた相続人としてＢを根抵当権者とする同項の合意の登記を申請することはできないとする点で、本肢は誤っている。

ウ　誤　　根抵当権の優先の定めの登記は、当該根抵当権の登記名義人が共同して申請しなければならない（不登89Ⅱ・Ⅰ、民398の14Ⅰ但書・いわゆる合同申請）。したがって、Ａを登記権利者、Ｂを登記義務者として、当該根抵当権の優先の定めの登記を申請することができるとする点で、本肢は誤っている。

エ　誤　　根抵当権の元本確定後において、根抵当権の消滅請求権の行使による根抵当権の抹消の登記の申請は、根抵当権者を登記義務者、消滅請求をした者を登記権利者として共同申請により行い、登記権利者が単独で申請できる旨の規定は存在しない。したがって、単独で当該根抵当権の抹消の登記を申請することができるとする点で、本肢は誤っている。

オ　正　　根抵当権の設定の登記において、担保すべき元本の確定すべき期日の定めがあるときは、その定めは申請情報の内容となる（不登令３⑬、不登令別表56項申ロ、不登88Ⅱ③）。この点、確定期日の定めは、特定の期日をもって明瞭に表示することを要し、「令和５年６月30日から３年間」というような表示は認められない。したがって、本肢は正しい。

以上から、正しいものはアオであり、正解は２となる。

10－60（R5－25）

不動産登記に関する法令における期間の定めに関する次のアからオまでの記述のうち、**正しいもの**の組合せは、後記１から５までのうち、どれか。

なお、申請はいずれも登記所に書面を提出する方法により行うものとする。

ア　新築した建物の所有権を取得した者は、その所有権の取得の日から１か月以内に、所有権の保存の登記を申請しなければならない。

イ　法定相続情報一覧図つづり込み帳の保存期間は、法定相続情報一覧図の保管の申出の日から10年である。

ウ　取締役会設置会社であるＡ株式会社とその代表取締役であるＢとの間で締結した売買契約に基づく所有権の移転の登記を申請する場合において、利益相反取引に当たる当該売買契約を承認する旨のＡ株式会社の取締役会の議事録及び当該議事録に押印された印鑑に関する証明書を添付するときは、当該印鑑に関する証明書は、作成後３か月以内のものでなければならない。

エ　相続を登記原因とする所有権の移転の登記を申請する場合において、登記原因を証する情報として戸籍謄本を添付するときは、当該戸籍謄本は、作成後３か月以内のものであることを要しない。

オ　国外に住所を有する日本人を登記義務者として所有権の移転の登記を申請する場合において、当該申請書に添付すべき登記義務者の印鑑に関する証明書に代えて、在外公館において作成される登記義務者の署名が本人によるものである旨の証明書を添付するときは、当該証明書は、作成後３か月以内のものであることを要しない。

１　アウ　　２　アオ　　３　イウ　　４　イエ　　５　エオ

〈第25問　解説〉

正解　5

ア　誤　新築した建物又は区分建物以外の表題登記がない建物の所有権を取得した者は、その所有権の取得の日から１か月以内に、表題登記を申請しなければならない（不登47 Ⅰ）。しかし、所有権の保存の登記に期限を定めた規定は存在しないため、所有権の取得の日から１か月以内に、所有権の保存の登記を申請しなければならないわけではない。したがって、所有権の取得の日から１か月以内に、所有権の保存の登記を申請しなければならないとする点で、本肢は誤っている。

イ　誤　法定相続情報一覧図つづり込み帳の保存期間は、作成の年の翌年から５年間である（不登規28の２⑥）。したがって、保管の申出の日から10年であるとする点で、本肢は誤っている。

ウ　誤　利益相反取引に当たる売買契約を承認する旨の株式会社の取締役会議事録及び当該議事録に押印された印鑑に関する証明書を添付する場合の当該印鑑に関する証明書には、作成後３か月以内等の期間の制限はない。したがって、作成後３か月以内のものでなければならないとする点で、本肢は誤っている。

エ　正　相続を登記原因とする所有権の移転の登記を申請する場合において、登記原因を証する情報として申請情報と併せて提供する戸籍謄本等は、作成後３か月以内等の期限の制限はない（昭35.2.5民甲286号）。したがって、本肢は正しい。

オ　正　外国に在住する日本人は、日本国領事又は外国公証人の作成に係る署名証明書をもって印鑑に関する証明書に代えることができる（昭29.9.14民甲1868号）。そして、署名証明書は不登令16条３項及び18条３項の適用がないため、作成後３か月以内のものであることを要しない（昭48.11.17民三8525号）。したがって、本肢は正しい。

以上から、正しいものはエオであり、正解は５となる。

3g－28（R5－26）

書面を提出する方法によって不動産登記の申請をする場合における添付書面（磁気ディスクを除く。）の原本の還付の請求に関する次のアからオまでの記述のうち、**誤っているもの**の組合せは、後記1から5までのうち、どれか。

なお、申請人はいずれも自然人とする。

ア　相続を原因とする所有権の移転の登記を申請する場合において、申請人の住所の記載のある相続関係説明図を添付したときは、申請人の住所を証する書面について原本と相違ない旨の記載のある謄本の提供を要することなく、当該申請人の住所を証する書面の原本の還付を請求することができる。

イ　売買を原因とする所有権の移転の登記を申請する場合において、登記義務者が登記識別情報を提供することができないため資格者代理人が作成した本人確認情報を添付したときは、当該本人確認情報に添付する資格者代理人であることを証する書面について原本の還付を請求することができる。

ウ　時効取得を原因とする所有権の移転の登記を申請する場合において、当該申請のために登記権利者及び登記義務者が作成した登記の原因となる事実又は法律行為を登記所に報告する形式の登記原因を証する情報を添付したときは、当該登記原因を証する情報について原本の還付を請求することはできない。

エ　売買予約を原因とする所有権の移転請求権の仮登記を申請する場合において、登記権利者が、登記義務者の承諾書を添付して単独で当該仮登記の申請をしたときは、当該承諾書に添付された登記義務者の印鑑に関する証明書について原本の還付を請求することはできない。

オ　申請人が登記の申請をするとともに添付書面について原本の還付を請求した場合において、当該請求に係る添付書面の原本の還付を請求することができるときは、登記官は、当該申請の受付後、直ちに原本の還付をしなければならない。

1　アエ　　2　アオ　　3　イウ　　4　イオ　　5　ウエ

〈第 26 問 解 説〉

正 解 2

ア 誤 相続による権利の移転の登記における添付書面の原本の還付を請求する場合、戸籍謄抄本又は除籍謄本に限り、その謄本に代えて、相続関係説明図を提供して原本の還付を請求することができる（平17.2.25 民二 457 号）。したがって、謄本の提供を要することなく、当該申請人の住所を証する書面の原本の還付を請求することができるとする点で、本肢は誤っている。

イ 正 資格者代理人が作成した本人確認情報に添付した資格者代理人の職印に関する証明書（不登準則 49 Ⅱ③）は、原本の還付を請求することができる（不登規 55 Ⅰ）。したがって、本肢は正しい。なお、資格者代理人が提供する本人確認情報については、その申請のためにのみ作成された書面に当たるため、原本の還付を請求することはできない（不登規 55 Ⅰ但書）。

ウ 正 その登記を申請するためにのみ作成された報告する形式の登記原因を証する情報については、原本の還付を請求することはできない（不登規 55 Ⅰ但書）。したがって、本肢は正しい。

エ 正 仮登記は、仮登記の登記義務者の承諾がある場合、当該承諾を証する情報を提供して、当該仮登記の登記権利者が単独で申請することができる（不登 107 Ⅰ、不登令 7 Ⅰ⑥、不登令別表 68 項添ロ）。そして、書面により登記の申請をした申請人は、原則として、申請書の添付書面の原本の還付を請求することができる（不登規 55 Ⅰ本文）。ただし、同意又は承諾を証する情報を記載した書面に記名押印した者の印鑑に関する証明書（不登令 19 Ⅱ）については、原本の還付を請求することはできない（不登規 55 Ⅰ但書）。したがって、本肢は正しい。

オ 誤 書面により登記の申請をした申請人は、原則として、申請書の添付書面の原本の還付を請求することができる（不登規 55 Ⅰ本文）。そして、登記官は、当該請求があった場合には、調査完了後、当該請求に係る書面の原本を還付しなければならない（不登規 55 Ⅲ前段・Ⅰ）。したがって、直ちに原本の還付をしなければならないとする点で、本肢は誤っている。なお、登記官は、偽造された書面その他の不正な登記の申請のために用いられた疑いがある書面については、これを還付することができない（不登規55 V）。

以上から、誤っているものはアオであり、正解は2となる。

MEMO

2b－35（R5－27）

登録免許税に関する次のアからオまでの記述のうち、**正しいもの**の組合せは、後記1から5までのうち、どれか。

なお、租税特別措置法等の特例法による税の減免規定の適用はないものとする。

ア　登録免許税法第4条第1項により別表第2に掲げる非課税法人であるA地方住宅供給公社が当事者となって抵当権の順位の変更の登記を受ける場合において、A地方住宅供給公社の抵当権の順位が他の抵当権に優先するときは、当該抵当権の順位の変更の登記については、登録免許税が課されない。

イ　Aが所有権の登記名義人である甲土地を要役地とし、甲土地と同一の登記所の管轄区域内にあるBが所有権の登記名義人である乙土地及び丙土地を承役地とする地役権の設定の登記を一の申請情報により申請した場合の登録免許税の額は、1500円である。

ウ　根抵当権の信託の仮登記の登録免許税の額は、不動産の個数1個につき1000円である。

エ　根抵当権者をA及びBとする極度額1500万円の元本の確定前の根抵当権について、A及びBが当該根抵当権をCに一部譲渡した場合の根抵当権の一部移転の登記の登録免許税の額は、1万円である。

オ　Aが所有権の登記名義人である不動産の価額が1000万円の甲土地について、売買を登記原因として、AからBに2分の1の持分を移転した旨の所有権の一部移転の登記がされている場合において、当該登記を所有権の全部の移転の登記とする所有権の更正の登記の登録免許税の額は、10万円である。

(参考)

登録免許税法

第4条　国及び別表第2に掲げる者が自己のために受ける登記等については、登録免許税を課さない。

2　(略)

1　アイ　　2　アオ　　3　イウ　　4　ウエ　　5　エオ

〈第27問　解 説〉

正 解　　5

ア　誤　国及び登録税法別表二に掲げる者（以下「国等」という。）が自己のために受ける登記については、登録免許税は課されない（登録税4Ⅰ）。しかし、国等が当事者となって抵当権の順位の変更の登記を受ける場合において、変更後の国等の抵当権が変更前に比べて優位となるときであっても、登録税法4条1項の規定の適用はなく、登録免許税は非課税とはならない（昭48.10.31民三8188号）。したがって、登録免許税が課されないとする点で、本肢は誤っている。なお、順位変更の当事者全員が国等である場合、登録免許税は課されない（登研314-67）。

イ　誤　地役権の設定の登記の登録免許税の額は、承役地の個数1個につき1500円である（登録税別表1.1.⑷）。よって、本肢の場合、登録免許税の額は、承役地の不動産2個×1500円＝3000円である。したがって、1500円であるとする点で、本肢は誤っている。

ウ　誤　先取特権、質権若しくは抵当権の信託の仮登記又は信託の設定の請求権の保全のための仮登記の登録免許税の額は、債権金額又は極度金額を課税標準の額として、これに1000分の1の税率を乗じて計算した金額である（登録税別表1.1.⑿ホ⑵）。したがって、不動産の個数1個につき1000円であるとする点で、本肢は誤っている。

エ　正　根抵当権の一部譲渡による一部移転の登記を申請する場合の登録免許税の額は、譲受人が一人である場合は、一部譲渡後の共有者の数で極度金額を除して計算した金額を課税標準の額として、これに1000分の2の税率を乗じて計算した金額である（登録税別表1.1.⑺）。よって、本肢の場合、登録免許税の額は、極度額1500万円÷3（一部譲渡後の共有者の数）×2/1000＝1万円である。したがって、本肢は正しい。なお、譲受人が複数人いる場合の根抵当権の一部譲渡による一部移転の登記を申請する場合の登録免許税の課税標準の額は、一部譲渡後の共有者の数で極度金額を除して計算した金額に譲受人の数を乗じた金額である（登研533-157）。

オ　正　AからBへの売買による所有権一部移転登記（B持分2分の1）を所有権（全部）移転登記に更正する場合の登録免許税の額は、増加する持分（２分の１）の価額に1000分の20の税率を乗じて計算した金額である（登録税別表1.1.⑵ハ、登研579-169参照）。したがって、本肢は正しい。

以上から、正しいものはエオであり、正解は５となる。

MEMO

5－12（R5－28）

次の対話は、商業登記法に基づく印鑑の提出等及び電子証明書の発行の請求に関する司法書士と補助者との対話である。司法書士の質問に対する次のアからオまでの補助者の解答のうち、**正しいもの**の組合せは、後記１から５までのうち、どれか。

司法書士：　登記所に提出した印鑑を紛失した場合には、印鑑の廃止をすることができます。印鑑の廃止をする場合には、印鑑の廃止の届出をする必要がありますが、どのような手続を行いますか。

補助者：ア　印鑑の廃止の届出は、廃止する印鑑を押印した書面で行うことができますが、当該印鑑に係る印鑑カードを返納すれば、当該書面に廃止する印鑑を押印しなくても、印鑑の廃止の届出をすることができます。

司法書士：　それでは、少し場面を変えてみましょう。登記所に提出した印鑑ではなく、当該印鑑に係る印鑑カードを紛失してしまい、新たな印鑑カードの交付を受けたい場合には、どのような手続を行いますか。

補助者：イ　まず、紛失した印鑑カードの廃止の届出をしなければならず、当該届出後に新たな印鑑カードの交付の請求をすることができ、これにより新たな印鑑カードの交付を受けることができます。

司法書士：　登記所への印鑑の提出は、電子情報処理組織を使用してすることはできますか。

補助者：ウ　印鑑の提出は、電子情報処理組織を使用してすることはできません。

司法書士：　次は、商業登記法に基づく電子証明書についてお聞きします。電子証明書の発行の請求をする場合には、書面を提出してすることができますか。

補助者：エ　電子証明書の発行の請求は、全て電子情報処理組織を使用してすることとなり、書面を提出して請求することはできません。

司法書士：　電子証明書の発行の請求は、委任による代理人によりすることができますか。

補助者：オ　委任による代理人によりすることはできません。

１　アイ　　２　アエ　　３　イウ　　４　ウオ　　５　エオ

〈第28問　解 説〉

正 解	1

ア　正　　印鑑の提出をした者は、被証明事項のほか、氏名、住所、年月日及び登記所の表示を記載し、当該印鑑を押印した書面で印鑑の廃止の届出をすることができる（商登規９Ⅶ前段）。また、印鑑カードを提示するときは、押印を要しない（商登規９Ⅶ後段）。したがって、本肢は正しい。

イ　正　　印鑑を提出した者は、その印鑑を明らかにした上、被証明事項のほか、氏名、住所、年月日及び登記所の表示を記載した書面を提出して、印鑑カードの交付を請求することができる（商登規９の４Ⅰ）。この点、既に印鑑カードの交付を受けた者は、同一の印鑑について、重ねて印鑑カードの交付を受けることはできない(令3.1.29民商11号第３.１⑴ア)。よって、新たな印鑑カードの交付を受けるためには、紛失した印鑑カードの廃止をしなければならない。したがって、本肢は正しい。

ウ　誤　　電子情報処理組織を使用してする（以下本問において「オンラインによる」という。）登記の申請、申出、提出、届出又は請求の対象は、①登記の申請（これと同時にする受領証の交付の請求を含む。以下同じ。）、②住所非表示措置等の申出、③印鑑の提出又は廃止の届出（オンラインによる登記の申請と同時にする場合に限る。）、④電子証明書による証明の請求及び再度の請求、⑤電子証明書の使用の廃止又は再開の届出、⑥識別符号の変更の届出、⑦登記事項証明書又は印鑑の証明書の交付の請求である（商登規101Ⅰ各号）。よって、印鑑の提出は、オンラインによってすることができる。したがって、電子情報処理組織を使用してすることはできないとする点で、本肢は誤っている。

エ　誤　　電子証明書による証明を請求するには、申請書及び電磁的記録を提出しなければならない(商登規33の６Ⅰ､商登12の２Ⅰ・Ⅲ)。よって、書面を提出して請求することができる。したがって、書面を提出して請求することはできないとする点で、本肢は誤っている。なお、オンラインによって電子証明書による証明の請求をするには、当該申請書に記載すべき事項に係る情報に電子署名をしたものを送信しなければならない（商登規106の２Ⅰ・101Ⅰ③・33の４・33の６Ⅰ）。

オ　誤　電子証明書による証明の請求の申請書には、①被証明事項（商号使用者にあっては、商号、営業所、氏名、出生の年月日及び商号使用者である旨）、②代理人によって請求するときは、その氏名及び住所、③法12条の２１項２号の期間、④手数料の額、⑤年月日、⑥登記所の表示を記載し、申請人又はその代理人が記名しなければならない（商登規33の６Ⅱ・Ⅰ）。また、電子情報処理組織を使用する方法によって当該請求をするには、申請人又はその代表者若しくは代理人が電子署名をしなければならない（商登規106の２Ⅰ・33の４）。よって、委任による代理人より請求することができる。したがって、委任による代理人によりすることはできないとする点で、本肢は誤っている。

以上から、正しいものはアイであり、正解は１となる。

MEMO

10a－22（R5－29）

株式会社の設立の登記に関する次のアからオまでの記述のうち、**正しいもの**の組合せは、後記１から５までのうち、どれか。

ア　発起人が会社である場合における設立の登記の申請書には、同一の登記所の管轄区域内に発起人となる当該会社の本店があるときを除き、発起人となる当該会社の登記事項証明書を添付し、又は発起人となる当該会社の会社法人等番号を記載しなければならない。

イ　当該設立が発起設立である場合において、定款に公告方法を電子公告とする旨の定めがあるが、当該電子公告に用いるウェブサイトのアドレスに関する定めがなく、後にこれを定めたときは、設立の登記の申請書には、これを定めるにつき発起人の過半数の同意があったことを証する書面を添付しなければならない。

ウ　当該設立が募集設立である場合において、議決権を行使することができる設立時株主の議決権の３分の２を有する設立時株主が出席し、出席した当該設立時株主の議決権の３分の２に当たる多数をもって商号を変更する旨の定款変更の創立総会の決議をしたときは、設立の登記の申請書に、当該創立総会の議事録を添付して、変更後の商号による設立の登記の申請をすることができる。

エ　当該設立が発起設立である場合において、定款に設立時発行株式と引換えに払い込む金銭の額の定めがなく、後にこれを定めたときは、設立の登記の申請書には、これを定めるにつき発起人全員の同意があったことを証する書面を添付しなければならない。

オ　定款に、設立に際して出資される財産である自動車の価額を650万円とする定めがある場合において、その価額が相当であることについて税理士の証明を受けたときは、当該税理士が設立しようとする会社の設立時会計参与であったとしても、設立の登記の申請書に、当該税理士が作成した証明書を添付して、設立の登記の申請をすることができる。

１　アウ　　２　アオ　　３　イウ　　４　イエ　　５　エオ

〈第29問　解 説〉

正 解　　5

ア　誤　　発起人の資格に制限はなく、法人であってもよい。この点、発起人が会社である場合における設立の登記の申請書には、同一の登記所の管轄区域内に発起人となる当該会社の本店があるときを除き、発起人となる当該会社の登記事項証明書を添付し、又は発起人となる当該会社の会社法人等番号を記載しなければならないとの規定は存しない。したがって、発起人となる当該会社の登記事項証明書を添付し、又は発起人となる当該会社の会社法人等番号を記載しなければならないとする点で、本肢は誤っている。

イ　誤　　株式会社の設立に際し、公告方法を電子公告とする場合には、ウェブページのＵＲＬ（以下「アドレス」という。）を登記しなければならない（会社 911 Ⅲ㉘イ、会社施規 220 Ⅰ②)。この点、当該アドレスは、当該株式会社の発起人の代表者が決定するが、当該設立の登記の申請書には、当該アドレスの決定を証する書面を添付することを要しない。したがって、発起人の過半数の同意があったことを証する書面を添付しなければならないとする点で、本肢は誤っている。

ウ　誤　　創立総会の決議は、当該創立総会において議決権を行使することができる設立時株主の議決権の過半数であって、出席した当該設立時株主の議決権の３分の２以上に当たる多数をもって行う（会社 73 Ⅰ)。したがって、議決権を行使することができる設立時株主の議決権の３分の２を有する設立時株主が出席し、出席した当該設立時株主の議決権の３分の２に当たる多数をもってとする点で、本肢は誤っている。

エ　正　　発起人は、株式会社の設立に際して、①発起人が割当てを受ける設立時発行株式の数、②発起人が設立時発行株式と引換えに払い込む金銭の額、③成立後の株式会社の資本金及び資本準備金の額に関する事項を定めようとするときは、定款に定めがある事項を除き、発起人全員の同意を得なければならない（会社 32 Ⅰ各号)。そして、当該設立の登記の申請書には、当該事項の決定に関する発起人全員の同意があったことを証する書面を添付しなければならない（商登 47 Ⅲ)。したがって、本肢は正しい。

オ　正　　不動産でない現物出資財産等について定款に記載され、又は記録された価額が相当であることについて税理士の証明を受けた場合には、検査役の調査を省略することができ（会社33 Ⅹ③）、当該税理士が作成した証明書及び附属書類を添付して、設立の登記を申請することができる（商登47 Ⅱ③ハ）。この点、当該税理士が、①発起人、②会社法28条2号の財産の譲渡人、③設立時取締役又は設立時監査役、④業務の停止の処分を受け、その停止の期間を経過しない者、⑤弁護士法人、弁護士・外国法事務弁護士共同法人、監査法人又は税理士法人であって、その社員の半数以上が上記①～③に掲げる者のいずれかに該当するものである場合には、当該証明をすることができないが（会社33 Ⅺ各号・38 Ⅰ・Ⅲ②）、設立時会計参与は当該場合に該当しない。したがって、本肢は正しい。

以上から、正しいものはエオであり、正解は5となる。

MEMO

10d－37（R5－30）

新株予約権の登記に関する次のアからオまでの記述のうち、**正しいもの**の組合せは、後記1から5までのうち、どれか。

ア　新株予約権の行使の条件を定めた場合において、当該条件が成就しないことが確定し、当該新株予約権の全部を行使することができなくなったときの当該新株予約権の消滅による変更の登記の申請書には、当該条件が成就しないことが確定したことを証する書面を添付しなければならない。

イ　募集新株予約権の内容として、譲渡による当該新株予約権の取得について発行会社の承認を要する旨の定めがある場合であっても、募集新株予約権の発行による変更の登記の申請書には、登記すべき事項として当該定めを記載することを要しない。

ウ　株式会社が新株予約権の無償割当てをした場合において、当該株式会社が自己新株予約権のみを交付したときは、新株予約権の無償割当てによる変更の登記の申請をしなければならない。

エ　募集新株予約権の内容として、当該新株予約権を行使した新株予約権者に交付する株式の数に一株に満たない端数がある場合には、これを切り捨てるものとする旨を定めたときは、募集新株予約権の発行による変更の登記の申請書には、登記すべき事項として当該定めを記載しなければならない。

オ　会社法上の公開会社でない株式会社が、株主総会の決議により、募集新株予約権の内容として、当該新株予約権の行使により株式を発行する場合における資本金の額として計上しない額を定めていたときは、当該新株予約権の行使による変更の登記の申請書には、当該株主総会の議事録を添付しなければならない。

1　アイ　　2　アエ　　3　イオ　　4　ウエ　　5　ウオ

〈第30問　解 説〉

正 解　3

ア　誤　新株予約権者がその有する新株予約権を行使することができなくなったときは、当該新株予約権は、消滅する（会社287）。この点、新株予約権の行使の条件を定めた場合において、当該条件が成就しないことが確定したときは、新株予約権を行使することができなくなったときに当たる。そして、当該新株予約権の消滅の登記の申請書には、代理人によって申請する場合の委任状（商登18）を除き、他の書面を添付することを要しない。したがって、条件が成就しないことが確定したことを証する書面を添付しなければならないとする点で、本肢は誤っている。

イ　正　株式会社が募集新株予約権の発行をする場合において、譲渡による当該新株予約権の取得について当該株式会社の承認を要することとするときは、その旨を当該新株予約権の内容としなければならない（会社238Ⅰ①・236Ⅰ⑥）。しかし、当該新株予約権の内容として、譲渡による当該新株予約権の取得について当該株式会社の承認を要する旨を定めた場合であっても、当該定めは登記すべき事項とならない（会社911Ⅲ⑫参照）。したがって、本肢は正しい。

ウ　誤　株式会社が新株予約権の無償割当てをした場合において、自己新株予約権のみを交付したときは、登記事項に変更が生じないため、新株予約権の無償割当てによる変更の登記を申請することを要しない。したがって、新株予約権の無償割当てによる変更の登記の申請をしなければならないとする点で、本肢は誤っている。

エ　誤　株式会社が新株予約権を発行する場合において、新株予約権の行使により交付する株式について、一株に満たない端数があるときは、交付する株式の端数を切り捨てる旨を定めることができるが（会社236Ⅰ⑨）、当該事項は登記すべき事項ではない（会社911Ⅲ⑫参照）。したがって、登記すべき事項として当該定めを記載しなければならないとする点で、本肢は誤っている。

オ　正　株式会社が募集新株予約権を発行するときは、当該新株予約権の行使により株式を発行する場合における増加する資本金及び資本準備金に関する事項を当該新株予約権の内容としなければならず、会社法上の公開会社でない株式会社の場合、募集事項として、当該事項を株主総会の決議により定めなければならない（会社238Ⅰ①・Ⅱ・236Ⅰ⑤）。この点、当該株式会社は、当該内容を新株予約権の発行時に定めることにより、当該新株予約権の行使時における当該新株予約権の帳簿価額と当該新株予約権の行使に際して新株予約権者が当該株式会社に対して払い込んだ金額又は給付した財産の額を合算した額のうち、その２分の１を超えない額は、資本金の額として計上しないことができる（会社445Ⅰ・Ⅱ、会社計規17）。そして、会社法上の公開会社でない株式会社が新株予約権の行使により株式を発行する場合において、募集事項の決定に際し資本金として計上しない額を定めたときは、新株予約権の行使による変更の登記の申請書には、募集事項の決定をした株主総会の議事録を添付しなければならない（商登46Ⅱ、平18.3.31民商782号第２部第2.6⑸ｲ(ｳ)e)。したがって、本肢は正しい。

以上から、正しいものはイオであり、正解は３となる。

MEMO

10b－33（R5－31）

株式会社の役員の変更の登記等に関する次のアからオまでの記述のうち、**判例の趣旨に照らし誤っているもの**の組合せは、後記１から５までのうち、どれか。

ア　定款に定める取締役及び代表取締役の員数が取締役３名及び代表取締役１名である取締役会設置会社において、代表取締役である取締役が死亡し、残りの取締役２名が出席した取締役会の決議によって後任の代表取締役を選定した場合には、後任の代表取締役は、前任の代表取締役の死亡による変更の登記と後任の代表取締役の就任による変更の登記を申請することができる。

イ　監査の範囲が会計に関するものに限定されている監査役を置いている取締役会設置会社において、取締役及び監査役の全員が出席した取締役会の決議によって代表取締役を選定した場合には、代表取締役の就任による変更の登記の申請書には、当該取締役会の議事録に押印された出席した取締役又は監査役の印鑑と変更前の代表取締役が登記所に提出している印鑑とが同一であるときを除き、当該取締役会の議事録に押印された出席した取締役及び監査役の印鑑につき市町村長の作成した証明書を添付しなければならない。

ウ　成年被後見人を取締役として選任した場合は、取締役の就任による変更の登記の申請書には、当該成年被後見人の同意書を添付することを要しない。

エ　取締役の員数について定款に会社法の規定と異なる別段の定めのある会社において、会社法第112条第１項の規定により、ある種類の株式の種類株主を構成員とする種類株主総会において取締役を選任する旨の定款の定めが廃止されたものとみなされたときにする当該定款の定めの廃止による変更の登記の申請書には、定款を添付しなければならない。

オ　株主総会において解任された取締役について、辞任を原因とする取締役の変更の登記がされている場合には、会社は、当該登記の抹消を申請することができる。

(参考)

会社法

第112条　第108条第2項第9号に掲げる事項（取締役に関するものに限る。）についての定款の定めは、この法律又は定款で定めた取締役の員数を欠いた場合において、そのために当該員数に足りる数の取締役を選任することができないときは、廃止されたものとみなす。

2　(略)

1　アイ　　2　アエ　　3　イオ　　4　ウエ　　5　ウオ

MEMO

〈第31問　解 説〉

正 解　5

ア　正　　取締役会設置会社においては、取締役は、３人以上でなければならない（会社 331 Ⅴ）。しかし、取締役の定数が３名である取締役会設置会社において、代表取締役が死亡し、２名の取締役が開催した取締役会によって後任の代表取締役を選定した場合、当該代表取締役の就任による変更の登記を申請することができる（昭 40. 7. 13 民甲 1747 号）。したがって、本肢は正しい。

イ　正　　監査役の監査の範囲を会計に関するものに限定する旨の定款の定めのある株式会社における監査役は、代表取締役の選定に係る取締役会への出席義務はないものの（会社 389 Ⅶ・383 Ⅰ）、任意に出席した場合は取締役会議事録に押印しなければならない(会社 369 Ⅲ)。そして、当該代表取締役の就任による変更の登記の申請書には、変更前の代表取締役が登記所に提出した印鑑が押印されているときを除き、当該取締役会議事録に押印された当該監査役の印鑑につき市町村長の作成した証明書を添付しなければならない（商登規 61 Ⅵ③)。したがって、本肢は正しい。

ウ　誤　　成年被後見人が取締役に就任するには、その成年後見人が、成年被後見人の同意（後見監督人がある場合にあっては、成年被後見人及び後見監督人の同意）を得た上で、成年被後見人に代わって就任の承諾をしなければならない（会社 331 の２ Ⅰ）。そのため、成年被後見人が取締役に就任した場合の取締役の就任による変更の登記の申請書には、成年後見人が就任を承諾したことを証する書面に加えて、成年被後見人に係る後見登記等に関する法律 10 条に規定する登記事項証明書（成年後見登記事項証明書）及び成年被後見人の同意書（後見監督人がある場合にあっては、成年被後見人及び後見監督人の同意書）についても添付しなければならない(商登 54 Ⅰ、令 3. 1. 29 民商 14 号第 4. 3⑴ｱ（ｲ）（ｳ）)。したがって、当該成年被後見人の同意書を添付することを要しないとする点で、本肢は誤っている。

エ　正　　ある種類の株式の種類株主を構成員とする種類株主総会において取締役（監査等委員会設置会社にあっては、監査等委員である取締役又はそれ以外の取締役。以下同じ。）又は監査役を選任することを内容とする種類の株式に関する定款の定めは、会社法又は定款で定めた取締役又は監査役の員数を欠いた場合において、そのために当該員数に足りる数の取締役又は監査役を選任することができないときは、廃止されたものとみなす（会社112・108Ⅱ⑨）。そして、この場合、株式会社は、当該種類株式の定めの廃止の登記を申請しなければならない（登記研究671-93）。この点、当該株式会社の定款で法令と異なる員数を定めている場合には、当該登記の申請書には、定款を添付しなければならない（登記研究671-94、商登規61Ⅰ）。したがって、本肢は正しい。

オ　誤　解任された取締役につきなされた「辞任」の登記は、取締役たる資格消滅という身分変動については、真実に合致しているため、登記としての効力を有する（最判昭25.6.13）。よって、解任された取締役について、辞任を登記原因として退任の登記がされている場合であっても、当該取締役であった者は、株式会社に対し、当該登記の抹消を請求することができない。したがって、登記の抹消を申請することができるとする点で、本肢は誤っている。

以上から、誤っているものはウオであり、正解は5となる。

MEMO

10d－38（R5－32）

取締役会設置会社における資本金の額の変更の登記に関する次のアからオまでの記述のうち、**正しいもの**の組合せは、後記１から５までのうち、どれか。

ア　株式の発行と同時に準備金の額を減少する場合において、当該準備金の額の減少の効力が生ずる日後の準備金の額が当該日前の準備金の額を下回らないときは、準備金の資本組入れによる変更の登記の申請書には、当該準備金の資本組入れに関する株主総会の議事録を添付しなければならない。

イ　株式の発行と同時に資本金の額を減少する場合において、当該資本金の額の減少の効力が生ずる日後の資本金の額が当該日前の資本金の額を下回らないときは、資本金の額の変更の登記の申請書には、当該資本金の額の減少に関する株主総会の議事録を添付しなければならない。

ウ　臨時株主総会の普通決議により、剰余金の額を減少して、資本金の額を増加することとしたときは、当該臨時株主総会の議事録を添付して、資本金の額の変更の登記を申請することができる。

エ　会計監査人設置会社が、臨時株主総会の普通決議により、資本金の額を減少することとした場合において、減少する資本金の額が当該臨時株主総会の日における欠損の額を超えないときは、当該臨時株主総会の議事録を添付して、資本金の額の変更の登記を申請することができる。

オ　利益準備金の額を減少し、減少する利益準備金の一部を資本金とする資本金の額の変更の登記の申請書には、当該利益準備金の資本組入れに関する株主総会の議事録を添付しなければならない。

１　アエ　　２　アオ　　３　イウ　　４　イエ　　５　ウオ

〈第32問　解説〉

正解　5

ア　誤　株式会社は、株主総会の普通決議により、準備金の額を減少して、資本金の額を増加することができる（会社448Ⅰ②・309Ⅰ、会社計規25Ⅰ①）。しかし、株式会社が株式の発行と同時に準備金の額を減少する場合において、当該準備金の額の減少の効力が生ずる日後の準備金の額が当該日前の準備金の額を下回らないときは、取締役の決定（取締役会設置会社にあっては、取締役会の決議）によりすることができる（会社448Ⅲ）。そして、この場合、準備金の額の減少によってする資本金の額の増加による変更の登記の申請書には、取締役の過半数の一致を証する書面又は取締役会の議事録及び会社法448条3項に規定する場合に該当することを証する書面を添付しなければならない（平18.3.31民商782号第2部第4.2(2)ア(イ)b(a)(b)）。したがって、準備金の資本組入れに関する株主総会の議事録を添付しなければならないとする点で、本肢は誤っている。

イ　誤　株式会社は、株主総会の特別決議により、資本金の額を減少することができる（会社447Ⅰ・309Ⅱ⑨）。しかし、株式会社が株式の発行と同時に資本金の額を減少する場合において、当該資本金の額の減少の効力が生ずる日後の資本金の額が当該日前の資本金の額を下回らないときは、取締役の決定（取締役会設置会社にあっては、取締役会決議）により資本金の額を減少することができる（会社447Ⅲ）。そして、この場合、資本金の額の減少による変更の登記の申請書には、取締役の過半数の一致を証する書面又は取締役会議事録を添付しなければならない（商登46Ⅰ・Ⅱ）。したがって、資本金の額の減少に関する株主総会の議事録を添付しなければならないとする点で、本肢は誤っている。

ウ　正　株式会社は、株主総会の普通決議により、剰余金の額を減少して、資本金の額を増加することができる（会社450Ⅰ・Ⅱ）。そして、この場合、資本金の額の変更の登記の申請書には、当該株主総会の議事録を添付しなければならない（商登46Ⅱ）。したがって、本肢は正しい。

エ　誤　株式会社は、原則として、株主総会の特別決議により、資本金の額を減少することができる（会社447Ⅰ・309Ⅱ⑨）。しかし、株式会社が資本金の額の減少に関する事項を定時株主総会で決議する場合において、減少する資本金の額が、当該定時株主総会の日（会計監査人設置会社において、一定の要件に該当する場合には、計算書類等について取締役会の承認があった日）における欠損の額として法務省令で定める方法により算定される額を超えないときは、株主総会の普通決議で足りる（会社309 Ⅱ⑨・447 Ⅰ・439前段・436 Ⅲ、会社施規68）。したがって、会計監査人設置会社が、臨時株主総会の普通決議により、資本金の額を減少することとした場合において、減少する資本金の額が当該臨時株主総会の日における欠損の額を超えないときは、当該臨時株主総会の議事録を添付してとする点で、本肢は誤っている。

オ　正　　株式会社は、株主総会の普通決議により、準備金の額を減少して、その全部又は一部を資本金とすることができる（会社448 Ⅰ②・309 Ⅰ、会社計規25 Ⅰ①）。そして、この場合、資本金の額の変更の登記の申請書には、当該株主総会の議事録を添付しなければならない（商登46 Ⅱ）。したがって、本肢は正しい。

以上から、正しいものはウオであり、正解は5となる。

MEMO

13e－13（R5－33）

株式交付親会社の株式交付による変更の登記に関する次のアからオまでの記述のうち、**正しいもの**の組合せは、後記1から5までのうち、どれか。

なお、租税特別措置法等の特例法による税の減免規定の適用はないものとする。

ア　株式会社は、その議決権の過半数を有する他の株式会社を株式交付子会社として株式交付をすることにより、株式交付による変更の登記を申請することができない。

イ　株式交付による変更の登記の申請書に、合同会社を株式交付親会社とし、株式会社を株式交付子会社とする株式交付計画書を添付して、株式交付による変更の登記を申請することができる。

ウ　株式交付により資本金の額が1000万円増加し、かつ、発行済株式の総数が1万株増加した場合において、株式交付による変更の登記を申請するときの登録免許税の額は、7万円である。

エ　株式交付親会社が、株式交付計画に基づき、株式交付子会社の株式の譲渡人に対し、株式交付親会社の株式のみを交付した場合は、株式交付による変更の登記の申請書には、債権者保護手続を行ったことを証する書面を添付しなければならない。

オ　株式交付親会社が株式交付子会社の株式と併せて株式交付子会社の新株予約権を譲り受ける場合において、株式交付子会社が新株予約権証券を発行しているときは、株式交付による変更の登記の申請書には、株式交付子会社が新株予約権証券の提出に関する公告をしたことを証する書面を添付しなければならない。

1　アウ　　2　アオ　　3　イウ　　4　イエ　　5　エオ

〈第33問　解 説〉

正 解　　1

ア　正　　株式交付とは、株式会社が他の株式会社をその子会社（法務省令で定めるものに限る。）とするために当該他の株式会社の株式を譲り受け、当該株式の譲渡人に対して当該株式の対価として当該株式会社の株式を交付することをいう（会社２㉜の２）。この点、株式交付は、新たに他の株式会社を子会社とすることを予定しており、既に議決権の過半数を有する既存の子会社を対象とすることはできない。したがって、本肢は正しい。

イ　誤　　株式交付による変更の登記の申請書には、株式会社を株式交付親会社とし、株式会社を株式交付子会社とする株式交付計画書を添付して、株式交付による変更の登記を申請することができる（会社915Ⅰ・911Ⅲ⑨・774の３Ⅰ）。しかし、持分会社は、株式交付制度の対象外とされている（会社２㉜の２）。したがって、合同会社を株式交付親会社としとする点で、本肢は誤っている。なお、株式交換における株式交換完全親会社は、株式会社又は合同会社が対象となる（会社２㉛・767）。

ウ　正　　株式交付による変更の登記の申請に係る登録免許税の額は、増加した資本金の額に1000分の７を乗じて得た額（これによって計算した税額が３万円に満たないときは、申請件数１件につき３万円）である（登録税別表1.24.⑴ニ）。そのため、株式交付により増加した資本金の額1000万円に1000分の７を乗じて得た額である７万円が登録免許税の額となる。また、発行済株式の総数並びにその種類及び種類ごとの数の変更の登記の申請に係る登録免許税は、別途納めることを要しない（令3.1.29民商14号第2.3⑷）。したがって、本肢は正しい。

エ　誤　　株式交付親会社は、株式交付子会社の株式及び新株予約権の譲渡人に対して交付する金銭等（株式交付親会社の株式を除く。）が株式交付親会社の株式に準ずるものとして法務省令で定めるもののみである場合以外の場合には、株式交付親会社の債権者は、株式交付親会社に対し、株式交付について異議を述べることができる（会社816の８Ⅰ、会社施規213の７）。そして、この場合における株式交付による変更の登記の申請書には、債権者保護手続に関する書面を添付しなければならない（商登90の２④、令3.1.29民商14号第2.3(ｵ)）。しかし、株式交付子会社の株式及び新株予約権等の譲渡人に対して交付される財産が株式交付親会社の株式のみである場合は、株式交付親会社の債権者は、株式交付親会社に対し、株式交付について異議を述べることができない(会社816の8Ⅰ参照)。したがって、債権者保護手続を行ったことを証する書面を添付しなければならないとする点で、本肢は誤っている。

オ　誤　株式交付親会社が、株式交付に際して株式交付子会社の株式と併せて株式交付子会社の新株予約権（新株予約権付社債に付されたものを除く。）又は新株予約権付社債（以下「新株予約権等」という。）を譲り受けるときは、株式交付計画において、当該新株予約権等の内容及び数又は算定方法を定めなければならない（会社774の3Ⅰ⑦)。しかし、この場合であっても、新株予約権証券の提出に関する公告をすることを要しない（会社293Ⅰ参照)。したがって、株式交付子会社が新株予約権証券の提出に関する公告をしたことを証する書面を添付しなければならないとする点で、本肢は誤っている。

以上から、正しいものはアウであり、正解は1となる。

MEMO

12－6（R5－34）

外国会社の登記に関する次のアからオまでの記述のうち、**登記事項でないもの**の組合せは、後記１から５までのうち、どれか。

ア　外国会社の設立の準拠法

イ　外国会社の本店の所在場所

ウ　日本における代表者の権限の範囲

エ　公告方法として、時事に関する事項を掲載する日刊新聞紙に掲載する方法を定めた場合における当該公告方法

オ　日本における代表清算人の氏名及び住所

１　アイ　　２　アエ　　３　イウ　　４　ウオ　　５　エオ

〈第34問　解 説〉

正 解　　4

ア　登記事項である　外国会社とは、外国の法令に準拠して設立された法人その他の外国の団体であって、会社と同種のもの又は会社に類似するものをいう（会社２②）。そして、外国会社の登記においては、外国会社の設立の準拠法を登記しなければならない(会社933 Ⅱ①)。したがって、外国会社の設立の準拠法は登記事項である。

イ　登記事項である　外国会社の登記においては、日本における同種の会社又は最も類似する会社の種類に従い、会社法911条３項各号又は912条から914条までの各号に掲げる事項を登記する(会社933 Ⅱ)。したがって、外国会社の本店の所在場所は登記事項である。

ウ　登記事項でない　外国会社は、日本において取引を継続しようとするときは、日本における代表者を定めなければならない(会社817 Ⅰ前段)。この点、外国会社は、日本における代表者の氏名及び住所を登記しなければならないが（会社933 Ⅱ②)、日本における代表者の権限の範囲は登記事項でない（会社933 Ⅱ参照)。したがって、日本における代表者の権限の範囲は登記事項でない。

エ　登記事項である　外国会社は、日本における公告方法として、①官報に掲載する方法、②時事に関する事項を掲載する日刊新聞紙に掲載する方法、③電子公告のいずれかを定款で定めることができる（会社939 Ⅱ・Ⅰ)。そして、公告方法についての定めがあるときは、その定めを登記し、定めがないときは、官報に掲載する方法を公告方法とする旨を登記しなければならない（会社933 Ⅱ⑤・⑦・939 Ⅱ・Ⅳ・Ⅰ①)。したがって、公告方法として、時事に関する事項を掲載する日刊新聞紙に掲載する方法を定めた場合における当該公告方法は登記事項である。

オ　登記事項でない　外国会社において、清算人の選任がされたときは、清算人の氏名及び住所を同清算人からの申請により登記する（平29.11.13民商183号)。したがって、日本における代表清算人の氏名及び住所は登記事項でない。なお、会社法による規定では、解散時の取締役が清算人となったときは解散の日から２週間以内に、清算人が選任されたときは就任の日から２週間以内に、本店所在地において、①清算人の氏名、②代表清算人の氏名及び住所、③清算株式会社が清算人会設置会社であるときは、その旨を登記しなければならない（会社928 Ⅰ・Ⅲ・Ⅳ・478 Ⅰ①）とされており、当該規定は外国会社について準用する（会社933 Ⅳ）ため、当該規定からすると、外国会社の代表清算人の氏名及び住所は登記事項である。

以上から、登記事項でないものはウオであり、正解は4となる。

MEMO

14－34（R5－35）

一般社団法人の登記に関する次のアからオまでの記述のうち、**誤っているもの**の組合せは、後記1から5までのうち、どれか。
なお、定款に別段の定めはないものとする。

ア　設立時理事としてAが就任を承諾した場合における設立の登記の申請書には、Aが就任を承諾したことを証する書面に押印した印鑑につき市町村長の作成した証明書が添付されているときを除き、Aが就任を承諾したことを証する書面に記載したAの氏名及び住所と同一の氏名及び住所が記載されている市町村長その他の公務員が職務上作成した証明書を添付しなければならない。

イ　登記所に印鑑を提出している代表理事が代表理事を辞任した場合における代表理事の変更の登記の申請書には、当該代表理事が辞任したことを証する書面に押印した印鑑と登記所に提出している印鑑とが同一である場合を除き、当該代表理事が辞任したことを証する書面に押印した印鑑につき市町村長の作成した証明書を添付しなければならない。

ウ　監事設置一般社団法人において、初めて監事に就任した「法務太郎」が婚姻前の氏「司法」から婚姻により「法務」を称することになったものであるときは、当該一般社団法人の代表者は、当該監事の旧氏である「司法」も登記簿に記録するよう申し出ることができる。

エ　社員が社員総会の目的である事項として理事の選任について提案をした場合において、当該提案につき社員の全員が書面又は電磁的記録により同意の意思表示をしたときは、理事の変更の登記の申請書に、当該提案を可決する旨の決議があったものとみなされた事項の内容が記載された社員総会の議事録を添付して、理事の変更の登記を申請することはできない。

オ　理事の変更の登記の申請書に、総社員の議決権の過半数を有する社員が出席し、出席した当該社員の議決権の過半数をもって理事を解任する決議をしたとする社員総会の議事録を添付して、理事の変更の登記を申請することはできない。

1　アイ　　2　アエ　　3　イウ　　4　ウオ　　5　エオ

〈第35問　解 説〉

正 解　　5

ア　正　　一般社団法人の設立の登記の申請書には、設立時理事及び設立時監事が就任を承諾したことを証する書面に記載した氏名及び住所と同一の氏名及び住所が記載されている市町村長その他の公務員が職務上作成した証明書（以下「本人確認証明書」という。）を添付しなければならない（一般法人登規3、商登規61 Ⅶ本文）。しかし、当該登記の申請書に当該設立時理事等の印鑑につき市町村長の作成した証明書を添付する場合は、本人確認証明書を添付することを要しない（一般法人登規3、商登規61 Ⅶ但書・Ⅳ・Ⅴ）。したがって、本肢は正しい。

イ　正　　一般社団法人の代表理事（登記所に印鑑を提出した者がある場合にあっては当該印鑑を提出した者に限り、登記所に印鑑を提出した者がない場合にあっては法人の代表者に限る。以下「代表理事等」という。）の辞任による変更の登記の申請書には、当該代表理事等（その者の成年後見人又は保佐人が本人に代わって行う場合にあっては、当該成年後見人又は保佐人）が辞任を証する書面に押印した印鑑につき、登記所に印鑑を提出した者がある場合であって、当該書面に押印した印鑑と当該代表理事等が登記所に提出している印鑑とが同一であるときを除き、市町村長の作成した証明書を添付しなければならない（一般法人登規3、商登規61 Ⅷ）。したがって、本肢は正しい。

ウ　正　　一般社団法人の代表者は、役員（理事、監事又は会計監査人をいう。以下同じ。）又は清算人の一の旧氏（住民基本台帳法施行令30条の13に規定する旧氏であって、記録すべき氏と同一であるときを除く。以下同じ。）を登記簿に記録するよう申し出ることができる（一般法人登規3、商登規81の2 Ⅰ前段）。そして、当該登記簿（閉鎖した登記事項を除く。）にその役員又は清算人について旧氏の記録がされていたことがあるときは、最後に記録されていた旧氏より後に称していた旧氏に限り、登記簿に記録するよう申し出ることができる（一般法人登規3、商登規81の2 Ⅰ後段）。したがって、本肢は正しい。

エ　誤　　理事又は社員が社員総会の目的である事項について提案をした場合において、当該提案につき社員の全員が書面又は電磁的記録により同意の意思表示をしたときは、当該提案を可決する旨の社員総会の決議があったものとみなす（一般法人58Ⅰ）。そして、この場合、当該社員総会の議事録を作成し（一般法人施規11Ⅳ①）、当該議事録を登記の申請書に添付すべき当該場合に該当することを証する書面として添付して、理事の変更の登記を申請することができる（一般法人317Ⅲ、平20.9.1民商2351号第2部第2.2(5)）。したがって、申請することはできないとする点で、本肢は誤っている。

オ　誤　一般社団法人の理事は、社員総会の普通決議によって解任することができ（一般法人70Ⅰ・49Ⅰ）、当該社員総会の議事録を添付して、理事の変更の登記を申請することができる（一般法人320Ⅴ・Ⅰ）。したがって、申請することはできないとする点で、本肢は誤っている。なお、監事設置一般社団法人の監事は、社員総会の普通決議によって選任するが（一般法人63Ⅰ・49Ⅰ）、監事を解任する場合は社員総会の特別決議を要する（一般法人70Ⅰ・49Ⅱ②）。

以上から、誤っているものはエオであり、正解は5となる。

午後の部
記述式

不動産登記法（R5－36）

令和４年１月末の夕暮時、司法書士鈴木一郎は、別紙１の登記がされている不動産（以下「甲土地」という。）を購入したいというＡから相談を受け、関係当事者から後記**【事実関係】**１から４までの事実を聴取し確認した。そして、令和４年２月18日、関係当事者全員は、甲土地の売買契約（以下「本件売買契約」という。）を締結し、本件売買契約に必要な同意又は承諾を得た上で、買主のＡは売買代金を支払った。また、司法書士鈴木一郎は、Ｓが、本件売買に関する所有権の移転の登記に必要となる登記識別情報の通知を受けていたが、当該登記識別情報を失念していることを確認し、当該申請に必要な本人確認情報を作成した。なお、甲土地は、今まで居住の用に供されたことはなく、今後もその予定はない。令和４年２月26日、司法書士鈴木一郎は、甲土地の登記の申請手続に必要な全ての書類を受領して登記原因証明情報等の必要書類を作成し、関係当事者全員から登記の申請手続等について代理することの依頼を受けた。令和４年２月28日、司法書士鈴木一郎は、甲土地について必要な登記の申請を行った。

令和５年６月18日の午後、司法書士鈴木一郎は、Ｂから令和４年12月４日に死亡したＡの相続に関する相談を受け、甲土地及び別紙２の登記がされている不動産（以下「乙土地」という。）について、関係当事者から後記**【事実関係】**５から９までの事実を聴取し確認した。また、司法書士鈴木一郎は、Ｘ及びＹから後記**【事実関係】**６及び７の事実を必ず登記するように依頼を受けたため、これを了承した。そして、令和５年６月22日、司法書士鈴木一郎は、甲土地及び乙土地の登記の申請手続に必要な全ての書類を受領して登記原因証明情報等の必要書類を作成し、関係当事者全員から登記の申請手続等について代理することの依頼を受けた。令和５年６月22日、司法書士鈴木一郎は、甲土地及び乙土地について必要な登記の申請を行った。

以上に基づき、後記の問１から問４までに答えなさい。

【事実関係】

１　平成26年３月３日、Ｓは、Ｔから500万円を借入れ、その債務の担保として譲渡担保契約を締結し、同日、ＳとＴは、甲土地について譲渡担保を登記原因とする所有権の移転の登記を申請し、当該登記は完了した。

2　令和２年８月８日、ＳとＴは、**【事実関係】**１の譲渡担保契約を解除することに合意し、別紙３のとおり譲渡担保契約は解除された。
3　令和３年２月10日、Ｓは、住所を東京都台東区上野三丁目１番19号に移転した。
4　令和３年９月２日、ＲがＳの成年後見人に選任され、司法書士ＵがＳの成年後見監督人に選任された。
5　令和４年12月４日に死亡したＡの相続人は、Ｂ、Ｃ及びＤの３名である。
6　令和５年５月19日、Ｂ、Ｃ及びＤは、Ａの遺産について遺産分割協議を行い、別紙４の遺産分割協議書を作成した。また、Ｂ、Ｃ及びＤは、令和５年５月19日、ＡがＸに対して負担している平成28年７月１日付け金銭消費貸借契約に係る債務については、Ｂが免責的に引き受け、Ｃ及びＤは債務を免れる旨の免責的債務引受契約を締結した。
7　令和５年５月21日、Ｘは、**【事実関係】**６の免責的債務引受契約を承諾した。
8　令和５年６月12日、ＸとＢは、必要な同意又は承諾を得た上で、別紙５の抵当権追加設定契約を締結した。
9　令和５年６月14日、ＹとＺは、必要な同意又は承諾を得た上で、乙土地のＹの２番抵当権とＺの３番根抵当権の順位を同順位とする契約を締結した。

〔事実関係に関する補足〕

1　登記申請に当たって法律上必要な手続は、各申請日までに全てされている。なお、登記原因につき第三者の許可、同意又は承諾を要する場合には、各申請日までに、それぞれ当該第三者の許可、同意又は承諾を得ている。また、登記上の利害関係を有する第三者の承諾を要する場合には、各申請日までに、当該第三者の承諾を得ている。
2　**【事実関係】**は全て真実に合致しており、また、これらに基づく行為や司法書士鈴木一郎の説明内容は、全て適法である。
3　司法書士鈴木一郎は、同日付けで複数の登記を申請する場合には、次の要領で登記を申請するものとする。
(1)　権利部（甲区）に関する登記を申請し、その後に権利部（乙区）に関する登記を申請する。
(2)　同一の権利部に関する登記を申請する場合には、登記原因の日付の早いものから登記を申請する。
(3)　申請件数及び登録免許税の額が最も少なくなるように登記を申請する（ただし、Ｘ及びＹから依頼を受けた**【事実関係】**６及び７の事実に係る登記は申請することとする。)。

4 本件の関係当事者間には、**【事実関係】**及び各別紙に記載されている権利義務以外には、実体上の権利義務関係は存在しない。

5 甲土地及び乙土地は水戸地方法務局の管轄に属している。また、司法書士鈴木一郎は、いずれの登記の申請も、管轄登記所に書面を提出する方法により行ったものとし、その登記がされることによって申請人自らが登記名義人になる場合において、当該登記が完了したときは、当該申請人に対し、登記識別情報の通知がされているものとする。

6 司法書士鈴木一郎は、いずれの登記申請においても、判決による登記申請及び債権者代位による登記申請を行っていない。

7 令和4年2月28日現在の甲土地の課税標準の額は762万8480円とし、令和5年6月22日現在の甲土地の課税標準の額は779万3200円とする。

問1　司法書士鈴木一郎が**甲土地について**令和4年2月28日に申請した登記の申請情報の内容のうち、登記の目的、登記記録の「権利者その他の事項」欄に記録される情報及び申請人（以下「申請事項等」という。)、添付情報並びに登録免許税額を、司法書士鈴木一郎が申請した登記の順に従って、第36問答案用紙の第1欄 (1) から (4) までの各欄に記載しなさい。

問2　仮に、**【事実関係】**2の後、司法書士鈴木一郎が問1の登記の申請をする前に、Tがaに甲土地を売却して、Tからaへの所有権の移転の登記がされたとする。この場合、Sは、aに対して、甲土地の所有権を取得したことを主張することができるか。判例の立場を前提に、結論及びその理由を第36問答案用紙の第2欄に記載しなさい。

問3　司法書士鈴木一郎が**乙土地について**令和5年6月22日に申請した**所有権以外の権利の登記**の申請情報の内容のうち、登記の目的、申請事項等、添付情報及び登録免許税額を、司法書士鈴木一郎が申請した登記の順に従って、第36問答案用紙の第3欄 (1) から (4) までの各欄に記載しなさい。

問4　以下の (1) 及び (2) の各小問に答えなさい。なお、(1) と (2) とは、それぞれ独立した問題として解答すること。

(1) **【事実関係】**9の後、BのXに対する債務が債務不履行となった結果、乙土地のみが担保不動産競売の方法により売却されることとなったとする。この場合、X、Y及びZが乙土地からそれぞれ受ける配当額を、第36問解答用紙第4欄(1)に記載しなさい。ただし、甲土地の売却価額は1200万円、乙土地の売却価額は600万円、Xの債権額は300万円、Yの債権額は600万円、Zの債権額は300万円とし、債権の利息その他の附帯の債権及び執行費用は考慮しないものとする。

(2) **【事実関係】**9の後、BのXに対する債務が債務不履行となった結果、乙土地のみが担保不動産競売の方法により売却され、令和6年2月14日に配当が実施されたところ、Xは、当該配当によって債権全額の弁済を受けられたが、Yは、当該配当によって債権全額の弁済を受けられなかったとする。この場合、甲土地についてYが申請することができる①登記の形式（主登記又は付記登記）、②登記の目的、③登記原因及びその日付、④申請人を、第36問答案用紙第4欄(2)に記載しなさい。ただし、①登記の形式については、「主登記」又は「付記登記」のいずれかを記載し、④申請人については「権利者」、「義務者」、「申請人」等の表示も記載すること。

（答案作成に当たっての注意事項）

1　第36問答案用紙の第1欄及び第3欄の申請事項等欄の「上記以外の申請事項等」欄に解答を記載するに当たっては、次の要領で行うこと。

(1)「上記以外の申請事項等」欄には、登記記録の「権利者その他の事項」のうち登記原因及びその日付を除いた情報並びに申請人を記載する。

(2) 申請人について、「権利者」、「義務者」、「申請人」、「所有者」、「抵当権者」、「(被承継者)」等の表示も記載する。

(3) 申請人について、住所又は本店所在地、代表機関の資格及び氏名並びに会社法人等番号は、記載することを要しない。

(4) 登記権利者及び登記義務者が共同して権利に関する登記の申請をする場合その他の法令の規定により登記の申請をする場合において、申請人が登記識別情報又は登記済証を提供することができないときは、当該登記識別情報又は登記済証を提供することができない理由を記載する。

(5) 申請人が法令に掲げる者のいずれであるかを申請情報の内容とすべきときは、「民法423条1項」の振り合いで、当該法令を記載する。

2　第36問答案用紙の第1欄及び第3欄の添付情報欄に解答を記載するに当たっては、次の要領で行うこと。

(1) 添付情報の解答は、その登記の申請に必要な添付情報を後記**【添付**

情報一覧】から選択し、その記号（アからツまで）を記載する。
(2) 法令の規定により添付を省略することができる情報及び提供されたものとみなされる情報についても、後記**【添付情報一覧】**から選択しその記号（アからツまで）を記載する。
(3) 後記**【添付情報一覧】**のアからツまでに掲げられた情報以外の情報（登記の申請に関する委任状等）は、記載することを要しない。
(4) 後記**【添付情報一覧】**のキを記載するときは、キの記号に続けて、キの括弧書きの「(年月日受付第何号のもの又は何某が何土地の何区何番で通知を受けたもの)」に当該登記識別情報の通知を受けた際の申請の受付年月日及び受付番号を補い、「キ（令和4年5月12日受付第100号のもの)」の要領で記載し、受付年月日及び受付番号が不明な場合は、「キ（Hが甲土地の甲区4番で通知を受けたもの)」の要領で記載する。
(5) 後記**【添付情報一覧】**のタ又はチのいずれかあるいは複数を記載するときは、それぞれの記号の後に続けて、タ又はチの括弧書きの「(何某のもの)」に当該情報の作成者の氏名を補い、「タ（Ｉのもの)」の要領で記載する。
(6) 後記**【添付情報一覧】**のツを記載するときは、ツの括弧書きの「(何某の本人確認をしたもの)」に司法書士鈴木一郎が本人確認をした者の氏名を補い、「ツ（Ｊの本人確認をしたもの)」の要領で記載する。
(7) 後記**【添付情報一覧】**のクからシまでに掲げられた印鑑に関する証明書は、登記名義人となる者の住所を証する情報としては使用しないものとする。
(8) 後記**【添付情報一覧】**のセのＳに関する住民票には、**【事実関係】**3の住所に変更された事実が記載されているものとする。
(9) **【添付情報一覧】**に掲げられた添付情報のうち、発行日、作成日等の日付が明示されておらず、かつ、登記の申請に際して有効期限の定めがあるものは、登記の申請時において、全て有効期限内であるものとする。

3　第36問答案用紙の第1欄及び第3欄の各項目の欄に申請すべき登記の申請情報等の内容を記載するに当たり、記載すべき情報等がない場合には、その欄に「なし」と記載すること。

4　申請することができる登記は全て申請するものとし、申請すべき登記がない場合には、第36問答案用紙の第1欄及び第3欄の**登記の目的欄**に「登記不要」と記載すること

5　別紙は、いずれも、実際の様式と異なる。また、別紙には記載内容の

一部が省略されているものがあり、別紙を含め登記の申請に必要な添付情報は、いずれも、**【事実関係】**に沿う形で、法律上適式に作成されているものとする。

6　数字を記載する場合には算用数字を使用すること。

7　登録免許税が免税され、又は軽減される場合には、その根拠となる法令の条項を登録免許税額欄に登録免許税額（非課税である場合は、その旨）とともに記載する。

なお、登録免許税額の算出について、登録免許税法以外の法令による税の減免規定の適用はないものとする。

8　第36問答案用紙の**各欄に記載する文字は字画を明確にし**、訂正、加入又は削除をするときは、訂正は訂正すべき字句に線を引き、近接箇所に訂正後の字句を記載し、加入は加入する部分を明示して行い、削除は削除すべき字句に線を引いて、訂正、加入又は削除をしたことが明確に分かるように記載すること。ただし、押印や字数を記載することを要しない。

【添付情報一覧】

ア　解除証書（別紙 3）
イ　遺産分割協議書（別紙 4）
ウ　抵当権追加設定契約証書（別紙 5）
エ　登記原因証明情報（本件売買契約に基づき司法書士鈴木一郎が作成し、関係当事者全員が記名押印したもの）
オ　登記原因証明情報（**【事実関係】**5 から 7 までに基づき司法書士鈴木一郎が作成し、関係当事者全員が記名押印したもの）
カ　順位変更契約書（**【事実関係】**9 に基づき関係当事者全員が作成記名押印したもの）
キ　登記識別情報（年月日受付第何号のもの又は何某が何土地の何区何番で通知を受けたもの）
ク　Ｂの印鑑に関する証明書
ケ　Ｃの印鑑に関する証明書
コ　Ｄの印鑑に関する証明書
サ　Ｒの印鑑に関する証明書
シ　Ｔの印鑑に関する証明書
ス　Ａの住民票の写し
セ　Ｓの住民票の写し（**【事実関係】**3 の住所の変更の事実が記載されたもの）
ソ　成年被後見人Ｓに係る登記事項証明書
タ　登記原因につき第三者の許可、同意又は承諾を証する情報及び当該情報の作成者の印鑑に関する証明書（何某のもの）
チ　登記上の利害関係を有する第三者の承諾を証する情報及び当該情報の作成者の印鑑に関する証明書（何某のもの）
ツ　本人確認情報（何某の本人確認をしたもの）

別紙1　甲土地の登記事項証明書（抜粋）

表　題　部（土地の表示）		調製	余白		不動産番号	【略】
地図番号	【略】	筆界特定	余白			
所　　在	水戸市三の丸一丁目				余白	
① 地　番	② 地　目	③ 地　積　　㎡			原因及びその日付〔登記の日付〕	
1番18	雑種地	300			【略】	

権利部（甲区）（所有権に関する事項）			
順位番号	登記の目的	受付年月日・受付番号	権利者その他の事項
1	所有権移転	平成22年2月8日 第50号	原因　平成22年1月11日相続 所有者　東京都千代田区丸の内一丁目2番3号 S
2	所有権移転	平成26年3月3日 第80号	原因　平成26年3月3日譲渡担保 所有者　東京都千代田区麹町四丁目18番4号 T

別紙2　乙土地の登記事項証明書（抜粋）

表　題　部（土地の表示）		調製	余白	不動産番号	【略】
地図番号	【略】	筆界特定	余白		
所　　在	水戸市三の丸一丁目			余白	
①　地　番	②　地　目	③　地　積　㎡		原因及びその日付〔登記の日付〕	
5番12	雑種地	800		【略】	

権　利　部　（　甲　区　）　（　所　有　権　に　関　す　る　事　項　）			
順位番号	登　記　の　目　的	受付年月日・受付番号	権　利　者　そ　の　他　の　事　項
1	所有権移転	昭和52年7月5日 第500号	原因　昭和49年8月3日相続 所有者　笠間市中央三丁目1番1号 J
2	所有権一部移転	平成22年11月19日 第800号	原因　平成22年11月5日売買 共有者　水戸市三の丸一丁目3番5号 持分2分の1　B
3	J持分全部移転	平成28年11月7日 第740号	原因　平成28年11月7日売買 共有者　水戸市三の丸一丁目3番5号 持分2分の1　A

権　利　部　（　乙　区　）　（　所　有　権　以　外　の　権　利　に　関　す　る　事　項　）			
順位番号	登　記　の　目　的	受付年月日・受付番号	権　利　者　そ　の　他　の　事　項
1	B持分抵当権設定	平成28年7月11日 第450号	原因　平成28年7月1日金銭消費貸借同日設定 債権額　金400万円 利息　年2% 連帯債務者　水戸市三の丸一丁目3番5号 A 水戸市三の丸一丁目3番5号 B 抵当権者　水戸市宮町三丁目3番3号 X
2	抵当権設定	平成30年4月9日 第180号	原因　平成30年4月9日金銭消費貸借同日設定 債権額　金700万円 利息　年2% 債務者　水戸市三の丸一丁目3番5号 B 抵当権者　日立市幸町一丁目1番1号 Y
3	根抵当権設定	令和1年8月6日 第430号	原因　令和1年8月6日設定 極度額　金300万円 債権の範囲　金銭消費貸借取引 債務者　水戸市三の丸一丁目3番5号 B 根抵当権者　ひたちなか市石川町五丁目5番地 Z

別紙3　解除証書

解除証書

東京都千代田区丸の内一丁目2番3号
　S　　　　　　　　　　　　　　　　殿

平成26年3月3日付け金銭消費貸借契約に基づく譲渡担保契約を、本日、解除いたします。

不動産の表示　　水戸市三の丸一丁目1番18　雑種地　300㎡

令和2年8月8日

東京都千代田区麹町四丁目18番4号
　T　　　　　　　　　　　　　　　㊞

別紙4　遺産分割協議書

遺産分割協議書

令和4年12月4日に死亡したAの相続に関し、相続人全員において次のとおり遺産分割の協議をした。

相続人Bは、下記不動産を取得する。
水戸市三の丸一丁目1番18の土地
水戸市三の丸一丁目5番12の土地（Aの持分2分の1）

この遺産分割の協議を証するためこの証書を作成し、各相続人が記名押印の上、各人1通を所持する。

令和5年5月19日

A相続人　水戸市三の丸一丁目3番5号
B　㊞
水戸市小吹町2000番地
C　㊞
水戸市小吹町2000番地
D　㊞

別紙5　抵当権追加設定契約証書

抵当権追加設定契約証書

令和5年6月12日

抵当権者　水戸市宮町三丁目3番3号
　　　　　X

抵当権設定者　水戸市三の丸一丁目3番5号
　　　　　　　B　　　　　　　　㊞

第1条（抵当権の追加設定）
　抵当権設定者は、平成28年7月1日付金銭消費貸借契約に基づいて後記1の不動産に設定された抵当権（平成28年7月11日水戸地方法務局受付第450号登記済）の共同担保として、本日後記2の不動産に抵当権を設定しました。

～第2条以下省略～

物件の表示
　1．既存抵当物件　水戸市三の丸一丁目5番12の土地（持分2分の1）
　2．追加抵当物件　水戸市三の丸一丁目1番18の土地
　　　　　　　　　水戸市三の丸一丁目5番12の土地（Bが新たに取得した持分）

商業登記法（R5－37）

司法書士法務星子は、令和5年4月25日に事務所を訪れたコスモ株式会社の代表者から、別紙1から別紙6までの書面のほか、登記申請に必要な書面の提示を受けて確認を行い、別紙13のとおり事情を聴取し、登記すべき事項や登記のための要件などを説明した。そして、司法書士法務星子は、コスモ株式会社の代表者から必要な登記の申請書の作成及び登記申請の代理の依頼を受けた。

また、司法書士法務星子は、同年6月30日に事務所を訪れたコスモ株式会社の代表者及び株式会社サニーの代表者から、同年4月25日に提示を受けた書面に加え、別紙7から別紙12までの書面のほか、登記申請に必要な書面の提示を受けて確認を行い、別紙14のとおり事情を聴取し、登記すべき事項や登記のための要件などを説明した。そして、司法書士法務星子は、コスモ株式会社の代表者及び株式会社サニーの代表者から必要な登記の申請書の作成及び登記申請の代理の依頼を受けた。

司法書士法務星子は、これらの依頼に基づき、登記申請に必要な書面の交付を受け、管轄登記所に対し、同年4月25日及び同年6月30日にそれぞれの登記の申請をすることとした。

以上に基づき、後記の問1から問4までに答えなさい。

問1　令和5年4月25日に司法書士法務星子が申請した登記のうち、当該登記の申請書に記載すべき登記の事由、登記すべき事項、登録免許税額並びに添付書面の名称及び通数を第37問答案用紙の第1欄に記載しなさい。ただし、登録免許税額の内訳については、記載することを要しない。

問2　別紙10の第2号議案で決議された事項に関し、株式会社サニーの代表者から提示を受けた書面及び聴取した内容に照らして、次の(1)及び(2)に答えなさい。

(1) 当該議案について議決権を行使することができる株主の**議決権の数**を第37問答案用紙の第2欄(1)に記載しなさい。

(2) 当該議案の［ア］とある箇所に記載すべき議決権の数を第37問答案用紙の第2欄(2)に記載しなさい。ただし、［ア］の数は、法令及び別紙９記載の定款に定める決議の要件を満たす**最小限の数**とする。

問３　令和５年６月30日に司法書士法務星子が申請した登記のうち、株式会社サニーに関する登記の申請書に記載すべき登記の事由、登記すべき事項、登録免許税額並びに添付書面の名称及び通数を第37問答案用紙の第３欄に記載しなさい、ただし、登録免許税額の内訳については、記載することを要しない。

なお、同時に申請すべきコスモ株式会社に関する登記がある場合には、これについては、記載することを要しない。

問４　令和５年６月30日に司法書士法務星子が別紙14のとおり事情を聴取した際に、別紙14の７で株式会社サニーの代表者から提示を受けた株主名簿について、これに記載されている株主のうち、**保有株式数の多い順に**、株主の氏名又は名称及びその株式の数を第37問答案用紙の第４欄に記載しなさい。ただし、各株主が数次にわたって株式を取得している場合は、その**合計数**により**上位４名のみ**記載するものとし、その他の株主に係る事項は記載することを要しない。

（答案作成に当たっての注意事項）

１　別紙２は、令和５年４月21日現在のコスモ株式会社の定款の抜粋であり、令和４年４月23日以降変更の決議はされておらず、別紙１から別紙７まで及び別紙13に現れている以外には、会社法の規定と異なる定めは、存しない。

２　別紙９は、令和５年４月30日現在の株式会社サニーの定款の抜粋であり、同日以降変更されておらず、別紙７から別紙12まで及び別紙14に現れている以外には、会社法の規定と異なる定めは、存しない。

３　コスモ株式会社及び株式会社サニーを通じて、ＡからＺまでの記号で表示されている者は、自然人又は法人であって、いずれも同じ記号の者が各々同一の自然人又は法人であるものとする。

４　株式会社サニーは、設立以来、最終事業年度に係る貸借対照表の負債の部に計上した額の合計額が200億円以上となったことはないものとする。

５　東京都港区は東京法務局港出張所、名古屋市は名古屋法務局の管轄である。別紙１から別紙14までに現れるコスモ株式会社及び株式会社サニー以外の全ての法人の本店又は主たる事務所の所在地は、コスモ株式会社又は株式会社サニーの本店の所在地の管轄登記所の管轄と異なる。

6　別紙中、（略）と記載されている部分及び記載が省略されている部分には、いずれも有効な記載があるものとする。
7　被選任者及び被選定者の就任承諾は、選任され、又は選定された日に適法に得られているものとする。
8　別紙3及び別紙4の定時株主総会には、議決権を行使することができる株主の過半数を有する株主が出席している。
9　別紙10及び別紙12の株主総会には、当該各株主総会の開催日において議決権を行使することができる株主全員が出席している。
10　令和5年6月30日に申請した登記に関し、官庁の許可又は官庁への届出を要する事項はないものとする。
11　登記申請書の添付書面については、全て適式に調えられており、所要の記名・押印がされているものとする。
12　登記の申請に伴って必要となる印鑑の提出手続は、適式にされているものとする。
13　登記申請書の添付書面のうち、就任承諾を証する書面を記載する場合には、第37問答案用紙の第1欄及び第3欄中、**【添付書面の名称及び通数】**欄の『就任承諾を証する書面』の該当欄にその資格及び氏名又は名称を記載すること。なお、就任承諾を証する書面に限り、通数の記載を要しない。
14　登記申請書の添付書面については、他の書面を援用することができる場合でも、これを**援用しない**ものとする。
15　登記申請書の添付書面のうち、株主の氏名又は名称、住所及び議決権数等を証する書面（株主リスト）を記載する場合において、各議案を通じて株主リストに記載する各株主についての内容が変わらないときは、その通数は開催された株主総会ごとに1通を添付するものとする。
16　登記申請書に会社法人等番号を記載することによる登記事項証明書の添付の省略は、しないものとする。
17　租税特別措置法等の特例法による減免規定の適用はないものとする。
18　数字を記載する場合には、算用数字を使用すること。
19　登記申請の懈怠については、考慮しないものとする。
20　第37問答案用紙の**各欄に記載する文字は字画を明確にし**、訂正、加入又は削除をするときは、訂正は訂正すべき字句に線を引き、近接箇所に訂正後の字句を記載し、加入は加入する部分を明示して行い、削除は削除すべき字句に線を引いて、訂正、加入又は削除をしたことが明確に分かるように記載すること。ただし、押印や字数を記載することは要しない。

別紙1

【令和5年4月21日現在のコスモ株式会社に係る登記記録の抜粋】

商号　コスモ株式会社

本店　東京都港区東町1番1号

電子提供措置に関する規定　当会社は、株主総会の招集に際し、株主総会参考書類等の内容である情報について、電子提供措置をとるものとする。

公告をする方法　当会社の公告方法は、電子公告により行う。

https://www.cosumo○○○.com/

目的　1　医療用ソフトウェアの開発、制作、販売

2　医薬品、化学薬品、食品の製造、販売

3　前各号に附帯する一切の業務

単元株式数　100株

発行可能株式総数　2000万株

発行済株式の総数並びに種類及び数

発行済株式の総数　510万9000株

資本金の額　金5億500万円

役員に関する事項　取締役　A　令和4年4月22日重任

取締役　B　令和4年4月22日重任

取締役　C　令和4年4月22日就任

取締役　D　令和5年2月15日就任

取締役・監査等委員　E　令和4年4月22日就任

取締役・監査等委員（社外取締役）　F　令和4年4月22日就任

取締役・監査等委員（社外取締役）　G　令和4年4月22日就任

東京都品川区西町一丁目2番3号

代表取締役　A　令和4年4月22日重任

会計監査人　ビーナス監査法人　令和4年4月22日重任

取締役会設置会社に関する事項　取締役会設置会社

監査等委員会設置会社に関する事項　監査等委員会設置会社

重要な業務執行の決定の取締役への委任に関する事項　重要な業務執行の決定の取締役への委任についての定款の定めがある

会計監査人設置会社に関する事項　会計監査人設置会社

別紙2

【令和5年4月21日現在のコスモ株式会社の定款の抜粋】

（商号）

第1条　当会社は、コスモ株式会社と称する。

（本店の所在地）

第3条　当会社は、本店を東京都港区に置く。

（機関）

第4条　当会社には、株主総会及び取締役のほか、次の機関を置く。

1　取締役会

2　監査等委員会

3　会計監査人

（公告方法）

第5条　当会社の公告方法は、電子公告により行う。

（発行可能株式総数）

第6条　当会社の発行可能株式総数は、2000万株とする。

（単元株式数）

第7条　当会社の単元株式数は、100株とする。

（株主総会の招集）

第10条　当会社の定時株主総会は、毎年4月にこれを招集し、臨時株主総会は、必要に応じこれを招集する。

（電子提供措置に関する規定）

第13条　当会社は、株主総会の招集に際し、株主総会参考書類等の内容である情報について、電子提供措置をとるものとする。

（取締役の員数）

第16条　当会社の取締役（監査等委員である取締役を除く。）は、10名以内とする。

2　当会社の監査等委員である取締役は、5名以内とする。

（取締役の選任）

第17条　取締役は、監査等委員である取締役とそれ以外の取締役とを区別して、株主総会の決議によって選任する。

2　取締役の選任決議は、議決権を行使することができる株主の議決権の3分の1以上を有する株主が出席し、その議決権の過半数をもって行う。

3　取締役の選任決議については累積投票によらない。

（取締役の任期）

第18条　取締役（監査等委員である取締役を除く。）の任期は、選任後1年以内に終了する事業年度のうち最終のものに関する定時株主総会の終結の時までとする。

2　監査等委員である取締役の任期は、選任後2年以内に終了する事業年度のうち最終のものに関する定時株主総会の終結の時までとする。

3　任期の満了前に退任した監査等委員である取締役の補欠として選任された監査等委員である取締役の任期は、退任した監査等委員である取締役の任期の満了する時までとする。

（重要な業務執行の決定の委任）

第28条　取締役会は、会社法第399条の13第6項の規定により、その決議によって重要な業務執行（同条第5項各号に掲げる事項を除く。）の決定の全部又は一部を取締役に委任することができる。

（事業年度）

第38条　当会社の事業年度は、毎年2月1日から翌年1月31日までの年1期とする。

別紙3

【令和4年4月22日開催のコスモ株式会社の定時株主総会における議事の概要】

［報告事項］　令和3年2月1日から令和4年1月31日までの事業報告及び計算書類報告の件

（略）

［決議事項］

第1号議案　定款一部変更の件

（略）

第2号議案　取締役（監査等委員である取締役を除く。）選任の件

（略）

第3号議案　監査等委員である取締役選任の件

（略）

第4号議案　補欠の監査等委員である取締役1名選任の件

法令に定める監査等委員である取締役の員数を欠くこととなる場合に備え、あらかじめ補欠の監査等委員である取締役1名（社外取締役）の選任をすることについて、出席した株主の議決権のうち過半数の賛成をもって可決承認された。

補欠の監査等委員である取締役（社外取締役）　H

別紙４

【令和５年４月21日開催のコスモ株式会社の定時株主総会における議事の概要】

［報告事項］　令和４年２月１日から令和５年１月31日までの事業報告及び計算書類報告の件

（略）

［決議事項］

第１号議案　取締役（監査等委員である取締役を除く。）選任の件

取締役３名を選任することが諮られ、下記のとおり選任することについて、出席した株主の議決権のうち過半数の賛成をもって可決承認された。

取締役　A

取締役　B

取締役（社外取締役）　M

第２号議案　補欠の監査等委員である取締役１名選任の件

法令に定める監査等委員である取締役の員数を欠くこととなる場合に備え、あらかじめ補欠の監査等委員である取締役１名（社外取締役）の選任をすることについて、出席した株主の議決権のうち過半数の賛成をもって可決承認された。

補欠の監査等委員である取締役（社外取締役）　Y

別紙５

【令和５年４月21日開催のコスモ株式会社の取締役会における議事の概要】

第１号議案　代表取締役選定の件
代表取締役を選定することが諮られ、出席取締役全員の一致をもって下記のとおり選定することを可決承認した。なお、被選定者は、席上就任を承諾した。
東京都品川区西町一丁目２番３号　代表取締役　Ａ

第２号議案　吸収分割契約承認の件
別紙（※別紙７）の吸収分割契約を承認することを諮ったところ、出席取締役全員の一致をもって可決承認した。

第３号議案　支店の設置の件
名古屋市に支店を設置したい旨が説明され、具体的な支店の所在場所及び設置日の決定を取締役Ｂに委任したい旨を諮ったところ、出席取締役全員の一致をもって可決承認した。

別紙６

【令和５年４月22日付けのコスモ株式会社の取締役Ｂの決定の概要】

私は、令和５年４月21日付け取締役会の第３号議案に基づき、当会社の支店を以下のとおり設置することを決定した。

支店の所在場所　　名古屋市西区本町８番地
設置日　令和５年４月23日

令和５年４月22日　取締役　Ｂ

別紙7

【令和5年4月21日付け吸収分割契約書の抜粋】

ただし、吸収分割契約において、会社法上定めなければならない事項の全てが現れている。

> 株式会社サニー（住所（略））（以下「甲」という。）及びコスモ株式会社（住所（略））（以下「乙」という。）は、次のとおり吸収分割契約を締結する。
>
> （吸収分割の方法）
> 第1条　甲は、吸収分割により、乙から乙の営む「食品に使用する添加物の製造事業」（以下「本件事業」という。）に関する権利義務を承継し、乙は甲にこれを承継させる。
>
> （承継する権利義務）
> 第2条　甲が乙から承継する権利義務は、乙の本件事業に関する資産、債務、雇用契約、その他の権利義務とし、別紙「承継財産の明細」記載のとおりとする。
>
> （分割対価）
> 第3条　甲は、吸収分割に際して、株式2000株を新たに発行し、乙に対してこれを交付する。
>
> （増加すべき資本金及び準備金の額等）
> 第4条　吸収分割により、甲の増加すべき資本金及び準備金の額等は、次のとおりとする。
> (1)　増加する資本金の額　金500万円
> (2)　増加する準備金その他の増加額
> 　　会社計算規則に従い、甲が定める。
>
> （効力発生日）
> 第5条　効力発生日は、令和5年6月25日とする。
>
> （以下略）
>
> 別紙「承継財産の明細」（略）

別紙8

【令和5年6月19日現在の株式会社サニーに係る登記記録の抜粋】

商号　株式会社サニー

本店　名古屋市中区丸の内一丁目1番地

公告をする方法　官報に掲載してする。

会社成立の年月日　平成18年7月3日

目的　1　食品の製造、加工、販売

　　　2　飲食店の経営

　　　3　前各号に附帯する一切の業務

発行可能株式総数　10万株

発行済株式の総数並びに種類及び数

　発行済株式の総数　5000株

株券を発行する旨の定め　当会社の株式については、株券を発行する。

資本金の額　金1000万円

株式の譲渡制限に関する規定

　当会社の株式を譲渡により取得する場合は、株主総会の承認を受けなければならない。

役員に関する事項　取締役　N　令和1年6月30日就任

　　　　　　　　　取締役　J　令和2年6月22日重任

　　　　　　　　　取締役　R　令和2年6月22日重任

　　　　　　　　　取締役　S　令和3年5月7日就任

　　　　　　　　　岐阜市長良町5番地

　　　　　　　　　代表取締役　S　令和3年5月7日就任

　　　　　　　　　監査役　W　令和2年6月22日重任

　　　　　　　　　監査役　Z　令和3年6月29日就任

監査役設置会社に関する事項　監査役設置会社

別紙９

【令和５年４月30日現在の株式会社サニーの定款の抜粋】

（商号）
第１条　当会社は、株式会社サニーと称する。

（公告方法）
第４条　当会社の公告は、官報に掲載してする。

（機関）
第５条　当会社には、株主総会及び取締役のほか、監査役を置く。

（発行可能株式総数）
第６条　当会社の発行可能株式総数は、10万株とする。

（株券の発行）
第７条　当会社の株式については、株券を発行する。

（株式の譲渡制限）
第８条　当会社の株式を譲渡により取得する場合は、株主総会の承認を受けなければならない。

（基準日）
第９条　当会社は、毎事業年度末日の最終の株主名簿に記載された株主をもって、その事業年度に関する定時株主総会において権利を行使することができる株主とする。

（招集時期）
第10条　当会社の定時株主総会は、毎事業年度の終了後３か月以内に招集し、臨時株主総会は、必要がある場合に招集する。

（株主総会の決議の方法）
第14条　株主総会の決議は、法令又は本定款に別段の定めがある場合を除き、出席した議決権を行使することができる株主の議決権の過半数をもって行う。

2　会社法第309条第2項に定める決議は、議決権を行使することができる株主の議決権の3分の2以上を有する株主が出席し、出席した当該株主の議決権の4分の3以上に当たる多数をもって行う。

（取締役の員数）

第16条　当会社の取締役は、3名以上10名以内とする。

（取締役の任期）

第19条　取締役の任期は、選任後4年以内に終了する事業年度のうち最終のものに関する定時株主総会の終結の時までとする。

（代表取締役）

第20条　当会社は、取締役の互選により代表取締役を選定する。

（監査役の員数）

第21条　当会社の監査役は、2名とする。

（監査役の任期）

第23条　監査役の任期は、選任後4年以内に終了する事業年度のうち最終のものに関する定時株主総会の終結の時までとする。

（事業年度）

第25条　当会社の事業年度は、毎年5月1日から翌年4月30日までの年1期とする。

別紙 10

【令和 5 年 6 月 19 日開催の株式会社サニーの定時株主総会における議事の概要】

［決議事項］

第 1 号議案　計算書類承認の件

別紙計算書類(第 17 期：令和 4 年 5 月 1 日から令和 5 年 4 月 30 日まで)の承認を求めたところ、出席した株主の議決権のうち過半数の賛成をもって可決承認された。

第 2 号議案　吸収分割契約承認の件

別紙(※別紙 7)の吸収分割契約を承認することを諮ったところ、出席した株主の議決権のうち［ ア ］個の賛成をもって可決承認された。

〜〜

第 1 号議案別紙

第 17 期末(令和 5 年 4 月 30 日現在)の貸借対照表の抜粋(単位：円)

流動資産	13, 750, 000	負債合計	248, 691, 000
固定資産	262, 441, 000	資本金	10, 000, 000
		資本準備金	10, 000, 000
		利益剰余金	11, 500, 000
		自己株式	△4, 000, 000
		純資産合計	27, 500, 000
資産合計	276, 191, 000	負債・純資産合計	276, 191, 000

その他の計算書類　(略)

株主資本変動計算書

注記事項　第 17 期末自己株式の数　1000 株

以下(略)

〜〜

別紙11

【令和5年4月30日現在の株式会社サニーの株主名簿の抜粋】

取得年月日、株券の番号に関する記載は省略

番号	株主の住所	株主の氏名又は名称	株式の数
1	（略）	N	1400株
2	名古屋市中区丸の内一丁目1番地	株式会社サニー	1000株
3	（略）	合同会社X	600株
4	（略）	R	500株
5	（略）	株式会社K	400株
6	岐阜市長良町5番地	S	300株
7	（略）	T	200株
8	（略）	（略）	（略）
15	（略）	（略）	（略）
合計			5000株

ただし、登録株式質権者は、存在しない。

別紙 12

【令和 5 年 6 月 26 日開催の株式会社サニーの臨時株主総会における議事の概要】

［決議事項］

第 1 号議案　取締役選任の件

取締役 1 名を選任することが諮られ、下記のとおり満場一致をもって可決承認された。

取締役　B

第 2 号議案　募集株式の発行

下記要領にて、当会社の発行する株式又は処分する自己株式を引き受ける者の募集をすることが諮られ、満場一致をもって可決承認された。

(1) 募集株式の数　5000 株

ただし、このうち 1000 株は、当会社の自己株式を割り当てる。

(2) 払込金額　1 株につき、金 1 万円

(3) 払込期日　令和 5 年 6 月 29 日

(4) 割当方法　第三者割当とし、下記の者から申込みがされることを条件とする。

N	500 株
合同会社X	3600 株
株式会社Q	900 株

(5) 増加する資本金の額　会社計算規則に基づき算出される資本金等増加限度額の 2 分の 1 を乗じて得た額（ただし、1 円未満切上げ）とする。

(6) 増加する資本準備金の額　資本金等増加限度額から(5)を減じて得た額

別紙13

【司法書士法務星子の聴取記録（令和5年4月25日）】

1　コスモ株式会社の令和4年4月22日に開催された定時株主総会の議事の概要は、別紙3に記載されているとおりであり、第1号議案から第3号議案までに関して必要となる登記は、全て別紙1に登記されている。

2　監査等委員である取締役Gは、令和5年4月1日死亡し、同日遺族である配偶者からコスモ株式会社に対して死亡の届出がされている。

3　コスモ株式会社の令和5年4月21日に開催された定時株主総会の終結後直ちに開催された取締役会には、取締役及び監査等委員である取締役の全員が出席し、その議事の概要は別紙5に記載されているとおりである。また、別紙5の取締役会議事録には、Aが登記所に提出している印鑑が押印されている。

4　別紙6で決定された支店は、当該決定で定めた設置日までに現実に支店の開設が完了している。

5　全ての定時株主総会において、選任された社外取締役又は補欠の社外取締役は、社外取締役の要件を満たしている。

別紙 14

【司法書士法務星子の聴取記録（令和 5 年 6 月 30 日）】

1　別紙 10 の株式会社サニーの令和 5 年 6 月 19 日に開催された定時株主総会に関して、別紙 9 の定款に定める基準日以後に株式を取得したものは、存しない。

2　別紙 7 の吸収分割契約に係る吸収分割は、吸収分割契約書の記載のとおり効力が発生した。

(1)　コスモ株式会社は、当該吸収分割により株式会社サニーに承継させる資産の帳簿価額の合計額がコスモ株式会社の総資産額として法務省令により定まる額の 5 分の 1 を超えず、簡易分割の要件に該当するため、コスモ株式会社は、当該吸収分割契約について株主総会の承認決議を経ていない。

(2)　当該吸収分割に関する債権者の保護手続は、法令上必要とされる範囲で適法に行われた。なお、コスモ株式会社及び株式会社サニーには異議を述べることができる知れている債権者が存在したが、異議を述べた債権者はいなかった。また、不法行為によって生じたコスモ株式会社の債務の債権者は存在しない。

(3)　株式会社サニーに対して、当該吸収分割に反対した株主による株式買取請求はされなかった。

(4)　当該吸収分割契約書第 4 条に定める増加する資本金の額は、会社法及び会社計算規則に従って計上されている。

(5)　当該吸収分割契約には、吸収分割の効力発生日に剰余金の配当をする定めはなく、「承継財産の明細」にコスモ株式会社が有する株式会社サニーの株式の記載はない。また、コスモ株式会社は、種類株式発行会社ではなく、新株予約権を発行していない。

(6)　会社分割に伴う労働契約の承継等に関する法律に基づく所要の手続は、適法に完了している。

3　別紙 10 の第 1 号議案別紙で示された貸借対照表の抜粋中、自己株式の項目は、株式会社サニーが保有する株式の帳簿価格をもって純資産の部から控除項目として表示しており、自己株式について、令和 5 年 5 月 1 日以降別紙 7 から別紙 14 までから判明する事実のほか変動はない。

4　別紙 11 の令和 5 年 4 月 30 日現在における株式会社サニーの株主名簿の抜粋は、保有する株式の数の多い順に記載がされており、株主の氏名又は名称欄の（略）とある部分には、別紙 11 に表示された番号 1 から 7 までに記載された以外の自然人である株主の氏名が記載されている。なお、株式会社サニーは、設立以来、他の株式会社の株式を保有したことはない。

5　別紙 12 は、株式会社サニーの令和 5 年 6 月 26 日に開催された臨時株主総会の議事の概要である。

6　N、合同会社X及び株式会社Qは、別紙 12 の第 2 号議案に係る募集株式について、それぞれ適法に申込みをし、払込期日に払込金の全額の払込みをしたので、株式会社サニーの保有する自己株式の全部に加えて新規に発行する株式が割り当てられた。

7　株式会社サニーの代表者から提示を受けた令和 5 年 6 月 30 日付けの株主名簿の内容について確認したところ、別紙 7 から別紙 12 まで及び別紙 14 の 1 から 6 までにおいて判明する事実が全て適切に記載されており、当該事実以外の株主の氏名又は名称及び株式の数の異動は、記載されていなかった。

第１欄

	（１）	（２）	（３）
登記の目的			
申請事項等　登記原因及びその日付			
申請事項等　上記以外の申請事項等			
添付情報			
登録免許税			

第１欄

	（４）
登記の目的	
申請事項等　登記原因及びその日付	
申請事項等　上記以外の申請事項等	
添付情報	
登録免許税	

第２欄

結論	
理由	

第３欄

		（１）	（２）	（３）
登記の目的				
申請事項等	登記原因及びその日付			
	上記以外の申請事項等			
添付情報				
登録免許税				

第３欄

		（４）
登記の目的		
申請事項等	登記原因及びその日付	
	上記以外の申請事項等	
添付情報		
登録免許税		

第４欄（１）

配当額	

第４欄（２）

① 登記の形式	
② 登記の目的	
③ 登記原因及びその日付	
④ 申請人	

第１欄

【登記の事由】

【登記すべき事項】

【登録免許税額】

【添付書面の名称及び通数】

『就任承諾を証する書面』（本欄に限り、通数の記載は要しない。）

資格	氏名又は名称

資格	氏名又は名称

第２欄

（１）

（２）

第３欄

【登記の事由】

【登記すべき事項】

【登録免許税額】

【添付書面の名称及び通数】

『就任承諾を証する書面』(本欄に限り、通数の記載は要しない。)

資格	氏名又は名称

資格	氏名又は名称

第４欄

株主の氏名又は名称	その株式の数　(株)

第１欄

（１）

登記の目的		２番所有権抹消
申請事項等	登記原因及びその日付	令和２年８月８日譲渡担保契約解除
	上記以外の申請事項等	権利者　S 義務者　T
添付情報		ア、キ（平成26年３月３日受付第80号のもの）、シ、セ、ソ
登録免許税		金1,000円

（２）

登記の目的		１番所有権登記名義人住所変更　※１
申請事項等	登記原因及びその日付	令和３年２月10日住所移転
	上記以外の申請事項等	変更後の事項　※２ 　住所　東京都台東区上野三丁目１番19号 申請人　S
添付情報		セ、ソ
登録免許税		金1,000円

※１　「１番登記名義人住所変更」と記載しても誤りでないと解される。
※２　「変更後の事項」を記載しなくとも誤りでないと解される。

（３）

登記の目的		所有権移転
申請事項等	登記原因及びその日付	令和４年２月18日売買
	上記以外の申請事項等	権利者　A 義務者　S 登記識別情報を提供することができない理由　失念
添付情報		エ、サ、ス、ソ、タ（Uのもの）、ツ（Rの本人確認をしたもの）
登録免許税		金15万2,500円

（4）

<table>
<tr><td colspan="2">登記の目的</td><td>登記不要</td></tr>
<tr><td rowspan="2">申請事項等</td><td>登記原因
及びその日付</td><td></td></tr>
<tr><td>上記以外の
申請事項等</td><td></td></tr>
<tr><td colspan="2">添付情報</td><td></td></tr>
<tr><td colspan="2">登録免許税</td><td></td></tr>
</table>

第２欄

結論	主張することができない
理由	不動産が譲渡担保の目的とされ、設定者から譲渡担保権者へと所有権移転登記が経由された場合において、譲渡担保権が消滅した後に目的不動産が譲渡担保権者から第三者へと譲渡されたときは、当該第三者が背信的悪意者でない限り、譲渡担保権の設定者は登記なくしてその所有権を当該第三者に対抗することができないとされている以上、先に登記を備えたａがＳに優先することとなるため。

※　理由については、「登記なくして第三者に対抗することができない」旨が記載されていれば良いものと解される。

第３欄

（1）

<table>
<tr><td colspan="2">登記の目的</td><td>１番抵当権変更</td></tr>
<tr><td rowspan="2">申請事項等</td><td>登記原因
及びその日付</td><td>令和４年12月４日連帯債務者Ａの相続</td></tr>
<tr><td>上記以外の
申請事項等</td><td>変更後の事項　※１・２
　連帯債務者　水戸市三の丸一丁目３番５号　Ｂ
　　　　　　　水戸市小吹町2000番地　Ｃ
　　　　　　　水戸市小吹町2000番地　Ｄ
権利者　Ｘ
義務者　Ｂ</td></tr>
<tr><td colspan="2">添付情報</td><td>オ、キ（平成22年11月19日受付第800号のもの）</td></tr>
<tr><td colspan="2">登録免許税</td><td>金1,000円</td></tr>
</table>

※１　「変更後の事項」を記載しなくとも誤りでないと解される。

※２　「変更後の事項
　　連帯債務者（被相続人　A）
　　　　　　水戸市三の丸一丁目３番５号　B
　　　　　　水戸市小吹町2000番地　C
　　　　　　水戸市小吹町2000番地　D　　　」
　と記載しても誤りでないと解される。

（２）

<table>
<tr><td colspan="2">登記の目的</td><td>１番抵当権変更</td></tr>
<tr><td rowspan="2">申請事項等</td><td>登記原因及びその日付</td><td>令和５年５月21日連帯債務者C及びDの免責的債務引受　※１</td></tr>
<tr><td>上記以外の申請事項等</td><td>変更後の事項　※２
　連帯債務者　水戸市三の丸一丁目３番５号　B
権利者　X
義務者　B</td></tr>
<tr><td colspan="2">添付情報</td><td>オ、キ（平成22年11月19日受付第800号のもの）</td></tr>
<tr><td colspan="2">登録免許税</td><td>金1,000円</td></tr>
</table>

※１　「令和５年５月21日連帯債務者C及びDの債務引受」と記載しても誤りでないと解される。
※２　「変更後の事項」を記載しなくとも誤りでないと解される。

（３）

<table>
<tr><td colspan="2">登記の目的</td><td>１番抵当権の効力を所有権全部に及ぼす変更（付記）</td></tr>
<tr><td rowspan="2">申請事項等</td><td>登記原因及びその日付</td><td>平成28年７月１日金銭消費貸借令和５年６月12日設定</td></tr>
<tr><td>上記以外の申請事項等</td><td>権利者　X
義務者　B</td></tr>
<tr><td colspan="2">添付情報</td><td>ウ、キ（Bが乙土地の甲区４番で通知を受けたもの）、ク、チ（Y及びZのもの）</td></tr>
<tr><td colspan="2">登録免許税</td><td>金1,500円（登録免許税法第13条第２項）</td></tr>
</table>

（４）

登記の目的	２番、３番順位変更
申請事項等 登記原因及びその日付	令和５年６月14日合意
申請事項等 上記以外の申請事項等	変更後の順位　※１・２ 　第１　２番抵当権 　第１　３番根抵当権 申請人　Y 　　　　Z
添付情報	カ、キ（平成30年４月９日受付第180号及び令和１年８月６日受付第430号のもの）
登録免許税	金2,000円

※１　「変更後の順位」を記載しなくとも誤りでないと解される。

※２　「変更後の順位　第１　２番抵当権　３番根抵当権」と記載しても誤りでないと解される。

第４欄（１）

配当額	X…300万円、Y…200万円、Z…100万円

第４欄（２）

①　登記の形式	付記登記
②　登記の目的	１番抵当権代位
③　登記原因及びその日付	令和６年２月14日民法第392条第２項による代位
④　申請人	権利者　Y 義務者　X

本問の重要論点一覧表

出題範囲	重要論点	解説箇所
譲渡担保契約解除による所有権の登記の抹消	不動産についての譲渡担保契約を解除した場合、「年月日譲渡担保契約解除」を原因とする所有権の登記の抹消を申請することができる。	P300参照
	所有権の登記の抹消を申請する場合において、その登記権利者となる前所有権登記名義人の登記記録上の住所が現在の住所と一致しないときは、前登記名義人の住所の変更を証する情報を添付して、その登記の抹消を申請することとなる。	P300参照
売買による所有権移転登記及び前提としての登記名義人住所変更登記	所有権の移転の登記を申請する場合において、登記義務者の登記記録上の住所と現在の住所が一致しないときは、その登記を申請する前提として、登記義務者の住所の変更登記を申請しなければならない。	P304参照
	成年被後見人所有の不動産につき売買による所有権移転登記を申請する場合において、成年後見監督人があるときは、その同意書を添付することを要する。	P305参照
問２の検討	不動産を目的として設定された譲渡担保権について、その権利が消滅した後に目的不動産が譲渡担保権者から第三者へと譲渡されたときは、譲渡担保権設定者は登記なくしてその所有権を当該第三者に対抗することができない。	P309参照
相続による所有権移転及び持分全部移転登記	所有権登記名義人が死亡し、その共同相続登記がされる前に遺産分割協議が成立した場合、協議により定めた相続分に従って、相続を原因とする所有権移転登記を申請することができる。	P310参照
連帯債務者のうちの一人についての相続及び免責的債務引受による抵当権変更登記	抵当権の連帯債務者のうちの一人が死亡した場合において、債務引受契約により共同相続人のうち一人が抵当権付債務を引き受けたときは、「年月日連帯債務者何某の相続」を原因とする抵当権の変更登記を申請した上で、「年月日連帯債務者何某の免責的債務引受」を原因とする抵当権の変更登記を申請することとなる。	P311参照
及ぼす変更登記及び抵当権の追加設定登記	及ぼす変更登記を申請する場合において、新たに抵当権の効力を及ぼす部分についての後順位の担保権者がいるときは、その者の承諾書を提供することを要する。	P315参照
順位変更の登記	順位変更は、抵当権と元本確定前の根抵当権の間においてもすることができ、また、順位変更により異順位の担保権を同順位とすることもできる。	P319参照
問４の検討	共同抵当権の目的不動産のうち一の不動産について競売手続がされた場合において、その競売により全額の配当を受けることができなかった後順位抵当権者は、その配当実施の日をもって、「年月日民法第392条第２項による代位」を原因とする抵当権の代位の登記を申請することができる。	P322参照

事件の概要

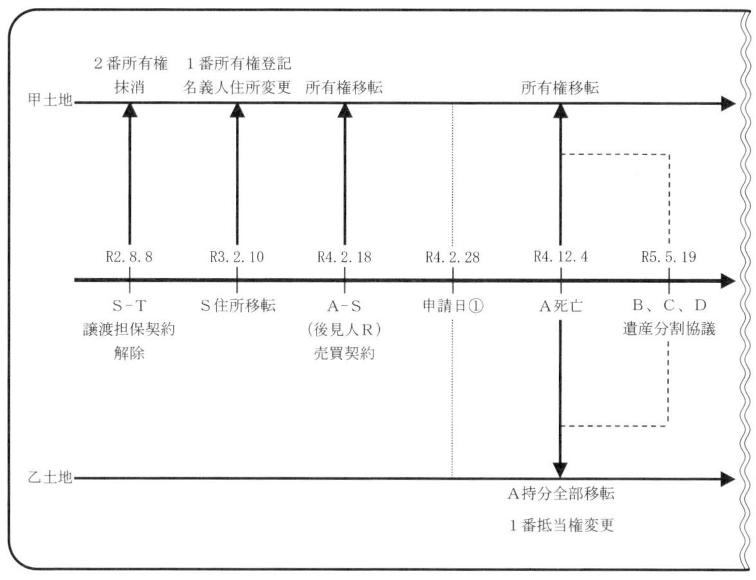
甲土地
2番所有権
抹消
1番所有権登記
名義人住所変更
所有権移転
所有権移転
R2. 8. 8
R3. 2. 10
R4. 2. 18
R4. 2. 28
R4. 12. 4
R5. 5. 19
S－T
譲渡担保契約
解除
S住所移転
A－S
(後見人R)
売買契約
申請日①
A死亡
B、C、D
遺産分割協議
乙土地
A持分全部移転
1番抵当権変更

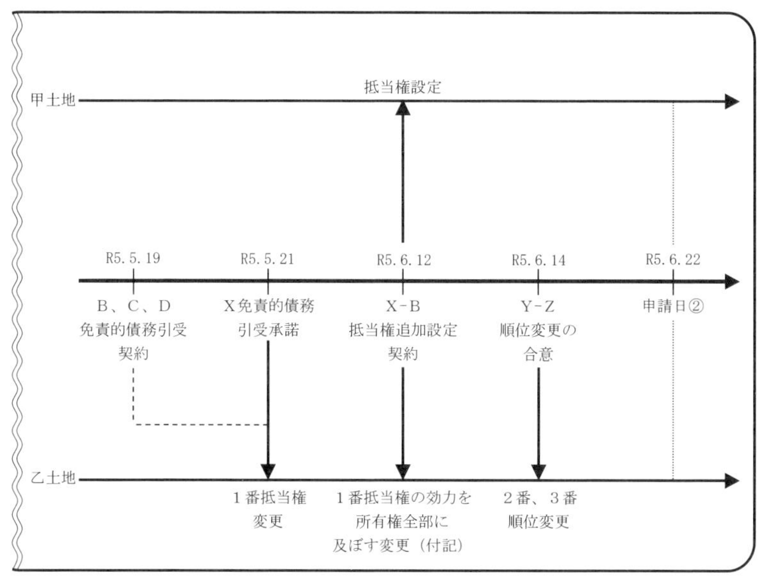
甲土地
抵当権設定
R5. 5. 19
R5. 5. 21
R5. 6. 12
R5. 6. 14
R5. 6. 22
B、C、D
免責的債務引受
契約
X免責的債務
引受承諾
X－B
抵当権追加設定
契約
Y－Z
順位変更の
合意
申請日②
乙土地
1番抵当権
変更
1番抵当権の効力を
所有権全部に
及ぼす変更(付記)
2番、3番
順位変更

譲渡担保契約解除による所有権の登記の抹消

一　問題の所在

令和２年８月８日に、ＳとＴが、甲土地についての譲渡担保契約を解除していることから、当該事実に基づく登記の申請手続について、前提としてのＳの住所変更登記の要否を踏まえて検討する。

二　問題点　譲渡担保契約解除による所有権の登記の抹消に関する検討

１．前提の知識

○　譲渡担保契約を解除した場合における登記手続

不動産についての譲渡担保契約を解除した場合、その登記は、譲渡担保権者名義の所有権の登記の抹消の方法によっても譲渡担保権者から譲渡担保権設定者への所有権の移転登記の方法によっても申請することができる（登研849-116)。当該登記を申請する場合、その登記原因についてはいずれも「年月日譲渡担保契約解除」と記載することとされている。

○　所有権の登記の抹消の前提としての前登記名義人の表示変更（更正）登記の要否

所有権の登記の抹消を申請する場合において、その登記権利者となる前所有権登記名義人の登記記録上の住所等が現在の住所等と一致しないときは、前所有権登記名義人の住所等の変更（更正）を証する情報を提供して、その登記の抹消を申請することとなる（登研463-83)。

２．本問へのあてはめ

本問では、【事実関係】２及び別紙３より、令和２年８月８日に、ＳとＴが、甲土地についての譲渡担保契約を解除していることが分かる。

以上より、令和４年２月28日に、甲土地について、「令和２年８月８日譲渡担保契約解除」を原因として「２番所有権抹消」登記を申請する。

なお、【事実関係】３より、令和３年２月10日に、当該登記の抹消の登記権利者となるＳが、東京都台東区上野三丁目１番19号に住所を移転していることが分かるが、この場合、Ｓの住所に変更が生じたことを証する書面を添付して当該登記の抹消を申請した後、Ｓの住所変更登記を申請することとなる（P304参照)。

※　上述のとおり、譲渡担保契約が解除された場合、その登記は所有権の移転登記の方法によっても申請することができるとされている以上、本問においては、「譲渡担保契約解除」を原因とする所有権の移転登記の方法によっても申請することができる。当該方法により申請した場合、解答例記載の方法より登録免許税額は高額となるものの、Ｓについては「東京都台東区上野三丁目１番19号」の住所をもって記録することができる以上、(登記名義人の住所変更登記の申請が不要となり) 申請する登記の件数が少なくなることとなる。しかし、〔事実関係に関する補足〕３(3)には、「申請件数及び登録免許税の額が最も少なくなるように登記を申請する」とあるのみであって、上記のように申請件数が最少となる登記の申請方法と登録免許税額が最少となる登記の申請方法が異なる場合に、どちらの方法により申請すべきであるかについては、本問の記載からは判断することができない。

この点、①司法書士が依頼者に対して登録免許税の額が高くなる申請方法を提示し、その方法により登記を申請することは司法書士の職責に照らして妥当ではないこと、②所有権移転登記の方法により申請した場合、登記権利者たるＳに登記識別情報が通知され（事実関係に関する補足５)、当該登記識別情報を売買を原因とする所有権移転登記の申請に際して提供することができる（したものとみなされる）ことから、問題文冒頭にある「当該申請に必要な本人確認情報を作成した」の文言と乖離すること、③本問が「登記名義人の表示変更登記は現に効力を有する登記の名義人についてのものでなければ申請することができない」といった論点を踏まえて作成されていると推察することができることから、(問題文の指示が不十分であることは否めないものの、) 本書においては、登記の抹消の方法により申請するものとして解答例及び解説を作成している。

申請情報に関する事項

《２番所有権抹消》甲土地

(1)　登記の目的

「２番所有権抹消」とする。

(2)　登記原因及びその日付

「令和２年８月８日譲渡担保契約解除」とする。

(3)　申請人

「権利者　Ｓ　※
　義務者　Ｔ　　」とする。

※　【事実関係】４より、令和３年９月２日に、ＲがＳの成年後見人に選任

されたことが分かるが、申請書にはRの氏名等を記載することを要しない。

(4) 申請情報と併せて提供することが必要な情報(添付情報)

ア 登記原因証明情報(不登61条、不登令7条1項5号ロ)

登記原因証明情報とは、権利に関する登記における登記の原因となる事実又は法律行為を証する情報をいう。

権利に関する登記を申請する場合には、申請人は、法令に別段の定めがある場合を除き、その申請情報と併せて登記原因を証する情報を提供しなければならない(不登61条)。登記の正確性をより向上させるためには、登記原因があったことを確認して登記する必要があるからである。

登記名義人の氏名等についての変更又は更正の登記を申請するときは、登記名義人の氏名若しくは名称又は住所について変更又は錯誤若しくは遺漏があったことを証する市町村長、登記官、その他の公務員が職務上作成した情報(公務員が職務上作成した情報がない場合にあっては、これに代わるべき情報)が添付情報となる(不登令別表23添付情報欄)。

本問では、解除証書(別紙3)を添付することから、【添付情報一覧】より「ア」を選択する。

イ 登記識別情報(不登22条、不登令8条)

登記識別情報とは、不動産登記法22条本文の規定により登記名義人が登記を申請する場合において、当該登記名義人自らが当該登記を申請していることを確認するために用いられるものであり、アラビア数字その他の符号の組合せにより不動産及び登記名義人となった申請人ごとに定める情報で、登記名義人を識別することができるものをいう(不登2条14号、不登規61条)。

登記権利者及び登記義務者が共同して権利に関する登記の申請をする場合その他登記名義人が政令で定める登記の申請をする場合、申請人は、その申請情報と併せて登記義務者等の登記識別情報を提供しなければならない(不登22条)。登記義務者等の本人性の確認をするためである。

なお、オンライン指定後も、従前の登記済証を書面による申請における添付書面として利用することができ、登記済証を提出すれば、登記識別情報が提供されたものとみなされる(不登附則7条)。

本問では、Tの平成26年3月3日水戸地方法務局受付第80号の登記識別情報を提供することから、【添付情報一覧】より「キ」を選択した上で、「キ(平成26年3月3日受付第80号のもの)」の要領で記載する。

ウ 印鑑に関する証明書(不登令18条2項、不登規49条2項)

委任による代理人によって登記を申請する場合、法務省令で定める場合を除き、申請人又はその代表者が、当該代理人の権限を証する情報を記載した書面(委任状)に記名押印しなければならず、当該書面には、法務省令で定める場合を除き、記名押印した者（委任による代理人を除く。）の印鑑に関する証明書（原則として、市町村長又は登記官が作成するもの）を添付しなければならない。登記義務者の登記申請意思を登記官が形式的に確認し、真正な登記の実現を図る必要があるからである。

本問では、Ｔの印鑑に関する証明書を添付することから、【添付情報一覧】より「シ」を選択する。

エ　代理人の権限を証する情報（不登令７条１項２号）

登記の申請を代理人により行う場合には、一定の場合を除き、代理人の権限を証する情報を提供しなければならない。登記の申請が申請人の意図しているとおりのものであるか否かを登記官が確認する必要があるためである。

本問では、成年被後見人Ｓに係る登記事項証明書、Ｒ及びＴの委任状を添付することから、【添付情報一覧】より「ソ」を選択する。

オ　変更証明情報（登研463-83）

本問では、Ｓの住民票の写しを添付することから、【添付情報一覧】より「セ」を選択する。

(5)　登録免許税

不動産１個につき、金1,000円である（登録税別表1.1.(15)）。

以上より、金1,000円となる。

売買による所有権移転登記及び前提としての登記名義人住所変更登記

一　問題の所在

令和３年２月10日に、Ｓが東京都台東区上野三丁目１番19号に住所を移転した後、令和４年２月18日に、Ａと成年被後見人Ｓの成年後見人Ｒが、甲土地の売買契約を締結していることから、当該事実に基づく登記の申請手続について、成年後見人が一定の行為をする場合には成年後見監督人の同意を要する点を踏まえて検討する。

二　問題点①　前提としての登記名義人の住所変更登記に関する検討

１．前提の知識

○　登記名義人住所（氏名）変更・更正登記

登記名義人住所（氏名）（法人であれば、本店・商号）変更・更正登記とは、登記名義人の現在の住所、氏名等が登記記録上の表示と一致しない場合に、これを一致させるためにする登記のことである。

登記名義人住所（氏名）変更登記は、その権利の主体には何ら変更がなく、その表示に後発的に変更が生じたときに申請することができ、その表示に原始的に誤りがあるときは、登記名義人住所（氏名）更正登記を申請する。なお、これらの登記は、登記名義人が単独で申請することができるとされている（不登64条１項）。

○　前提としての登記名義人表示変更（更正）登記の要否

所有権その他の権利の移転又は変更等の登記を申請する場合において、登記義務者の登記記録上の住所等と現在の住所等が一致しないときは、その登記を申請する前提として、登記義務者の住所等の変更（更正）登記を申請しなければならない。

２．本問へのあてはめ

本問では、【事実関係】３より、令和３年２月10日に、Ｓが東京都台東区上野三丁目１番19号に住所を移転していることが分かる。よって、譲渡担保契約の解除の結果Ｓが所有することとなる甲土地（P300参照）につき、後述する売買による所有権の移転登記を申請する前提として、Ｓの住所の変更登記を申請することとなる。

以上より、令和４年２月28日に、甲土地について、「令和３年２月10日住所移転」を原因として「１番所有権登記名義人住所変更」登記を申請する。

三　問題点②　売買による所有権移転登記に関する検討

１．前提の知識

○　売買

売買とは、当事者の一方がある財産権を相手方に移転することを約し、相手方がこれに対してその代金を支払うことを約することによって成立する契約のことである。なお、売買代金の授受は、売買契約成立のための要件ではない。

○　成年後見監督人が選任されている場合における不動産の処分

後見人が被後見人に代わって不動産その他重要な財産に関する権利の得喪を目的とする行為をする場合において、後見監督人があるときは、その同意を得なければならない（民864条・13条１項３号）。よって、成年被後見人所有の不動産につき売買による所有権移転登記を申請する場合において、成年後見監督人があるときは、その同意書を添付することを要する（登研815-119）。

２．本問へのあてはめ

本問では、問題文冒頭より、令和４年２月18日に、Ａと成年被後見人Ｓの成年後見人Ｒが、甲土地の売買契約を締結していることが分かる。

この点、【事実関係】４より、成年被後見人Ｓには、成年後見監督人として司法書士Ｕが選任されていることから、成年後見人ＲがＳに代わってＡとの間で売買契約を締結するにはＵの同意を得なければならないところ、問題文冒頭より、その同意は適切に得られていることが分かる。

以上より、令和４年２月28日に、甲土地について、「令和４年２月18日売買」を原因として「所有権移転」登記を申請する。

申請情報に関する事項

《１番所有権登記名義人住所変更》甲土地

(1)　登記の目的

「１番所有権登記名義人住所変更」とする。

(2)　登記原因及びその日付

「令和３年２月10日住所移転」とする。

(3)　登記事項

「変更後の事項

住所　東京都台東区上野三丁目１番19号」とする。

⑷　**申請人**

「申請人　Ｓ　※」とする。

※　【事実関係】４より、令和３年９月２日に、ＲがＳの成年後見人に選任されたことが分かるが、申請書にはＲの氏名等を記載することを要しない。

⑸　**申請情報と併せて提供することが必要な情報（添付情報）**

ア　**登記原因証明情報（不登61条、不登令７条１項５号ロ）**

本問では、Ｓの住民票の写しを添付することから、【添付情報一覧】より「セ」を選択する。

イ　**代理人の権限を証する情報（不登令７条１項２号）**

本問では、成年被後見人Ｓに係る登記事項証明書及びＲの委任状を添付することから、【添付情報一覧】より「ソ」を選択する。

⑹　**登録免許税**

不動産１個につき、金1,000円である（登録税別表1.1.(14)）。

以上より、金1,000円となる。

《所有権移転》甲土地

⑴　**登記の目的**

「所有権移転」とする。

⑵　**登記原因及びその日付**

「令和４年２月18日売買」とする。

⑶　**申請人**

「権利者　Ａ
　義務者　Ｓ　※」とする。

※　【事実関係】４より、令和３年９月２日に、ＲがＳの成年後見人に選任されたことが分かるが、申請書にはＲの氏名等を記載することを要しない。

⑷　**申請情報と併せて提供することが必要な情報（添付情報）**

ア　**登記原因証明情報（不登61条、不登令７条１項５号ロ）**

本問では、司法書士鈴木一郎が作成し、関係当事者全員が記名押印した登記原因証明情報を添付することから、【添付情報一覧】より「エ」を選択する。

イ　**本人確認情報（不登23条４項１号）**

申請人が登記識別情報（登記済証）を提供することができないことにつき正当な理由がある場合において、当該申請が登記の申請の代理を業とすることができる代理人によってされた場合であれば、当該登記識別情報（登記済証）の提供に代えて、当該申請人が不動産登記法23条１項の登記義務者であることを確認するために必要な情報（以下「本人確認情報」という。）の提供をすることができる（不登23条４項１号）。ただし、登記官が、本人確認情報の内容を相当と認めることができない場合には、事前通知の手続が採られることになる（不登準則49条４項）。

なお、不動産登記規則72条１項においては、本人確認情報のなかで明らかにしなければならない事項が挙げられている。

本問では、司法書士鈴木一郎が成年後見人Ｒの本人確認をしたことを証する本人確認情報を添付することから、【添付情報一覧】より「ツ」を選択した上で、「ツ（Ｒの本人確認をしたもの）」の要領で記載する。

ウ　印鑑に関する証明書（不登令18条２項、不登規49条２項）

本問では、Ｒの印鑑に関する証明書を添付することから、【添付情報一覧】より「サ」を選択する。

エ　住所を証する情報（不登令７条１項６号、不登令別表28添付情報欄ニ、不登令別表29添付情報欄ハ、不登令別表30添付情報欄ハ）

所有権の保存又は移転の登記を申請する場合、所有権の登記名義人となる者についての市町村長、登記官その他の公務員が職務上作成した住所を証する情報（公務員が職務上作成した情報がない場合にあっては、これに代わるべき情報）を提供しなければならない。登記記録上に架空の所有者が現れることを防ぐためである。

なお、オンライン庁における申請では、住民基本台帳法７条13号に規定する住民票コードを提供すれば、当該住所を証する情報を提供することを要しない（不登令９条、不登規36条４項）。

本問では、Ａの住民票の写しを添付することから、【添付情報一覧】より「ス」を選択する。

オ　代理人の権限を証する情報（不登令７条１項２号）

本問では、成年被後見人Ｓに係る登記事項証明書並びにＡ及びＲの委任状を添付することから、【添付情報一覧】より「ソ」を選択する。

カ　登記原因についての第三者の許可、同意又は承諾を証する情報（不登令７条１項５号ハ）

登記原因について第三者の許可、同意又は承諾を要するときは、当該第三者が許可、同意又は承諾したことを証する情報を提供しなければならない。

登記官が登記原因の発生に実体法上必要な第三者の許可等がされたことを手続の上で確認することで、無効な権利変動による登記がされることを防ぐためである。

本問では、Ｕの同意を証する情報を添付することから、【添付情報一覧】より「タ」を選択した上で、「タ（Ｕのもの）」の要領で記載する。

⑸　登記識別情報を提供することができない理由

登記の申請に当たって登記識別情報を提供することができないときは、当該登記識別情報を提供することができない理由を申請情報の内容とする必要があるが（不登令３条12号）、本問においては、（答案作成に当たっての注意事項）１⑷より、「上記以外の申請事項等」欄に「失念」と記載することとなる。

⑹　課税価格

「甲土地の価額」である。

ただし、課税標準の金額に1,000円未満の端数があるときは、その端数は切り捨てる（国税通則118条１項）。

以上より、金762万8,000円となる。

⑺　登録免許税

課税価格に「1,000分の20」（登録税別表1.1.⑵ハ）を乗じた額である。

よって、次のように算定する。

金762万8,000円×1,000分の20＝金15万2,560円

ただし、登録免許税の金額に100円未満の端数があるときは、その端数は切り捨てる（国税通則119条１項）。

以上より、金15万2,500円となる。

問２の検討

一　問題の所在

ＳとＴが甲土地の譲渡担保契約を解除した後、その登記を申請する前にＴがａに甲土地を売却して、Ｔからａへの所有権の移転の登記がされた場合におけるＳとａの優劣について、判例の立場を踏まえて検討する。

二　問題点　譲渡担保契約が解除された後の第三者と譲渡担保権を設定した者との関係に関する検討

１．前提の知識

○　譲渡担保権が消滅した後に生じた第三者と譲渡担保権設定者との関係

不動産が譲渡担保の目的とされ、設定者から譲渡担保権者へと所有権移転登記が経由された場合において、譲渡担保権が消滅した後に目的不動産が譲渡担保権者から第三者へと譲渡されたときは、当該第三者が背信的悪意者でない限り、譲渡担保権設定者は登記なくしてその所有権を当該第三者に対抗することができない（最判昭62.11.12）。

２．本問へのあてはめ

本問では、ＳとＴが甲土地の譲渡担保契約を解除した後、その登記を申請する前にＴがａに甲土地を売却して、Ｔからａへの所有権の移転の登記がされた場合におけるＳとａの優劣について問われている。

この点、譲渡担保権が消滅した後の第三者と譲渡担保権設定者とは対抗関係に立つとされていることから、Ｓは先に登記を備えたａに対して甲土地の所有権を取得したことを主張することはできない。

以上の内容を第36問答案用紙第２欄に記載することとなる（解答例参照）。

相続による所有権移転及び持分全部移転登記

一　問題の所在

令和４年12月４日にＡが死亡し、その相続人であるＢ、Ｃ及びＤが、令和５年５月19日付けでＡの遺産に属する甲土地及び乙土地の持分の全部をＢが承継する旨の遺産分割協議をしていることから、当該事実に基づく登記の申請手続について検討する。

二　問題点　遺産分割協議に基づく相続による所有権移転及び持分全部移転登記に関する検討

１．前提の知識

○　相続登記前に遺産分割協議がされた場合の登記手続

所有権登記名義人が死亡し、その共同相続登記がされる前に遺産分割協議が成立した場合、協議により定めた相続分に従って、相続を原因とする所有権移転登記を申請することができる（昭19.10.19民甲692号）。なぜなら、各相続人は遺産分割によって取得した財産を相続開始の時に被相続人から直接承継したものと扱われるためである。

２．本問へのあてはめ

本問では、問題文冒頭及び【事実関係】５より、令和４年12月４日に、Ａが死亡し、その相続人はＢ、Ｃ及びＤであることが分かる。また、【事実関係】６及び別紙４より、令和５年５月19日に、Ｂ、Ｃ及びＤが、Ａの遺産に属する甲土地及び乙土地の持分の全部をＢが承継する旨の遺産分割協議を行っていることが分かる。甲土地及び乙土地のＡ持分についてＡの死亡による相続登記がされた事実はないことから、当該遺産分割協議に基づき、ＡからＢへの相続を原因とする所有権の移転登記を申請することとなる。

以上より、令和５年６月22日に、甲土地については、「令和４年12月４日相続」を原因として「所有権移転」登記を、乙土地については、「令和４年12月４日相続」を原因として「Ａ持分全部移転」登記を申請することとなるが、当該登記については解答が要求されていない。

連帯債務者のうちの一人についての相続及び免責的債務引受による抵当権変更登記

一　問題の所在

令和４年12月４日にAが死亡し、その相続人はB、C及びDであること、令和５年５月19日に、B、C及びDが、AがXに対して負担している平成28年７月１日付の金銭消費貸借契約に係る債務について、Bが免責的に引き受ける旨の契約を締結していることから、当該事実に基づく登記の申請手続について、遺産分割協議により債務者を定めた場合と異なり、債務引受契約には遡及効がないことを踏まえて検討する。

二　連帯債務者の一人についての相続及び免責的債務引受による抵当権変更登記に関する検討

１．前提の知識

○　債務者の相続による抵当権変更登記

抵当権の債務者が死亡した場合、その相続人は被相続人の債務を承継する（民896条）。

この場合において、遺産分割協議によって共同相続人のうち一人が抵当権付債務を引き受け、かつ、その引受けにつき債権者の承諾があったときは、共同相続人全員を債務者とする抵当権の変更登記を申請することなく、直接「年月日相続」を原因とする抵当権の変更登記を申請することで、引受人のみを債務者として記録することができる（昭33.5.10民甲964号）。

一方、債務引受契約によって共同相続人のうち一人が抵当権付債務を引き受けたときは、「年月日相続」を原因とする抵当権の変更登記を申請することで共同相続人の全員を債務者として記録した上で、「年月日何某の債務引受」を原因とする抵当権の変更登記を申請する必要がある（昭33.5.10民甲964号）。債務引受契約がされる前に共同相続人全員を債務者とする相続による抵当権の変更登記がされているときは、「年月日何某の債務引受」を原因とする抵当権の変更登記を申請することとなる。

○　連帯債務者のうちの一人に相続が生じた場合の登記手続

抵当権の連帯債務者のうちの一人が死亡した場合において、債務引受契約により共同相続人のうち一人が抵当権付債務を引き受けたときは、「年月日連帯債務者何某の相続」を原因とする抵当権の変更登記を申請した上で、「年月日連帯債務者何某の免責的債務引受」を原因とする抵当権の変更登記を申請することとなる。

なお、抵当権の連帯債務者A、BのうちAが死亡し、その相続人がB及びCである場合において、BがCの相続債務を引き受ける旨の契約を締結したときであっても、元からBが連帯債務者として有していた債務とBが連帯債務者Cから引き受けたAの相続債務は依然併存することから、変更後の債務者の表示としては「債務者　B」ではなく「連帯債務者　B」と記載すべきものとされている。

○　免責的債務引受による抵当権の変更登記

抵当権の被担保債権につき免責的債務引受がされ、引受人が負担する債務に担保権を移転させることとした場合においては、免責的債務引受を原因とする抵当権の変更登記を申請することとなる。

なお、免責的債務引受が債権者と引受人となる者との契約によりされた場合においては、債権者が債務者に対して免責的債務引受契約をした旨を通知したときにその効力が生ずるため（民472条２項）、その日を登記原因日付として記載することとなる。

○　抵当権の債務者変更登記の添付書面

抵当権の債務者の変更登記を申請する場合、原則として抵当権設定者の印鑑証明書を提供することを要しない（不登規48条１項５号・47条３号イ⑴、不登令16条１項・２項)。ただし、不動産登記法22条ただし書の規定により登記識別情報を提供することなく抵当権の債務者の変更登記を申請する場合においては、抵当権設定者の印鑑証明書を提供することを要するとされている（不登規48条１項５号・47条３号ロ、不登令16条１項・２項)。

２．本問へのあてはめ

本問では、前述（P310参照）のとおり、令和４年12月４日にAが死亡し、その相続人はB、C及びDであること、【事実関係】６より、令和５年５月19日に、AがXに対して負担している平成28年７月１日付け金銭消費貸借契約に係る債務について、Bが免責的に引き受ける旨の契約を締結し、【事実関係】７より、Xが令和５年５月21日に当該免責的債務引受契約を承諾していることが分かる。この点、遺産分割協議により債務者を定めた場合と異なり、債務引受契約には遡及効がないことから、連帯債務者をB、C及びDとする相続による抵当権変更登記を申請した後、Xの承諾の日である令和５年５月21日を原因日付として、C及びDの免責的債務引受による抵当権変更登記を申請することとなる。

以上より、令和５年６月22日に、乙土地について、「令和４年12月４日連帯債務者Aの相続」を原因として「１番抵当権変更」登記を申請した後、「令和５年５月

21日連帯債務者C及びDの免責的債務引受」を原因として「1番抵当権変更」を申請する。

申請情報に関する事項

《1番抵当権変更》乙土地

(1) 登記の目的

「1番抵当権変更」とする。

(2) 登記原因及びその日付

「令和4年12月4日連帯債務者Aの相続」とする。

(3) 登記事項

「変更後の事項
　連帯債務者　水戸市三の丸一丁目3番5号　B
　　　　　　　水戸市小吹町2000番地　C
　　　　　　　水戸市小吹町2000番地　D　」とする。

(4) 申請人

「権利者　X
　義務者　B」とする。

(5) 申請情報と併せて提供することが必要な情報(添付情報)

ア　登記原因証明情報(不登61条、不登令7条1項5号ロ)

本問では、司法書士鈴木一郎が作成し、関係当事者全員が記名押印した登記原因証明情報を添付することから、【添付情報一覧】より「オ」を選択する。

イ　登記識別情報(不登22条、不登令8条)

本問では、Bの平成22年11月19日水戸地方法務局受付第800号の登記識別情報を提供することから、【添付情報一覧】より「キ」を選択した上で、「キ(平成22年11月19日受付第800号のもの)」の要領で記載する。

ウ　代理人の権限を証する情報(不登令7条1項2号)

本問では、X及びBの委任状を添付することとなるが、【添付情報一覧】より選択する記号はない。

※　抵当権の債務者の変更登記を申請する場合であるため、Bの印鑑に関する証明書については提供することを要しない。

(6) 登録免許税

不動産1個につき、金1,000円である(登録税別表1.1.(14))。

以上より、金1,000円となる。

《１番抵当権変更》乙土地

(1)　登記の目的

「１番抵当権変更」とする。

(2)　登記原因及びその日付

「令和５年５月21日連帯債務者Ｃ及びＤの免責的債務引受」とする。

(3)　登記事項

「変更後の事項
　連帯債務者　水戸市三の丸一丁目３番５号　Ｂ」とする。

(4)　申請人

「権利者　Ｘ
　義務者　Ｂ」とする。

(5)　申請情報と併せて提供することが必要な情報（添付情報）

ア　登記原因証明情報（不登61条、不登令７条１項５号ロ）

本問では、司法書士鈴木一郎が作成し、関係当事者全員が記名押印した登記原因証明情報を添付することから、【添付情報一覧】より「オ」を選択する。

イ　登記識別情報（不登22条、不登令８条）

本問では、Ｂの平成22年11月19日水戸地方法務局受付第800号の登記識別情報を提供することから、【添付情報一覧】より「キ」を選択した上で、「キ（平成22年11月19日受付第800号のもの）」の要領で記載する。

ウ　代理人の権限を証する情報（不登令７条１項２号）

本問では、Ｘ及びＢの委任状を添付することとなるが、【添付情報一覧】より選択する記号はない。

※　抵当権の債務者の変更登記を申請する場合であるため、Ｂの印鑑に関する証明書については提供することを要しない。

(6)　登録免許税

不動産１個につき、金1,000円である（登録税別表1.1.(14)）。
以上より、金1,000円となる。

及ぼす変更登記及び抵当権の追加設定登記

一　問題の所在

令和５年６月12日に、ＸとＢが、Ｂが新たに取得した甲土地及び乙土地の持分を目的として、乙土地乙区１番抵当権を追加設定する旨の契約を締結していることから、当該事実に基づく登記の申請手続について、及ぼす変更登記により申請するための要件を踏まえて検討する。

二　問題点　及ぼす変更登記及び抵当権の追加設定登記に関する検討

１．前提の知識

○　及ぼす変更登記

不動産の共有者が他の共有者の持分を取得した場合において、共有持分に設定された抵当権の効力を取得した持分全部に及ぼすため、取得した持分について抵当権を及ぼす旨の契約（追加設定契約）を新たに締結したときは、登記の目的を「何番抵当権の効力を所有権全部（又は何某持分全部）に及ぼす変更」とする抵当権の変更登記を申請することができる（昭28.4.6民甲556号）。当該登記を申請する際に提供すべき登記識別情報は、新たに抵当権の効力が及ぼされる持分についてのもののみで足りるとされており、既に抵当権が設定されている持分についての登記識別情報を提供する必要はない。

なお、根抵当権につき及ぼす変更登記を申請することもできるが、根抵当権の担保すべき元本の確定前でなければならないとされている。

○　及ぼす変更登記の要件

①　追加設定の局面である。

②　既登記の担保権が目的物の一部に設定されている。

③　設定目的物が②と同一物の残部又は残部の一部である。

④　②及び③の目的物の権利者が同一人である。

○　及ぼす変更登記における登記上の利害関係を有する第三者

及ぼす変更登記は、登記上の利害関係を有する第三者の承諾等がある場合又は当該第三者が存在しない場合に限り、付記登記によってすることができる（不登66条）。具体的には、新たに抵当権の効力を及ぼす部分についての後順位の担保権者、所有権仮登記権利者などが登記上の利害関係を有する第三者に該当する。

なお、登記上の利害関係を有する第三者の承諾が得られない場合、及ぼす変更登記は主登記される。

○　共同抵当権の設定登記

共同抵当権には、当初から数個の不動産に対し設定する場合と、当初抵当権を設定した不動産の追加として他の不動産に対し設定する場合がある。前者を同時設定、後者を追加設定という。

被担保債権の発生原因たる債権契約及びその日付・抵当権者は、同一債権を担保するための設定であるかを判断するための指標となるため、既登記抵当権と同一でなければ追加設定登記を申請することができない。これに対し、債権額・利息・損害金・債務者については、既登記抵当権と同一でなくても、追加設定登記を申請することができる。

そして、同一債権の担保として数個の不動産に関する権利を目的として設定された抵当権については、法律上当然に共同担保関係が成立することとなる。根抵当権とは異なり、共同抵当権設定の旨の登記をすることによって共同担保関係が成立するわけではないため、登記の目的に「共同」と記載する必要はない。

2．本問へのあてはめ

本問では、【事実関係】８及び別紙５より、令和５年６月12日に、ＸとＢが、Ｂが相続により新たに取得した甲土地及び乙土地の持分の全部（P310参照）を目的として、乙土地乙区１番抵当権を追加設定する旨の契約を締結していることが分かる。

以下、当該事実に基づき各不動産について申請することとなる登記について検討する。

●甲土地について

既登記の抵当権が乙土地に設定されているところに、Ｂが新たに取得した甲土地を目的として抵当権を追加設定するものであることから、及ぼす変更登記により申請することができる要件を満たしていない。よって、抵当権の追加設定登記により申請することとなる。

以上より、令和５年６月22日に、甲土地について、「平成28年７月１日金銭消費貸借令和５年６月12日設定」を原因として「抵当権設定」登記を申請することとなるが、当該登記については解答が要求されていない。

●乙土地について

既登記の根抵当権が乙土地のＢ持分に設定されているところに、乙土地についてＢが新たに取得した持分を目的として抵当権を追加設定するものであることから、及ぼす変更登記により申請することができる要件を満たしている。

ここで、別紙2より、乙土地乙区2番抵当権の抵当権者であるY及び乙土地乙区3番根抵当権の根抵当権者であるZが及ぼす変更登記における登記上の利害関係を有する第三者に該当することとなるが、【事実関係】8より、その承諾は事前に得られていると判断することができる。

以上より、令和5年6月22日に、乙土地について、「平成28年7月1日金銭消費貸借令和5年6月12日設定」を原因として「1番抵当権の効力を所有権全部に及ぼす変更(付記)」登記を申請する。

申請情報に関する事項

《1番抵当権の効力を所有権全部に及ぼす変更(付記)》乙土地

(1) 登記の目的

「1番抵当権の効力を所有権全部に及ぼす変更(付記)」とする。

(2) 登記原因及びその日付

「平成28年7月1日金銭消費貸借令和5年6月12日設定」とする。

(3) 申請人

「権利者　X
　義務者　B」とする。

(4) 申請情報と併せて提供することが必要な情報(添付情報)

ア 登記原因証明情報(不登61条、不登令7条1項5号ロ)

本問では、抵当権追加設定契約証書(別紙5)を添付することから、【添付情報一覧】より「ウ」を選択する。

イ 登記識別情報(不登22条、不登令8条)

本問では、相続によるA持分全部移転登記(P310参照)の申請によりBが乙土地の甲区4番で通知を受けることとなる登記識別情報を提供することから、【添付情報一覧】より「キ」を選択した上で、「キ(Bが乙土地の甲区4番で通知を受けたもの)」の要領で記載する。

ウ 印鑑に関する証明書(不登令18条2項、不登規49条2項)

本問では、Bの印鑑に関する証明書を添付することから、【添付情報一覧】より「ク」を選択する。

エ 代理人の権限を証する情報(不登令7条1項2号)

本問では、X及びBの委任状を添付することとなるが、【添付情報一覧】より選択する記号はない。

オ 登記上の利害関係を有する第三者の承諾を証する情報(不登令7条1項6号、不登令別表25添付情報欄ロ)

登記上の利害関係人に不測の損害を与えることを防止するとともに、その登記をめぐる紛争を未然に防止することにより取引の安全を図るため、有効にその者の承諾がされていることを証明し、登記の真正を担保するために提供する。

本問では、Y及びZの承諾書を添付することから、【添付情報一覧】より「チ」を選択した上で、「チ（Y及びZのもの)」の要領で記載する。

(5) **登録免許税**

及ぼす変更登記は実質的に担保権の追加設定登記であることから、その税額は不動産に関する権利の件数1件につき金1,500円となる（登録税13条2項)。

以上より、金1,500円となる。

※ この場合、登記の申請書には、「金1,500円（登録免許税法第13条第2項)」と記載する（不登規189条3項)。

順位変更の登記

一　問題の所在

令和５年６月14日に、ＹとＺが、Ｙの有する乙土地乙区２番抵当権とＺの有する乙土地乙区３番根抵当権を同順位とする順位変更契約を締結していることから、当該事実に基づく登記の申請手続について検討する。

二　問題点　順位変更の登記に関する検討

１．前提の知識

○　順位変更

順位変更とは、利害関係を有する第三者の承諾を得て、同一不動産上の数個の抵当権の順位を各抵当権者の合意により変更することである（民374条）。

順位変更は、抵当権相互間のみならず、根抵当権（元本確定の有無を問わない）や不動産質権、不動産先取特権等の担保権相互間においてもすることができる。順位変更の内容に制限はなく、異順位の担保権を同順位としたり、同順位の担保権を異順位としたりすることもできる。

○　順位変更の登記

順位変更は、その登記をしなければ、その効力を生じない（民374条２項）。

順位変更の登記を申請する場合、その登記原因については、順位変更の合意がされた日と利害関係を有する第三者の承諾がされた日のいずれか遅い日をもって「年月日合意」と記載する。ただし、同一人が有する担保権相互間の順位変更の場合においては、「年月日変更」と記載することとなる。

２．本問へのあてはめ

本問では、【事実関係】９より、令和５年６月14日に、ＹとＺが、Ｙの有する乙土地乙区２番抵当権とＺの有する乙土地乙区３番根抵当権を同順位とする順位変更契約を締結していると判断することができる。乙土地乙区３番根抵当権の元本が確定している旨の事実はないが、元本確定前の根抵当権であっても順位変更をすることはできるため、適法である。

以上より、令和５年６月22日に、乙土地について、「令和５年６月14日合意」を原因として「２番、３番順位変更」登記を申請する。

※　【事実関係】９においては、「ＹとＺは…乙土地のＹの２番抵当権とＺの３番根抵当権の順位を同順位とする契約を締結した」とのみ記述されていること

から、２番抵当権の順位を３番根抵当権のために放棄することで、順位変更をするより登録免許税額を低額にしつつ同様の効果を生じさせることができるのではないかとの考え方もある。

しかし、①【添付情報一覧】カには、「順位変更契約書（【事実関係】９に基づき関係当事者全員が作成記名押印したもの」と記述されていること、②順位放棄はあくまでもその契約当事者間における配当割合のみを変更させるものであって、「順位を同順位とする」効果までは持ち合わせていないことから、本書においては、順位変更の方法により申請するものとして解答例及び解説を作成している。

申請情報に関する事項

《２番、３番順位変更》乙土地

(1)　登記の目的

「２番、３番順位変更」とする。

(2)　登記原因及びその日付

「令和５年６月14日合意」とする。

(3)　登記事項

「変更後の順位
　　第１　２番抵当権
　　第１　３番根抵当権」とする。

(4)　申請人

「申請人　Ｙ
　　　　　Ｚ」とする。

(5)　申請情報と併せて提供することが必要な情報（添付情報）

ア　登記原因証明情報（不登61条、不登令７条１項５号ロ）

本問では、順位変更契約書を添付することから、【添付情報一覧】より「カ」を選択する。

イ　登記識別情報（不登22条、不登令８条）

本問では、Ｙの平成30年４月９日水戸地方法務局受付第180号の登記識別情報及びＺの令和１年８月６日水戸地方法務局受付第430号の登記識別情報を提供することから、【添付情報一覧】より「キ」を選択した上で、「キ（平成30年４月９日受付第180号及び令和１年８月６日受付第430号のもの）」の要領で記載する。

ウ　代理人の権限を証する情報（不登令７条１項２号）

本問では、Ｙ及びＺの委任状を添付することとなるが、【添付情報一覧】より選択する記号はない。

(6)　**登録免許税**

金1,000円に担保権の数及び不動産の個数をそれぞれ乗じた額である(登録税別表1.1.(8)、昭46.12.27.民三960号)。

よって、次のように算定する。

金1,000円×２件×１個＝金2,000円

以上より、金2,000円となる。

問４の検討

一　問題の所在

ＢのＸに対する債務が債務不履行となった結果、乙土地のみが担保不動産競売の方法により売却されることとなった場合を前提として、⑴担保権者相互が受けるべき配当の額、⑵後順位担保権者が全額の弁済を受けることができなかったときに先順位担保権者が同一の債権を担保するために他の不動産に設定していた担保権を目的として申請することができる登記の内容について検討する。

二　問題点　共同抵当権のうち一の不動産のみが担保不動産競売により売却されることとなった場合における諸問題に関する検討

１．前提の知識

○　民法392条２項による代位の登記

共同抵当権の目的不動産のうち一の不動産について競売手続がされた場合において、その競売により全額の配当を受けることができなかった後順位担保権者は、その配当実施の日をもって「年月日民法第392条第２項による代位」を原因とする抵当権の代位の登記を申請することができる。当該登記は、代位者を登記権利者、被代位者を登記義務者とする共同申請によるとされており、その登記事項は、先順位の抵当権者が優先弁済を受けた不動産に関する権利、その競売代価及び弁済を受けた額（不登91条１項）並びに代位者の有する債権の内容（不登91条２項）とされている。

２．本問へのあてはめ

⑴についての検討

本問では、問４の⑴において、ＢのＸに対する債務が債務不履行となった結果、乙土地のみが担保不動産競売の方法により売却されることとなった場合におけるＸ、Ｙ、Ｚがそれぞれ受ける配当額について問われている。乙土地の売却価額は金600万円とされているところ、まずは、乙土地乙区１番抵当権の抵当権者であるＸが、その債権額の全額である金300万円について配当を受けることとなる。そして、令和５年６月14日付けでＹの有する乙土地乙区２番抵当権とＺの有する乙土地乙区３番根抵当権は同順位となっていることから（P319参照）、Ｘに配当される金300万円を除いた残りの金300万円については、Ｙの債権額金600万円及びＺの債権額金300万円に応じて按分されることとなる。

以上より、Xが受ける配当額は金300万円、Yが受ける配当額は金200万円、Zが受ける配当額は金100万円となる。

⑵についての検討

本問では、問4の⑵において、Bの所有する乙土地のみが担保不動産競売の方法により売却され、令和6年2月14日に配当が実施されたところ、Xは当該配当によって債権全額の弁済を受けられたものの、Yは当該配当によって債権全額の弁済を受けられなかった場合において、Bの所有する甲土地についてYが申請することができる登記の①登記の形式、②登記の目的、③登記原因及びその日付、④申請人について問われていることが分かる。この点、乙土地の競売の結果、その全額の配当を受けることができなかったYは、乙土地乙区1番抵当権の被担保債権と同一の債権を担保するものとして甲土地乙区1番で登記されている抵当権（P316参照）に代位することができる（民法392条2項）ことから、その代位の付記登記を申請することとなる。

以上より、①には「付記登記」、②には「1番抵当権代位」、③には「令和6年2月14日民法第392条第2項による代位」、④には「権利者X　義務者Y」と記載することとなる。

第１欄

【登記の事由】
取締役、監査等委員である取締役、代表取締役及び会計監査人の変更
支店設置

【登記すべき事項】
令和５年４月１日監査等委員である取締役（社外取締役）G死亡
同日監査等委員である取締役（社外取締役）H就任
令和５年４月21日取締役C退任
同日次の者重任
　取締役　A
　取締役　B
　東京都品川区西町一丁目２番３号
　　代表取締役　A
　会計監査人　ビーナス監査法人
同日取締役（社外取締役）M就任

令和５年４月23日設置
　支店　１
　　名古屋市西区本町８番地

【登録免許税額】
金９万円

【添付書面の名称及び通数】

株主総会議事録	２通
株主の氏名又は名称、住所及び議決権数等を証する書面（株主リスト）	２通
取締役会議事録	１通
取締役Bの決定書	１通
ビーナス監査法人の登記事項証明書	１通
本人確認証明書	２通
死亡届	１通
委任状	１通

『就任承諾を証する書面』（本欄に限り、通数の記載は要しない。）

資格	氏名又は名称
取締役	A
取締役	B
取締役（社外取締役）	M

資格	氏名又は名称
監査等委員である取締役（社外取締役）	H
代表取締役	A

第２欄

（１）4,000

（２）3,000

第３欄

【登記の事由】
吸収分割による変更
募集株式の発行
取締役の変更

【登記すべき事項】
令和５年６月25日次のとおり変更
　発行済株式の総数　7,000株
　資本金の額　金1,500万円
令和５年６月29日次のとおり変更
　発行済株式の総数　１万1,000株
　資本金の額　金3,500万円

令和５年６月19日取締役Ｎ退任
令和５年６月26日取締役Ｂ就任

令和５年６月25日東京都港区東町１番１号コスモ株式会社から分割

【登録免許税額】
金 18 万 5,000 円

【添付書面の名称及び通数】

定款	1通	
株主総会議事録	2通	
株主の氏名又は名称、住所及び議決権数等を証する書面（株主リスト）	2通	
吸収分割契約書	1通	
公告及び催告をしたことを証する書面	2通	※
異議を述べた債権者はいない		
資本金の額が会社法第445条第５項の規定に従って計上されたことを証する書面	1通	
吸収分割会社の登記事項証明書	1通	
吸収分割会社の取締役会議事録	1通	
吸収分割会社の簡易分割の要件を満たすことを証する書面	1通	
吸収分割会社の公告をしたことを証する書面	2通	※
異議を述べた債権者はいない		
募集株式の引受けの申込みを証する書面	3通	
払込みがあったことを証する書面	1通	
資本金の額が会社法及び会社計算規則の規定に従って計上されたことを証する書面	1通	
印鑑証明書	1通	
委任状	1通	

※ まとめて「公告をしたことを証する書面　２通又は３通
催告をしたことを証する書面　１通」と記載しても誤りでないと解される。

『就任承諾を証する書面』（本欄に限り、通数の記載は要しない。）

資格	氏名又は名称
取締役	B

資格	氏名又は名称

第４欄

株主の氏名又は名称	その株式の数　　　　　(株)
合同会社X	4,200
コスモ株式会社	2,000
N	1,900
株式会社Q	900

本問の重要論点一覧表

出題範囲	重要論点	解説箇所
支店設置	監査等委員会設置会社において、定款の定めがある場合には、取締役会の決議によって、重要な業務執行（会社399条の13第５項各号に列挙されている事項を除く。）の決定の全部又は一部を取締役に委任することができる。	P337参照
問２の検討	株主総会の特別決議に係る決議要件について、定款の定めにより、その要件の加重をすることができるとされているところ、その定款の定めの内容については、特に制限が設けられておらず、定款で各事項につき異なる決議要件を定めることも可能である。	P339参照
吸収分割	吸収分割により吸収分割承継会社に承継させる資産の帳簿価額の合計額が吸収分割会社の総資産額として法務省令で定める方法により算定される額の５分の１（これを下回る割合を吸収分割会社の定款で定めた場合にあっては、その割合）を超えない場合には、吸収分割会社において株主総会の決議により吸収分割契約の承認を受けることを要しない。	P347参照
	債権者保護手続に際して、不法行為によって生じた吸収分割株式会社の債務の債権者がいる場合を除き、官報のほか、定款に定めた時事に関する事項を掲載する日刊新聞紙に掲載する方法又は電子公告の方法により公告をした場合は、知れている債権者への各別の催告は省略することができる。	P348参照
募集株式の発行等	株式会社は、申込者の中から募集株式の割当てを受ける者を定め、かつ、その者に割り当てる募集株式の数を定めなければならない。募集株式が譲渡制限株式である場合における当該決定は、定款に別段の定めがある場合を除き、株主総会（取締役会設置会社にあっては、取締役会）の決議によるものとされる。なお、募集事項の決定機関と割当先等の決定機関が同一の場合、株式を割り当てた者から申込みがされることを条件として、割当先等の決定を、募集事項の決定と同一の株主総会又は取締役会において決議することができる。	P356参照

<table>
<tr><td rowspan="3">役員等の変更</td><td>役員は、株主総会の決議によって選任する。この場合においては、法務省令で定めるところにより、役員が欠けた場合又は会社法若しくは定款で定めた役員の員数を欠くこととなるときに備えて補欠の役員を選任することができる。</td><td>P365参照</td></tr>
<tr><td>取締役及び監査役の就任（再任を除く。）による変更の登記の申請書には、取締役又は監査役の本人確認証明書を添付しなければならない。ただし、登記の申請書に商業登記規則61条４項、５項又は６項の規定により当該取締役及び監査役の印鑑証明書を添付する場合は、当該書面の添付は不要である。</td><td>P366参照</td></tr>
<tr><td>会計監査人の任期が満了することとなる定時株主総会において別段の決議がされなかったときは、会計監査人は当該定時株主総会において再任されたものとみなされる。</td><td>P375参照</td></tr>
<tr><td>問４の検討</td><td>吸収分割及び募集株式の発行等の効力が生じたことを踏まえ、各株主の保有する株式数を計算する。</td><td>P382参照</td></tr>
</table>

役員等の概要

コスモ株式会社

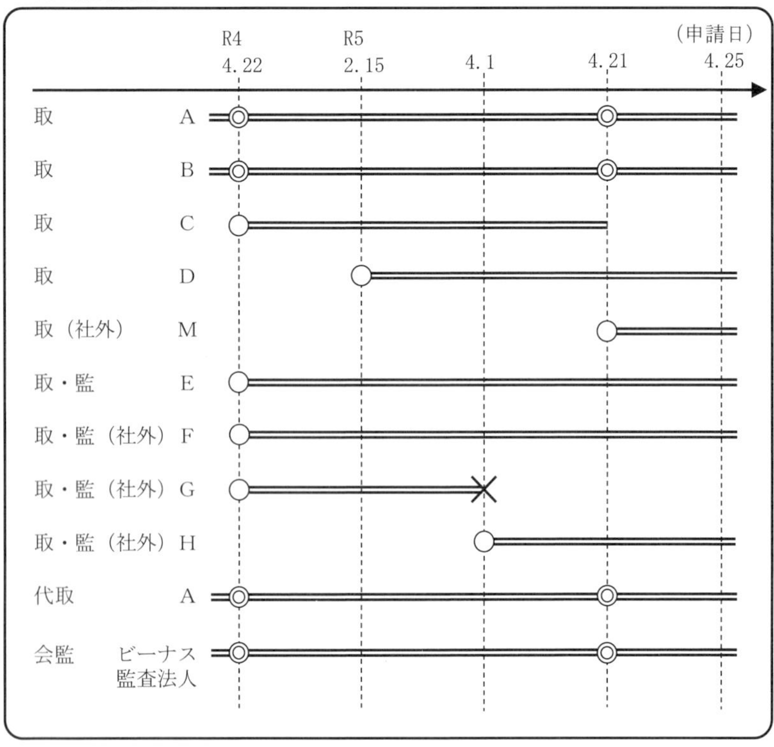

══ 任期中	◎ 重任	○ 就任	× 死亡

株式会社サニー

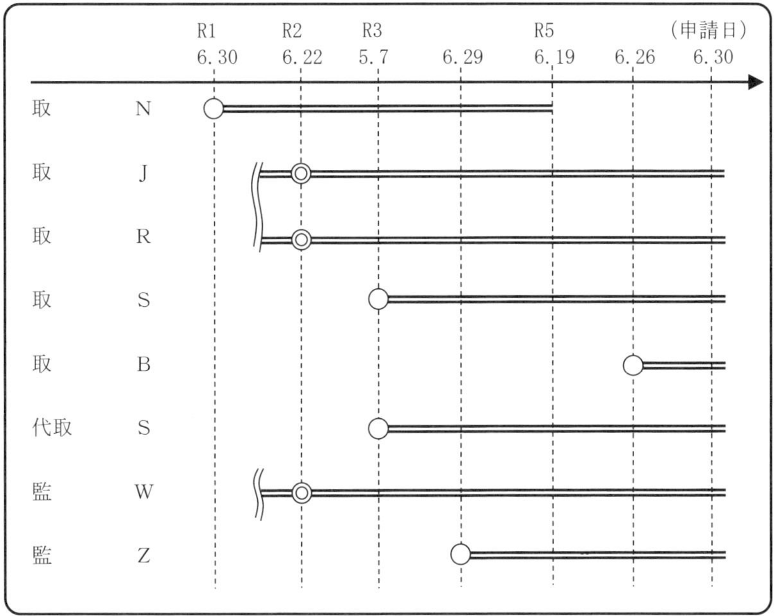
R1
6.30
R2
6.22
R3
5.7
6.29
R5
6.19
6.26
(申請日)
6.30
取 N
取 J
取 R
取 S
取 B
代取 S
監 W
監 Z

任期中 ◎ 重任 ○ 就任

印鑑証明書及び本人確認証明書の通数

＜令和５年４月25日申請分＞

	印鑑証明書の添付を要する書面			本人確認証明書（７項）
	就任承諾書（４・５項）	選定証明書（６項）	辞任届（８項）	
取　A		×（届）		×（再）
取　B		×（届）		×（再）
取　C				
取　D		×（届）		
取（社外）M		×（届）		○
取・監　E		×（届）		
取・監（社外）F		×（届）		
取・監（社外）G				
取・監（社外）H		×（届）		○
代取　A	×（再）			
合計	０通			２通

○…添付必要
×…添付不要
（届）…従前からの代表取締役の届出印で押印しているため
（再）…再任のため
（印）…商登規61条４項、５項又は６項の規定により印鑑証明書を添付するため

<令和５年６月30日申請分>

	印鑑証明書の添付を要する書面			本人確認証明書（７項）
	就任承諾書（４・５項）	選定証明書（６項）	辞任届（８項）	
取 N				
取 J				
取 R				
取 S				
取 B	○			
代取 S				
監 W				
監 Z				
合計	１通			０通

○…添付必要
×…添付不要
（届）…従前からの代表取締役の届出印で押印しているため
（再）…再任のため
（印）…商登規61条４項、５項又は６項の規定により印鑑証明書を添付するため

株主の氏名又は名称、住所及び議決権数等を証する書面（株主リスト）の通数

前提の知識

①　株主総会又は種類株主総会の決議を要する場合の株主の氏名又は名称、住所及び議決権数等を証する書面（株主リスト）

登記すべき事項につき株主総会又は種類株主総会の決議を要する場合には、申請書に、総株主（種類株主総会の決議を要する場合にあっては、その種類の株式の総株主）の議決権（当該決議において、行使することができるものに限る。）の数に対するその有する議決権の数の割合が高いことにおいて上位となる株主であって、次に掲げる人数のうちいずれか少ない人数の株主の氏名又は名称及び住所、当該株主のそれぞれが有する株式の数（種類株主総会の決議を要する場合にあっては、その種類の株式の数）及び議決権の数並びに当該株主のそれぞれが有する議決権に係る当該割合を証する書面を添付しなければならない（商登規61条3項）。

（1）10名

（2）その有する議決権の数の割合を当該割合の多い順に順次加算し、その加算した割合が3分の2に達するまでの人数

なお、当該決議には会社法319条1項の規定により決議があったものとみなされる場合が含まれる。

②　株主の氏名又は名称、住所及び議決権数等を証する書面（株主リスト）の通数

株主の氏名又は名称、住所及び議決権数等を証する書面（株主リスト）は、一の登記申請で、株主総会の決議を要する複数の登記すべき事項について申請される場合には、当該登記すべき事項ごとに添付を要する（商登規61条2項・3項）。

ただし、決議ごとに添付を要する当該書面に記載すべき内容が一致するときは、その旨の注記がされた当該書面が1通添付されていれば足りるとされている（平28.6.23民商98号第3.1(2)ア）。

なお、日本司法書士会連合会より、以下の見解も示されている（日司連発第790号）。

Q：複数の株主総会により、複数の登記事項が発生し、これらを一括して登記申請する場合、それぞれの株主総会議事録ごとに株主リストが必要ですか。

Ａ：「株主リスト」に記載すべき株主は、当該株主総会において議決権を行使することができるものをいうから、複数の株主総会により、複数の登記事項が発生し、これらを一括して登記申請する場合には、登記すべき事項ごとに当該株主総会において議決権を行使することができる「株主リスト」を添付しなければならない。

ただし、一の株主総会において、複数の登記すべき事項について決議された場合において、各事項に関して株主リストに記載すべき事項が同一である場合には、その旨注記して、一の株主リストを添付すれば足りるとされている。

株主の氏名又は名称、住所及び議決権数等を証する書面（株主リスト）は、以下の登記すべき事項ごとに１通添付をすることとなる。

第１欄

株主の氏名又は名称、住所及び議決権数等を証する書面の添付を要する株主総会	通数
＜令和４年４月22日付けコスモ株式会社の定時株主総会＞ 補欠監査等委員である取締役の選任の件　※	１通
＜令和５年４月21日付けコスモ株式会社の定時株主総会＞ 役員の変更の件	１通
合計	２通

第３欄

株主の氏名又は名称、住所及び議決権数等を証する書面の添付を要する株主総会	通数
＜令和５年６月19日付け株式会社サニーの定時株主総会＞ 吸収分割契約承認の件	１通
＜令和５年６月26日付け株式会社サニーの臨時株主総会＞ 募集株式の発行等の件 募集株式の割当ての件 役員の変更の件	１通
合計	２通

※　補欠監査等委員である取締役の選任により直接的に登記すべき事項が発生しているわけではないため、添付不要と解する余地もある。

課税標準金額・登録免許税

＜令和５年４月25日申請分＞

登記事項	登録免許税	
支店設置分	金６万円	登録税別表 1.24.(1)ル
役員等変更分	金３万円　※１	登録税別表 1.24.(1)カ
合計	金９万円　※２	

＜令和５年６月30日申請分＞

課税標準金額	金2,500万円

登記事項	登録免許税	
募集株式の発行等による 資本金の額増加分	金2,000万円×７/1,000 ＝金14万円　※３	登録税別表 1.24.(1)ニ
吸収分割による 資本金の額増加分	金500万円×７/1,000 ＝金３万5,000円　※３	登録税別表 1.24.(1)チ
役員変更分	金１万円　※１	登録税別表 1.24.(1)カ
合計	金18万5,000円　※２	

※１　役員等変更の登録免許税額は金３万円であるが、資本金の額が１億円以下の会社の場合は金１万円である（登録税別表1.24.(1)カ)。

※２　異なる区分に属する数個の登記事項を同一の申請書で申請する場合には各登記の区分の税率を適用した計算金額の合計額となる（登録税18条)。

※３　課税標準金額のある登記と課税標準金額のない登記を一括申請する場合には、登録免許税額の内訳を記載する。

支店設置

結論

本問の場合、**令和５年４月23日**付けで、**支店設置**する旨の登記を申請することができる。

<申請書記載例；監査等委員会設置会社・重要な業務執行の決定の取締役への委任についての定款の定めがある場合>

1．事	支店設置	
1．登	○年○月○日設置 支店　1 ○県○市○町○丁目○番○号	
1．税	金６万円（登録税別表1.24.(1)ル）	
1．添	取締役会議事録	1通（商登46条４項）
	決定があったことを証する書面	1通（商登46条４項）
	委任状	1通（商登18条）

前提の知識

重要な業務執行の決定の取締役への委任

監査等委員会設置会社においては、①取締役の過半数が社外取締役である場合又は、②定款の定めがある場合には、取締役会の決議によって、重要な業務執行（会社399条の13第５項各号に列挙されている事項を除く。）の決定の全部又は一部を取締役に委任することができる（会社399条の13第５項・同条６項)。取締役に委任することが可能な重要な業務執行の事項の範囲は、指名委員会等設置会社において執行役への委任が可能な範囲（会社416条４項）と実質的に同じである。

また、上記②の場合には、重要な業務執行の決定の取締役への委任についての定款の定めがある旨が登記事項となる。

1．定款の定め

別紙１及び２より、コスモ株式会社の定款には、重要な業務執行の決定を取締役に委任することができる旨の定めがあることが分かる。

２．決議権限

別紙５より、取締役会において、支店設置に関する決定権限を取締役Ｂに委任する旨の決議がされているため、決議機関は適法である（会社399条の13第５項・６項）。

３．決議内容

別紙５より、支店設置に関する決定権限を取締役Ｂに委任する旨の決議が成立し、別紙６より、当該委任に基づいて、取締役Ｂは、支店の所在場所を名古屋市西区本町８番地と定め、支店を設置する日を令和５年４月23日とする旨を決定している。

４．効力発生日

別紙13より、取締役Ｂが決定で定めた設置日までに現実に支店の開設が完了している旨の記載があるため、令和５年４月23日に支店設置の効力が生ずる。

５．添付書面

支店設置に関する決定権限を取締役Ｂに委任する旨の決議がされているため、令和５年４月21日付けの「取締役会議事録」及び支店設置に関する決定をしたことを証する書面として「取締役Ｂの決定書」を添付する（商登46条４項）。

問2の検討

結論

令和５年６月19日開催の株式会社サニーの定時株主総会の第２号議案において、当該議案で議決権を行使することができる株主の議決権の数は「4,000」、当該議案を可決するために必要な議決権の数は「3,000」となる。

前提の知識

株主総会の特別決議の要件

株主総会の特別決議は、当該株主総会において、議決権を行使することができる株主の議決権の過半数（３分の１以上の割合を定款で定めた場合にあっては、その割合以上）を有する株主が出席し、出席した当該株主の議決権の３分の２（これを上回る割合を定款で定めた場合にあっては、その割合）以上に当たる多数をもって行わなければならない。この場合においては、当該決議の要件に加えて、一定の数以上の株主の賛成を要する旨その他の要件を定款で定めることができる（会社309条２項）。

別紙９（第14条第２項）より、株式会社サニーの定款には、「会社法第309条第２項に定める決議は、議決権を行使することができる株主の議決権の３分の２以上を有する株主が出席し、出席した当該株主の議決権の４分の３以上に当たる多数をもって行う。」旨の定めがあるが、定款をもって特別決議の決議要件を加重することは可能である（会社309条２項）。

《別紙10の第２号議案について議決権を行使することができる株主の議決権の数》

別紙11より、株式会社サニーは株式1,000株を保有しているが、当該自己株式は議決権を有しないため（会社308条２項）、議決権を行使することができる株主の議決権の数は4,000個（5,000－1,000）となる。

よって、第２欄（１）には、議決権を行使することができる株主の議決権の数として4,000を記載することとなる。

《別紙10の第２号議案を可決するために必要な議決権の数》

吸収分割承継株式会社である株式会社サニーは、効力発生日の前日までに、原則として、株主総会の特別決議によって、吸収分割契約の承認を受けなければならない（会社795条１項・309条２項12号）。

問題文（答案作成に当たっての注意事項）より、株式会社サニーの令和５年６月19日開催の定時株主総会には、当該株主総会において議決権を行使することができる株主全員が出席している。この点、株式会社サニーは定款で特別決議の決議要件を「議決権を行使することができる株主の議決権の３分の２以上を有する株主が出席し、出席した当該株主の議決権の４分の３以上に当たる多数をもって行う。」と定めており、また、問題文より、［ア］の数は、法令及び別紙９記載の定款に定める決議の要件を満たす最小限の数とする旨の記載があることから、別紙10の第２号議案は、出席した株主の議決権（4,000個）のうち、出席した当該株主の議決権の４分の３に当たる3,000個の賛成をもって可決承認されたと判断することができる。

したがって、第２欄（２）には、別紙10の［ア］とある箇所に記載すべき議決権の数として3,000を記載することとなる。

吸収分割

結論

吸収分割の効力発生日である**令和５年６月25日**までに必要となる手続は、全て適法に終了しているため、株式会社サニー（吸収分割承継株式会社）については、**コスモ株式会社**（吸収分割株式会社）**から**の**分割**により、食品に使用する添加物の製造事業に関する権利義務を承継した旨の登記、**発行済株式の総数**を**7,000株**、**資本金の額**を**金1,500万円**とする**変更**登記を申請することができる。

コスモ株式会社（吸収分割株式会社）については、**株式会社サニー**（吸収分割承継株式会社）**に**、食品に使用する添加物の製造事業に関する権利義務を**分割**した旨の登記を申請することができる。

＜申請書記載例；吸収分割承継株式会社・本問の場合＞

１．事	吸収分割による変更	
１．登	○年○月○日次のとおり変更 　発行済株式の総数　○株 　資本金の額　金○円 同日○県○市○町○丁目○番○号株式会社○○から分割	
１．税	増加した資本金の額×1,000分の７（登録税別表1.24.(1)チ） （計算した税額が金３万円に満たないときは、金３万円）	
１．添	株主総会議事録	１通（商登46条２項）
	株主の氏名又は名称、住所及び議決権数等を証する書面	１通（商登規61条３項）
	吸収分割契約書	１通（商登85条１号）
	公告及び催告をしたことを証する書面 　異議を述べた債権者はいない	２通（商登85条３号）
	資本金の額が会社法第445条第５項の規定に従って計上されたことを証する書面	１通（商登85条４号）
	吸収分割会社の登記事項証明書	１通（商登85条５号）
	吸収分割会社の取締役会議事録	１通（商登85条６号・46条２項）
	吸収分割会社の簡易分割の要件を満たすことを証する書面	１通（商登85条６号）

	吸収分割会社の公告をしたことを証する書面 異議を述べた債権者はいない	2通（商登85条8号）
	委任状	1通（商登18条）

＜申請書記載例；吸収分割株式会社・本問の場合＞

1．事	吸収分割による変更	
1．登	○年○月○日○県○市○町○丁目○番○号株式会社○○に分割	
1．税	金3万円（登録税別表1.24.(1)ツ）	
1．添	委任状	1通（商登18条）

1．吸収分割契約の締結

会社が、吸収分割をする場合には、吸収分割承継会社である会社との間で吸収分割契約を締結しなければならない（会社757条）。

本問の場合、別紙7の吸収分割契約書に基づき、株式会社サニーを吸収分割承継株式会社とし、コスモ株式会社を吸収分割株式会社とする吸収分割契約が締結されている。

吸収分割承継会社が株式会社であるときは、吸収分割契約において、次に掲げる事項を定めなければならない（会社758条各号）。

以下、別紙7の吸収分割契約書の記載内容等について具体的に検討する。

法定記載事項（会社758条各号）	吸収分割契約書（別紙7）
①　吸収分割会社及び吸収分割承継株式会社の商号及び住所（会社758条1号）	冒　頭 （以下省略）箇所
②　吸収分割承継株式会社が吸収分割により吸収分割会社から承継する資産、債務、雇用契約その他の権利義務（吸収分割株式会社及び吸収分割承継株式会社の株式並びに吸収分割株式会社の新株予約権に係る義務を除く。）に関する事項（会社758条2号）	第1条 第2条
③　吸収分割により吸収分割株式会社又は吸収分割承継株式会社の株式を吸収分割承継株式会社に承継させるときは、当該株式に関する事項（会社758条3号）	―
④　吸収分割承継株式会社が吸収分割に際して吸収分割会	第3条

社に対してその事業に関する権利義務の全部又は一部に代わる金銭等を交付するときは、当該金銭等についての次に掲げる事項（会社758条４号）	
（１）当該金銭等が吸収分割承継株式会社の株式であるときは、当該株式の数（種類株式発行会社にあっては、株式の種類及び種類ごとの数）又はその数の算定方法並びに当該吸収分割承継株式会社の資本金及び準備金の額に関する事項（会社758条４号イ）	第３条 第４条
（２）当該金銭等が吸収分割承継株式会社の社債（新株予約権付社債についてのものを除く。）であるときは、当該社債の種類及び種類ごとの各社債の金額の合計額又はその算定方法（会社758条４号ロ）	—
（３）当該金銭等が吸収分割承継株式会社の新株予約権（新株予約権付社債に付されたものを除く。）であるときは、当該新株予約権の内容及び数又はその算定方法（会社758条４号ハ）	—
（４）当該金銭等が吸収分割承継株式会社の新株予約権付社債であるときは、当該新株予約権付社債についての④（２）に掲げる事項及び当該新株予約権付社債に付された新株予約権についての④（３）に掲げる事項（会社758条４号ニ）	—
（５）当該金銭等が吸収分割承継株式会社の株式等以外の財産であるときは、当該財産の内容及び数若しくは額又はこれらの算定方法（会社758条４号ホ）	—
⑤　吸収分割承継株式会社が吸収分割に際して吸収分割株式会社の新株予約権の新株予約権者に対して当該新株予約権に代わる当該吸収分割承継株式会社の新株予約権を交付するときは、当該新株予約権についての次に掲げる事項（会社758条５号）	—
（１）吸収分割契約新株予約権の内容（会社758条５号イ）	—
（２）吸収分割契約新株予約権の新株予約権者に対して交付する吸収分割承継株式会社の新株予約権の内容及び数又はその算定方法（会社758条５号ロ）	—

（3）吸収分割契約新株予約権が新株予約権付社債に付された新株予約権であるときは、吸収分割承継株式会社が当該新株予約権付社債についての社債に係る債務を承継する旨並びにその承継に係る社債の種類及び種類ごとの各社債の金額の合計額又はその算定方法（会社758条5号ハ）	—
⑥　⑤の場合には、吸収分割契約新株予約権の新株予約権者に対する⑤の吸収分割承継株式会社の新株予約権の割当てに関する事項（会社758条6号）	—
⑦　吸収分割がその効力を生ずる日（会社758条7号）	第5条
⑧　吸収分割株式会社が効力発生日に次に掲げる行為をするときは、その旨（会社758条8号）	—
（1）会社法171条1項の規定による株式の取得（取得対価が吸収分割承継株式会社の株式（吸収分割株式会社が吸収分割をする前から有するものを除き、吸収分割承継株式会社の株式に準ずるものとして法務省令で定めるものを含む。⑧（2）において同じ。）のみであるものに限る。）（会社758条8号イ）	—
（2）剰余金の配当（配当財産が吸収分割承継株式会社の株式のみであるものに限る。）（会社758条8号ロ）	—

冒頭・第1条について

コスモ株式会社が、食品に使用する添加物の製造事業に関する権利義務を株式会社サニーに承継させる旨の記載がある。

第2条について

株式会社サニーがコスモ株式会社から承継する権利義務は、「コスモ株式会社の本件事業に関する資産、債務、雇用契約、その他の権利義務とし、別紙「承継財産の明細」記載のとおりとする。」旨の記載がある。

第3条について

吸収分割承継株式会社となる株式会社サニーは、吸収分割に際して、新たに発行する2,000株をコスモ株式会社に交付する旨の記載がある。

別紙８及び９より、株式会社サニーの発行済株式の総数は5,000株、発行可能株式総数は10万株であり、発行可能株式総数の範囲内での発行である。

第４条について

吸収分割により株式会社サニーの増加する資本金の額を500万円とし、増加する資本準備金その他増加額は、会社計算規則に従い、株式会社サニーが定める旨の記載がある。

第５条について

令和５年６月25日を吸収分割の効力発生日と定めている。

２．承認決議（吸収分割承継株式会社となる株式会社サニー）

前提の知識

吸収分割承継株式会社における吸収分割契約の承認決議

吸収分割承継株式会社は、効力発生日の前日までに、原則として、株主総会の特別決議によって、吸収分割契約の承認を受けなければならない（会社795条１項・309条２項12号）。

吸収分割承継株式会社が種類株式発行会社であり、吸収分割会社に対して吸収分割承継会社の譲渡制限株式を交付する場合には、募集株式の発行等における譲渡制限株式を引き受ける者の募集についてその種類の株式の種類株主を構成員とする種類株主総会の決議を要しない旨の定款規定がある場合を除き、その譲渡制限株式の種類株主を構成員とする種類株主総会の特別決議を経なければ、吸収分割はその効力を生じない。ただし、当該種類株主総会において議決権を行使することができる株主が存しない場合は、種類株主総会決議を経ることを要しない（会社795条４項・324条２項６号）。

別紙10より、令和５年６月19日開催の定時株主総会において、吸収分割契約が適法に承認されたと判断することができる。

３．債権者保護手続（吸収分割承継株式会社となる株式会社サニー）

前提の知識

債権者保護手続の要否・公告及び催告手続

吸収分割承継株式会社の債権者は、吸収分割承継株式会社に対し、吸収分割について異議を述べることができる（会社799条１項２号)。吸収分割承継株式会社は、以下に掲げる事項を官報に公告し、かつ、知れている債権者には各別に催告しなければならない（会社799条２項)。

（1）吸収分割をする旨

（2）吸収分割会社の商号及び住所

（3）吸収分割承継株式会社及び吸収分割株式会社の計算書類に関する事項として法務省令で定めるもの（会社施規199条）

（4）債権者が一定の期間内（１か月を下ることができない。）に異議を述べることができる旨

なお、上記の事項を官報のほか、定款に定めた時事に関する事項を掲載する日刊新聞紙に掲載するか、又は電子公告により公告をした場合は、知れている債権者への各別の催告は省略することができる（会社799条３項)。

（1）債権者保護手続の要否

別紙７より、株式会社サニーは吸収分割承継株式会社であるため、債権者の異議申述の権利を保障する債権者保護手続が必要となる。

（2）債権者に対する公告及び催告

別紙14より、債権者保護手続は、法令上必要とされる範囲で適法に行われている。別紙８及び９より、株式会社サニーの公告方法は、官報に掲載してすると定められており、知れている債権者への催告を省略できる場合には該当しないため、原則どおり、官報に公告し、かつ、各別に催告を行ったと判断することができる。

（3）債権者への対応

別紙14より、異議を述べた債権者はいない。したがって、株式会社サニーは債権者に対して弁済する等の特別の対応は不要である。

４．吸収分割承継株式会社の増加する資本金及び資本準備金の額

前提の知識

吸収分割承継株式会社の資本金の額の定め

吸収分割承継株式会社が吸収分割に際して吸収分割会社に対してその事業に関する権利義務の全部又は一部に代わる吸収分割承継株式会社の株式を交付するときは、当該株式の数（種類株式発行会社にあっては、株

式の種類及び種類ごとの数）又はその数の算定方法並びに当該吸収分割承継株式会社の資本金及び準備金の額に関する事項を吸収分割契約において定めなければならない（会社758条４号イ）。

別紙７より、吸収分割契約書第４条には、吸収分割によって増加すべき資本金の額を500万円とし、資本準備金その他増加額は、会社計算規則に従い、株式会社サニーが定める旨の記載がある。

５．承認決議（吸収分割株式会社となるコスモ株式会社）

前提の知識

①　吸収分割株式会社における吸収分割契約の承認決議

吸収分割株式会社は、効力発生日の前日までに、原則として、株主総会の特別決議によって、吸収分割契約の承認を受けなければならない（会社783条１項・309条２項12号）。

②　吸収分割株式会社における簡易分割

吸収分割により吸収分割承継会社に承継させる資産の帳簿価額の合計額が吸収分割株式会社の総資産額として法務省令で定める方法により算定される額の５分の１（これを下回る割合を吸収分割株式会社の定款で定めた場合にあっては、その割合）を超えない場合には、吸収分割株式会社における株主総会の承認は不要である（会社784条２項、会社施規187条）。この場合、吸収分割株式会社の株主には、株式買取請求権は認められていない（会社785条１項２号）。

なお、簡易分割の要件に該当する場合には、業務執行の意思決定機関（取締役会の決議又は取締役の過半数の一致）により分割契約を承認することができる（会社784条１項・２項）。

別紙14より、コスモ株式会社が吸収分割により株式会社サニーに承継させる資産の帳簿価額の合計額は、コスモ株式会社の総資産額として法務省令で定める方法により算定される額の５分の１を超えていない。また、問題文（答案作成に当たっての注意事項）及び別紙２より、コスモ株式会社の定款には、簡易分割についての別段の定めは設けられていないため、５分の１を下回る割合を定めていないことが分かる。

したがって、本問の場合、コスモ株式会社においては、簡易分割の要件を満たしているため、吸収分割契約の承認のための株主総会の決議は不要である。

コスモ株式会社は取締役会設置会社であるため、上述より、吸収分割契約は取締役会において承認されることとなる。別紙5より、令和5年4月21日に取締役会において吸収分割契約の承認がされているため適法である。

6．債権者保護手続（吸収分割株式会社となるコスモ株式会社）

前提の知識

① 債権者保護手続の要否

株式会社が吸収分割をする場合、吸収分割後、吸収分割株式会社に対して債務の履行（当該債務の保証人として吸収分割承継会社と連帯して負担する保証債務の履行を含む。）を請求することができない吸収分割株式会社の債権者は、吸収分割株式会社に対し、吸収分割について異議を述べることができる（会社789条1項2号）。

逆に、これ以外の場合（「いわゆる人的分割」の場合を除く。）には、分割の前後では、吸収分割株式会社の資産状態には実質的な変動がない（承継させる事業に関して有する権利義務と受け取る吸収分割承継株式会社の株式等とが同価値）と考えられるため、分割後も吸収分割株式会社に対して債務の履行を請求することができる債権者は、債権者保護手続の対象とはならない。

② 公告及び催告手続

吸収分割株式会社の債権者の全部又は一部が異議を述べることができる場合には、吸収分割株式会社は、次に掲げる事項を官報に公告し、かつ、知れている債権者（異議を述べることができる債権者に限る。）に対しては各別に催告しなければならない（会社789条2項・1項2号）。

（1）吸収分割をする旨

（2）吸収分割承継会社の商号及び住所

（3）吸収分割株式会社及び吸収分割承継会社の計算書類に関する事項として法務省令で定めるもの（会社施規188条）

（4）債権者が一定の期間内（1か月を下ることができない。）に異議を述べることができる旨

なお、上記の事項を官報のほか、定款に定めた時事に関する事項を掲載する日刊新聞紙に掲載する方法又は電子公告の方法により公告をした場合は、知れている債権者への各別の催告は省略することができる

(会社789条３項)。ただし、この場合であっても、不法行為によって生じた吸収分割株式会社の債務の債権者に対する各別の催告を省略することはできない(会社789条３項括弧書)。

(１) 債権者保護手続の要否

本問においては、株式会社サニーが承継する債務について、コスモ株式会社が併存的に引き受ける旨は定められていない。よって、吸収分割後、吸収分割株式会社に対して債務の履行を請求することができない債権者がいるため、当該債権者は、吸収分割株式会社に対し、吸収分割について異議を述べることができ、吸収分割株式会社であるコスモ株式会社において債権者保護手続が必要である。

(２) 債権者に対する公告及び催告

別紙１及び２より、コスモ株式会社の公告方法は、電子公告により行うと定められている。また、別紙14より、コスモ株式会社の債権者は、不法行為によって生じた債権を有する者ではないため、上述より、各別の催告を省略することができる。

別紙14より、債権者保護手続は、法令上必要とされる範囲で適法に行われている旨の記載があるため、コスモ株式会社においては、官報及び電子公告によって、適法に公告がされていると判断することができる。

(３) 債権者への対応

別紙14より、異議を述べた債権者はいない。したがって、コスモ株式会社は債権者に対して弁済する等の特別の対応は不要である。

７．吸収分割の効果

前提の知識

① 権利義務の承継

吸収分割承継株式会社は、吸収分割の効力発生日に、吸収分割契約の定めに従い、吸収分割会社の権利義務を承継する(会社759条１項)。

ただし、吸収分割について異議を述べることができる吸収分割会社の債権者であって、各別の催告を受けなかった債権者(吸収分割会社が、官報公告に加え分割会社の定款の定めに従い、時事に関する事項を掲載する日刊新聞紙又は電子広告により、公告した場合にあっては、不法行為により生じた債務の債権者に限る。)は、吸収分割契約において吸収分割後に吸収分割会社に対して債務の履行を請求することができないものとされているときであっても、吸収分割会社に対して、吸収分割会社が効力発生日に有していた財産の価額を限度として、当該債務の履行を請求することができる（会社759条２項）。また、当該債権者は、吸収分割契約において吸収分割後に吸収分割承継株式会社に対して債務の履行を請求することができないものとされているときであっても、吸収分割承継株式会社に対して、承継した財産の価額を限度として、当該債務の履行を請求することができる（会社759条３項）。

② 対価の交付等

吸収分割の効力発生日に、吸収分割会社は、吸収分割契約の定めに従い、吸収分割承継株式会社の株主、社債権者、新株予約権者、新株予約権付社債権者となる（会社759条８項）。

また、吸収分割会社の新株予約権の新株予約権者に吸収分割承継株式会社の新株予約権を交付すると定めたときは、吸収分割の効力発生日に吸収分割契約新株予約権は消滅し、当該新株予約権を有していた者は、吸収分割承継株式会社の新株予約権者となる（会社759条９項）。

前述より、本件吸収分割について必要となる手続は、効力発生日までに全て適法に終了している。

したがって、吸収分割契約で定めた令和５年６月25日に吸収分割の効力が発生する。

《吸収分割承継株式会社の変更登記申請書》

8．登記の事由

「吸収分割による変更」と記載する。

9．登記すべき事項

前提の知識

吸収分割承継株式会社がする吸収分割による変更登記の登記事項

吸収分割承継会社の登記申請書には、資本金の額等変更が生じた登記事項のほか、分割をした旨並びに吸収分割会社の商号及び本店をも記載しなければならない（商登84条１項）。この場合、変更の年月日として効力発生日も登記すべき事項となる（記録例依命通知第4節第19.2(1))。

また、吸収分割に際して吸収分割株式会社の新株予約権者に対し、新株予約権に代わる吸収分割承継株式会社の新株予約権を交付したときは、その新株予約権発行に関する事項を登記事項として登記する必要がある。この場合、吸収分割の日を変更年月日として、「年月日発行」とする。

登記すべき事項には、

「令和５年６月25日次のとおり変更

発行済株式の総数　7,000株

資本金の額　金1,500万円

令和５年６月25日東京都港区東町１番１号コスモ株式会社から分割」

と記載する。

10. 添付書面

前提の知識

吸収分割承継株式会社がする吸収分割による変更登記の添付書面

本店の所在地における吸収分割承継株式会社の変更の登記の申請書には、次の書面を添付しなければならない（商登85条、平18.3.31民商第782号第5部第3.2(1)参照)。

（１）吸収分割契約書

（２）吸収分割承継株式会社の手続に関する次に掲げる書面

（イ）分割契約の承認に関する書面（商登46条）

分割契約承認機関に応じ、株主総会、種類株主総会若しくは取締役会の議事録又は取締役の過半数の一致があったことを証する書面を添付しなければならない。

（ロ）略式分割又は簡易分割の場合には、その要件を満たすことを証する書面

略式分割の要件を満たすことを証する書面としては、具体的には、吸収分割承継株式会社の株主名簿等がこれに該当する。

簡易分割に反対する旨を通知した株主がある場合には、その有する総株式数が会社法施行規則第197条の規定により定める数に達しないことを内容とする代表者の証明書を添付することとなる。

また、簡易分割を行う場合において、簡易分割に反対の意思を通知した株主がないときは、「反対の意思の通知をした株主はいない。」と記載する。

（ハ）債権者保護手続関係書面

（ニ）資本金の額が会社法445条５項の規定に従って計上されたことを証する書面

（３）吸収分割会社の手続に関する次に掲げる書面

（イ）吸収分割会社の登記事項証明書（なお、作成後３か月以内のものに限る（商登規36条の２）。）

ただし、以下のいずれかに該当する場合を除く。

① 当該登記所の管轄区域内に吸収分割会社の本店がある場合（商登85条５号但書）

② 申請書に会社法人等番号を記載した場合その他法務省令で定める場合（商登19条の３、商登規36条の３）

（ロ）吸収分割会社が株式会社であるときは、分割契約の承認機関に応じ、株主総会又は種類株主総会の議事録（略式分割又は簡易分割の場合にあっては、その要件を満たすことを証する書面及び取締役の過半数の一致があったことを証する書面又は取締役会の議事録）

（ハ）債権者保護手続関係書面（不法行為によって生じた吸収分割会社の債務の債権者に対する各別の催告をしたことを証する書面を省略することはできない。）

（ニ）吸収分割株式会社が新株予約権を発行している場合において、その新株予約権者に対して当該新株予約権に代わる吸収分割承継株式会社の新株予約権を交付するときは、新株予約権証券提供公告等関係書面

（１）吸収分割契約書

別紙７の吸収分割契約書を添付する。

（２）吸収分割承継株式会社の手続に関する次に掲げる書面

吸収分割承継株式会社において吸収分割契約の承認決議が適法にされたことを証するため、令和５年６月19日付けの株式会社サニーの「（定時）株主総会議事録」を添付する（商登46条２項）。

登記すべき事項につき株主総会の決議を要するため、「株主の氏名又は名称、住所及び議決権数等を証する書面」を添付する（商登規61条３項）。

債権者保護手続関係書面としては、会社法799条２項の規定により、①「公告をしたことを証する書面」として、公告を掲載した官報及び②「知れている債権者に異議申述の催告をしたことを証する書面」として、催告書の写し又は会社が催告をした債権者の名簿と、各債権者に対する催告書の控え１通とを合綴して、代表取締役がその文面によって名簿に記載された債権者に対して各別に催告した旨を記載し、署名又は記名押印したものを添付する。したがって、通数の記載方法としては、①及び②を合わせて、「２通」と記載する（商登85条３号）。

なお、異議を述べた債権者はいないため、「異議を述べた債権者はいない」旨を申請書に記載する。

別紙14より、吸収分割契約書で定めた吸収分割により増加すべき資本金の額及び資本準備金の額は、会社法445条５項の規定に従って適法に計上されていることが分かる。したがって、「資本金の額が会社法第445条第５項の規定に従って計上されたことを証する書面」を添付する（商登85条４号）。

（３）吸収分割株式会社の手続に関する次に掲げる書面

問題文（答案作成に当たっての注意事項）、別紙１及び８より、吸収分割承継株式会社の本店所在地を管轄する登記所の管轄区域内には、吸収分割株式会社の本店が存在せず、また、会社法人等番号を記載することによる登記事項証明書の添付の省略はしないものとする旨の記載があることから、「吸収分割会社の登記事項証明書」（商登85条５号）を添付する。

吸収分割株式会社において吸収分割契約の承認決議が適法にされたことを証するため、「吸収分割会社の簡易分割の要件を満たすことを証する書面」（商登85条６号）及び令和５年４月21日付けの「吸収分割会社の取締役会議事録」を添付する（商登85条６号・46条２項）。

債権者保護手続関係書面としては、官報及び電子公告をもって会社法789条２項及び３項に規定する公告をしているため、「吸収分割会社の公告をしたことを証する書面」２通を添付する（商登85条８号）。

なお、異議を述べた債権者はいないため、「異議を述べた債権者はいない」旨を申請書に記載する。

11. 申請人

吸収分割承継株式会社である株式会社サニーが申請人となり、その代表者であるＳが会社を代表して登記の申請を行うこととなる。

《吸収分割株式会社の変更登記申請書》

本問においては、コスモ株式会社についての解答は要求されていないが、吸収分割による変更登記の申請内容は以下のとおりとなる。

12. 登記の事由

「吸収分割による変更」と記載する。

13. 登記すべき事項

前提の知識

① 吸収分割会社がする吸収分割による変更登記の登記事項

吸収分割会社の登記申請書には、分割をした旨、吸収分割承継会社の商号及び本店、吸収分割の効力発生日を記載しなければならない（会社923条、商登84条２項、記録例依命通知第4節第19. 2(2)）。

吸収分割承継会社が、吸収分割会社の新株予約権者に対して当該新株予約権に代わる吸収分割承継会社の新株予約権を交付した結果、吸収分割会社の新株予約権が消滅した場合（会社758条５号・759条９項）、新株予約権が消滅した旨及びその年月日も登記しなければならない。

② 吸収分割会社がする吸収分割による変更登記の申請

本店の所在地における吸収分割会社がする吸収分割による変更の登記の申請は、当該登記所の管轄区域内に吸収分割承継会社の本店がないときは、吸収分割承継会社の本店の所在地を管轄する登記所を経由してしなければならない（商登87条１項）。

また、この場合の吸収分割会社がする吸収分割による変更の登記の申請と吸収分割承継会社がする吸収分割による変更の登記の申請は、同時にしなければならない（商登87条２項）。そして、吸収分割会社がする吸収分割による変更の登記の申請書には、委任状を除き、他の書面の添付を要しない（商登18条・87条３項）。

登記すべき事項には、
「令和５年６月25日名古屋市中区丸の内一丁目１番地株式会社サニーに分割」
と記載する。

14. 添付書面

司法書士法務星子の代理権限を証する「委任状」を添付する（商登18条・87条３項）。

15. 申請人

吸収分割株式会社であるコスモ株式会社が申請人となり、その代表者であるＡが会社を代表して登記の申請を行うこととなる。

16. 経由・同時申請

（１）経由申請の要求

吸収分割株式会社であるコスモ株式会社の本店所在地を管轄する登記所の管轄区域内に、吸収分割承継株式会社である株式会社サニーの本店が存しないため、吸収分割株式会社における吸収分割による変更登記は、吸収分割承継株式会社の本店所在地を管轄する登記所を経由して申請しなければならない（商登87条１項）。

（２）同時申請の要求

本店所在地において吸収分割株式会社であるコスモ株式会社がする変更登記と吸収分割承継株式会社である株式会社サニーがする変更登記は、同時に申請しなければならない（商登87条２項）。

募集株式の発行等

結論

本問の場合、**令和５年６月29日**付けで、**発行済株式の総数**を**１万1,000株**、**資本金の額**を**金3,500万円**とする募集株式の発行による**変更**の登記を申請することができる。

＜申請書記載例；第三者割当て・非公開会社・非取締役会設置会社・本問の場合＞

１．事	募集株式の発行		
１．登	○年○月○日次のとおり変更 　発行済株式の総数　○株 　資本金の額　金○円		
１．税	増加した資本金の額×７/1,000（登録税別表1.24.(1)ニ） （計算額が金３万円に満たないときは、金３万円）		
１．添	株主総会議事録	１通	（商登46条２項）
	株主の氏名又は名称、住所及び議決権数等を証する書面	１通	（商登規61条３項）
	募集株式の引受けの申込みを証する書面	○通	（商登56条１号）
	払込みがあったことを証する書面	１通	（商登56条２号）
	資本金の額が会社法及び会社計算規則の規定に従って計上されたことを証する書面	１通	（商登規61条９項）
	委任状	１通	（商登18条）

前提の知識

①　募集株式の募集事項の決定機関

募集株式発行の際の募集事項の決定は、原則として、株主総会の特別決議による（会社309条２項５号・199条２項）。ただし、公開会社については、有利発行の場合を除き、取締役会の決議による（会社201条１項・199条２項・３項）。

②　募集株式の割当て

株式会社は、申込者の中から募集株式の割当てを受ける者を定め、かつ、その者に割り当てる募集株式の数を定めなければならない（会社204条１項）。募集株式が譲渡制限株式である場合における当該決定は、定款に別段の定めがある場合を除き、株主総会（取締役会設置会社にあっては、取締役会）の決議による（会社204条２項）。また、譲渡制限株式でない場合においては、代表者の割当自由の原則により、適宜の業務執行機関の決定による。

なお、募集事項の決定機関と割当先等の決定機関が同一の場合、株式を割り当てた者から申込みがされることを条件として、割当先等の決定を、募集事項の決定と同一の株主総会又は取締役会において決議することができる。

③　募集株式の発行における資本金等増加限度額

募集株式を発行した場合の資本金の額は、会社法に別段の定めがある場合を除き、株式の発行に際して株主となる者が当該株式会社に対して「払込み又は給付をした財産の額（資本金等増加限度額）」を基準として増加する（会社445条１項）。

そして、資本金等増加限度額は、会社計算規則14条の規定に従って算定される。

具体的には、①「募集株式の引受人より払込み及び給付を受けた財産の価額の合計額」から、②「増加する資本金及び資本準備金に関する事項として募集株式の交付に係る費用の額のうち、株式会社が資本金等増加限度額から減ずるべき額と定めた額（株式の交付に係る費用）」を減じて得た額に、③「株式発行割合（交付する株式の総数に占める新たに発行する株式の数の割合）」を乗じて得た額を算出し、そこから④「自己株式の処分差損」※を減じて得た額が資本金等増加限度額となる（会社計規14条１項）。

なお、②に掲げる募集株式の交付に係る費用等については、当分の間、零とされている（会社計規附則11条）。

｛（①－②）×③｝－④＝資本金等増加限度額

以上により資本金等増加限度額として算出された額のうち、２分の１を超えない額は、募集事項等の決定に際して定めることにより資本金として計上しないことができ（会社445条２項・199条１項５号）、その分は資本準備金として計上することとなる（会社445条３項）。

募集株式の発行による変更登記の申請書には、資本金の額を証するため、「資本金の額が会社法及び会社計算規則の規定に従って計上されたことを証する書面」を添付する（商登規61条９項)。

※　自己株式の処分差損は、イに掲げる額からロに掲げる額を減じて得た額が零以上であるときに、当該額を考慮することを要する。

イ　当該募集に際して処分する自己株式の帳簿価額

ロ　①に掲げる額から②に掲げる額を減じて得た額（零未満である場合にあっては、零）に自己株式処分割合（１から株式発行割合を減じて得た割合をいう。）を乗じて得た額

④　条件・期限付決議

決議に条件・期限を付すことも強行規定、定款又は株式会社の本質に反せず、かつ合理的な範囲内である限り、有効に行うことができるものとされている。

１．決議権限

別紙８及び９より、株式会社サニーは非公開会社であるため、募集株式の募集事項の決定は、株主総会の決議で行う（会社199条２項)。

別紙12より、株主総会において決議されているため、決議機関は適法である。

２．決議形式

（１）招集手続

問題文（答案作成に当たっての注意事項）より、議決権を行使することができる株主全員が出席しているため、招集手続の瑕疵の有無については、検討することを要しない。

（２）決議要件

別紙９より、株式会社サニーの定款には、「会社法第309条第２項に定める決議は、議決権を行使することができる株主の議決権の３分の２以上を有する株主が出席し、出席した当該株主の議決権の４分の３以上に当たる多数をもって行う。」旨の定めがある。

問題文（答案作成に当たっての注意事項）及び別紙12より、議決権を行使することができる株主の議決権の３分の２以上を有する株主が出席し（全員)、出席した当該株主の議決権の４分の３以上の賛成を得ているため（満場一致)、決議要件を満たしている（会社309条２項５号)。

3．決議内容

（1）割当方法

別紙11、12及び14より、第三者割当ての方法による募集株式の発行等であることが分かる。

（2）募集株式の数（枠内発行の要請）

募集株式の発行等は、発行可能株式総数の範囲内で行わなければならない。

本問の場合、別紙12より、5,000株（うち、自己株式1,000株）を交付する旨の決議をしている。前述、別紙８及び９より、募集株式の発行等の効力発生日である令和５年６月29日時点における株式会社サニーの発行可能株式総数は10万株であり、また、令和５年６月25日に吸収分割の効力が生じたことにより、募集株式の発行等の効力発生前の発行済株式の総数は7,000株である。

以上により、株式会社サニーが募集株式の発行等をすることができる株式の最大の数は９万4,000株（新たに発行することができる株式の最大の数は９万3,000株）となり、募集株式の数である5,000株（うち、新たに発行する株式の数は4,000株）は、募集株式の発行等をすることができる株式の数の範囲内である。

したがって、今回の募集株式の発行等後の発行済株式の総数は、発行可能株式総数（10万株）を超える発行とはならず、枠内発行の要請を満たしているため、適法である。

（3）募集株式の数

別紙12より、募集株式の数を、5,000株と定めている。

（4）募集株式の払込金額

別紙12より、払込金額は募集株式１株につき、金１万円と定めている。

（5）増加する資本金及び資本準備金の額

別紙12より、増加する資本金の額については、会社計算規則に基づき算出される資本金等増加限度額の２分の１を乗じて得た額と定めており、また、増加する資本準備金の額については、資本金等増加限度額から増加する資本金の額を減じて得た額と定めている。

（6）払込期日

別紙12より、払込期日を令和５年６月29日と定めている。

なお、別紙８及び９より、株式会社サニーは非公開会社であるため、募集事項を株主に対して通知する必要はない（会社201条３項参照）。

４．引受けの申込み

別紙14より、募集株式の引受けの申込みに関する手続は、全て適法にされていることが分かる。

５．募集株式の割当て

上述のとおり、募集株式が譲渡制限株式であり、株式会社サニーは非取締役会設置会社であるため、株主総会の決議により、割当てを受ける者及びその者に割り当てる募集株式の数を定めなければならない（会社204条１項・２項）。

別紙12より、令和５年６月26日開催の臨時株主総会において、N、合同会社X及び株式会社Qから引受けの申込みがされることを条件に、Nに500株、合同会社Xに3,600株、株式会社Qに900株を割り当てる旨の決定をしている。

本問の場合、募集事項の決定機関と割当先等の決定機関が同一の場合に該当し、上述より、割当先等の決定を株式を割り当てた者から申込みがされることを条件として、同一の株主総会において決議することができるため、適法である。

６．払込み

別紙14より、令和５年６月29日（払込期日）に、N、合同会社X及び株式会社Qは適法に払込みをしている。

７．効力発生日

別紙12より、払込期日は令和５年６月29日であるため、同日に募集株式の発行等の効力が生ずる。

８．発行済株式の総数

株式会社サニーは、募集株式の発行等に際して、保有する自己株式の全てである1,000株を交付しているため、新たに発行する株式の数は、4,000株（5,000株－1,000株）となる。

したがって、変更後の発行済株式の総数は、従前の発行済株式の総数（7,000株）に、新たに発行した株式数（4,000株）を加え、１万1,100株となる。

9．資本金の額

別紙12より、株式会社サニーは、募集株式5,000株のうち、1,000株は自己株式を交付する旨を定めているが、別紙10第1号議案の別紙である貸借対照表の抜粋及び別紙14の3より、自己株式の帳簿価額は金400万円であり、1株あたりの帳簿価額は金4,000円（金400万円÷1,000株）であることが分かる。

募集株式の発行における資本金等増加限度額の計算式に当てはめると、①は（金1万円×5,000株）＝金5,000万円、②は金0円、③は5,000株のうち、4,000株を新たに発行するため、5,000分の4,000、④は（金4,000円×1,000株）－｛(金5,000万円－金0円）×（1－4,000/5,000)｝＝金400万円－金1,000万円＝－金600万円となり、自己株式の処分差損が、零未満である場合に該当する。

資本金等増加限度額＝｛(①－②）×③｝

＝｛(金5,000万円－金0円）×5,000分の4,000｝

＝金4,000万円

以上により、資本金等増加限度額は金4,000万円となる。

別紙12より、増加する資本金の額を会社計算規則に基づき算出される資本金等増加限度額の2分の1を乗じて得た額と定めていることから、金4,000万円に2分の1を乗じた金2,000万円を資本金に計上することとなる。

10．登記すべき事項

登記すべき事項には、

「令和5年6月29日次のとおり変更

発行済株式の総数　1万1,000株

資本金の額　金3,500万円」

と記載する。

11．添付書面

募集事項等を定めたこと及び割当決議をしたことを証する書面として、令和5年6月26日付けの「(臨時）株主総会議事録」を添付する（商登46条2項)。

登記すべき事項につき株主総会の決議を要するため、「株主の氏名又は名称、住所及び議決権数等を証する書面」を添付する（商登規61条3項)。

募集株式の発行等に関する引受けの申込み及び払込みに関する手続が適法にされているため、「募集株式の引受けの申込みを証する書面」及び「払込みがあったことを証する書面」を添付する（商登56条１号・２号）。

　会社計算規則14条により、資本金に計上すべき額に関する規律が設けられているため、「資本金の額が会社法及び会社計算規則の規定に従って計上されたことを証する書面」を添付する（商登規61条９項）。

役員等の変更（コスモ株式会社）

一　結論

取締役Ａ・Ｂ

令和５年４月21日付けで、**重任**登記を申請することができる。

取締役Ｃ

令和５年４月21日付けで、**任期満了**により退任した旨の登記を申請することができる。

取締役（社外取締役）Ｍ

令和５年４月21日付けで、**就任**登記を申請することができる。

監査等委員である取締役（社外取締役）Ｇ

令和５年４月１日付けで、**死亡**により退任した旨の登記を申請することができる。

監査等委員である取締役（社外取締役）Ｈ

令和５年４月１日付けで、**就任**登記を申請することができる。

代表取締役Ａ

令和５年４月21日付けで、**重任**登記を申請することができる。

会計監査人ビーナス監査法人

令和５年４月21日付けで、**重任**登記を申請することができる。

二　役員等に関する検討

監査等委員である取締役（社外取締役）G（死亡）

＜申請書記載例＞

1．事	監査等委員である取締役の変更
1．登	○年○月○日監査等委員である取締役（社外取締役）○○死亡
1．税	金３万円（登録税別表1.24.(1)カ） （但し、資本金の額が１億円以下の会社については、金１万円）
1．添	退任を証する書面　1通（商登54条４項）
	委任状　1通（商登18条）

前提の知識

死亡による退任登記の退任日付

死亡によって役員及び会計監査人と会社との委任関係は当然に消滅するので（会社330条、民653条１号）、死亡届の届出年月日や受領年月日は退任日付に何ら影響を与えない。

問題文（答案作成に当たっての注意事項）、別紙１及び２より、監査等委員である取締役（社外取締役）Gは、令和４年４月22日に選任され、同日就任しており、選任後２年以内に終了する事業年度のうち最終のものに関する定時株主総会の終結の時まで任期があるはずであったが、別紙13より、令和５年４月１日に死亡している。

したがって、令和５年４月１日付けで、死亡による退任登記を申請する。

＜添付書面＞

退任を証する書面として、「死亡届」を添付する（商登54条４項）。

監査等委員である取締役（社外取締役）H（就任）

＜申請書記載例＞

1．事	監査等委員である取締役の変更
1．登	○年○月○日監査等委員である取締役（社外取締役）○○就任
1．税	金３万円（登録税別表1.24.(1)カ） （但し、資本金の額が１億円以下の会社については、金１万円）
1．添	株主総会議事録　1通（商登46条２項）

株主の氏名又は名称、住所及び議決権数等を証する書面	1通（商登規61条3項）
就任を承諾したことを証する書面	1通（商登54条1項）
本人確認証明書	1通（商登規61条7項）
委任状	1通（商登18条）

前提の知識

① 補欠の役員

役員及び会計監査人は、株主総会の決議によって選任する（会社329条1項）。この場合には、法務省令で定めるところにより、役員が欠けた場合又は会社法若しくは定款で定めた役員の員数を欠くこととなるときに備えて補欠の役員を選任することができる（会社329条3項）。

② 補欠役員選任決議の有効期間

補欠の会社役員の選任に係る決議が効力を有する期間は、定款に別段の定めがある場合を除き、当該決議後最初に開催する定時株主総会の開始の時までである。ただし、株主総会（当該補欠の会社役員を会社法108条1項9号に掲げる事項についての定めに従い種類株主総会の決議によって選任する場合にあっては、当該種類株主総会）の決議によってその期間を短縮することを妨げない（会社施規96条3項）。また、定款により、当該期間を伸長することも可能である。

③ 補欠役員の就任要件

補欠役員は、「役員が欠けた場合又はこの法律若しくは定款で定めた役員の員数を欠くこととなるとき」に、役員として選任の効力が生ずる（会社329条3項）。

「この法律…で定めた役員の員数」とは、会社法上当該員数が規定されている場合における当該最低員数を指す。例えば、取締役会設置会社における取締役の最低員数（3名、会社331条5項）、監査役会設置会社における監査役の最低員数（3名、会社335条3項）がこれに当たる。

④ 社外取締役である旨の登記

社外取締役である旨は、原則として登記する必要はない。例外として、以下の場合には社外取締役である旨の登記をしなければならない（会社911条3項21号・22号・23号）。

（1）特別取締役による議決の定めがある場合
（2）監査等委員会設置会社である場合
（3）指名委員会等設置会社である場合

⑤　取締役及び監査役の就任登記の添付書面

取締役及び監査役の就任登記の添付書面は、原則として、株主総会議事録（商登46条２項）及び就任を承諾したことを証する書面（商登54条１項）である。また、取締役及び監査役の就任（再任を除く。）による変更の登記の申請書には、取締役又は監査役が就任を承諾したことを証する書面に記載した取締役又は監査役の氏名及び住所と同一の氏名及び住所が記載されている市町村長その他の公務員が職務上作成した証明書（当該取締役又は監査役が原本と相違がない旨を記載した謄本を含む。以下「本人確認証明書」という。）を添付しなければならない。

なお、登記の申請書に商業登記規則61条４項、５項又は６項の規定により、当該取締役及び監査役の印鑑につき市町村長の作成した証明書を添付する場合は、本人確認証明書の添付は不要である（商登規61条７項但書）。

また、株主総会議事録に取締役又は監査役が席上就任を承諾した旨の記載がある場合には、就任を承諾したことを証する書面を添付することを要しないが、本人確認証明書の添付を要する場合には、席上就任を承諾した旨の記載があり、かつ被選任者の住所の記載がされていなければ、議事録の記載を援用することはできない（平27.2.20民商18号通達）。

１．決議権限

別紙３より、株主総会において決議されているため、決議機関は適法である（会社329条１項・３項）。

２．決議形式

（1）招集手続

問題文（答案作成に当たっての注意事項）より、議決権を行使することができる株主全員が出席しているわけではないため、招集手続の瑕疵の有無の検討を要するが、特に招集手続に瑕疵がある旨の記載もないことから、招集手続は適法にされていると解することができる。

（２）決議要件

別紙２より、コスモ株式会社の定款には、「取締役の選任決議は、議決権を行使することができる株主の議決権の３分の１以上を有する株主が出席し、その議決権の過半数をもって行う。」旨の定めがある。

問題文（答案作成に当たっての注意事項）及び別紙３より、議決権を行使することができる株主の議決権の３分の１以上を有する株主が出席し（過半数）、出席した当該株主の議決権の過半数の賛成を得ているため、決議要件を満たしている（会社341条）。

３．決議内容

別紙３より、法令又は定款に定める取締役の員数を欠く場合に備えて、監査等委員である取締役（社外取締役）の補欠としてＨを選任している。

（１）資格制限

資格制限に抵触する事実は示されていないため、適法である。

（２）員数制限

別紙２より、コスモ株式会社の定款には、「当会社の監査等委員である取締役は、５名以内とする。」旨の定めがあるが、監査等委員である取締役の員数規定に抵触しないため、適法である。

４．就任承諾

別紙３より、令和４年４月22日開催の定時株主総会において、Ｈを補欠監査等委員である取締役（社外取締役）として選任しており、問題文（答案作成に当たっての注意事項）より、Ｈは、同日就任を承諾している。

前述のとおり、監査等委員である取締役（社外取締役）Ｇが令和５年４月１日に死亡したことにより、監査等委員会設置会社の監査等委員である取締役の最低員数（３名）及びコスモ株式会社における監査等委員である取締役（社外取締役）の最低員数（２名）を欠くこととなるため（役員等の概要（コスモ株式会社）参照、会社331条６項）、補欠監査等委員である取締役（社外取締役）Ｈが令和５年４月１日に監査等委員である取締役（社外取締役）として就任することとなる。

なお、補欠監査等委員である取締役（社外取締役）選任決議後、令和５年４月１日までに、定時株主総会は開催されておらず、補欠役員の選任に係る決議の有効期間内であるため、Ｈは適法に監査等委員である取締役（社外取締役）に就任する

（会社施規96条３項）。

５．社外取締役である旨の登記の要否

別紙１及び２より、コスモ株式会社は、監査等委員会設置会社であり、また、別紙13より、Ｈは社外取締役の要件を満たしているため、社外取締役である旨の登記をすることを要する。

６．添付書面

選任を証する書面として、令和４年４月22日付けの「（定時）株主総会議事録」を添付する（商登46条２項）。

登記すべき事項につき株主総会の決議を要するため、「株主の氏名又は名称、住所及び議決権数等を証する書面」を添付する（商登規61条３項）。

Ｈの「監査等委員である取締役の就任を承諾したことを証する書面」を添付する（商登54条１項）。

Ｈの「本人確認証明書」を添付する（商登規61条７項）。

取締役Ｃ（任期満了）

＜申請書記載例＞

１．事	取締役の変更	
１．登	○年○月○日取締役○○退任	
１．税	金３万円（登録税別表1.24.(1)カ） （但し、資本金の額が１億円以下の会社については、金１万円）	
１．添	退任を証する書面	１通（商登54条４項）
	委任状	１通（商登18条）

前提の知識

取締役の任期

取締役は、原則として、選任後２年以内に終了する事業年度のうち最終のものに関する定時株主総会の終結の時に退任する（会社332条１項）。例外規定は、以下のとおりである。

（１）監査等委員である取締役以外の取締役は、定款又は株主総会の決議によって、その任期を短縮することができる（会社332条１項但書）。

（2）非公開会社（監査等委員会設置会社及び指名委員会等設置会社を除く。）においては、定款によって、選任後10年以内に終了する事業年度のうち最終のものに関する定時株主総会の終結の時まで伸長することができる（会社332条2項）。

（3）監査等委員会設置会社の取締役（監査等委員であるものを除く。）は、選任後1年以内に終了する事業年度のうち最終のものに関する定時株主総会の終結の時に退任する（会社332条3項）。

（4）定款によって、任期の満了前に退任した監査等委員である取締役の補欠として選任された監査等委員である取締役の任期を退任した監査等委員である取締役の任期の満了する時までとすることができる（会社332条5項）。

（5）指名委員会等設置会社の取締役は、選任後1年以内に終了する事業年度のうち最終のものに関する定時株主総会の終結の時に退任する（会社332条6項）。

（6）定款変更によりその効力発生時に任期満了となる場合（会社332条7項）

（イ）監査等委員会又は指名委員会等を置く旨の定款の変更

（ロ）監査等委員会又は指名委員会等を置く旨の定款の定めを廃止する定款の変更

（ハ）非公開会社が公開会社となる定款の変更

問題文（答案作成に当たっての注意事項）及び別紙1より、取締役Cは、令和4年4月22日に選任され、同日就任している。別紙2より、取締役（監査等委員である取締役を除く。）の任期は、選任後1年以内に終了する事業年度のうち最終のものに関する定時株主総会の終結の時までであり、取締役Cは、令和5年4月21日の定時株主総会の終結の時に退任する。

＜添付書面＞

取締役Cの退任を証する書面として、令和5年4月21日付けの「(定時) 株主総会議事録」を添付する（商登54条4項)。

なお、取締役が定時株主総会の終結をもって任期満了する旨が議事録に明示されていないが、コスモ株式会社は、取締役(監査等委員である取締役を除く。)につき、定款によって法定任期と異なる任期を定めていないため、定款を添付せずとも、登記の申請は受理されるものと解される。

取締役Ａ・Ｂ（重任）

＜申請書記載例＞

1．事	取締役の変更	
1．登	○年○月○日次の者重任 取締役　○○ 取締役　○○	
1．税	金３万円（登録税別表1.24.(1)カ） （但し、資本金の額が１億円以下の会社については、金１万円）	
1．添	株主総会議事録	１通（商登46条２項）
	株主の氏名又は名称、住所及び議決権数等を証する書面	１通（商登規61条３項）
	就任を承諾したことを証する書面	○通（商登54条１項）
	委任状	１通（商登18条）

前提の知識

重任

任期満了と同時に再選され就任した場合を、登記の実務上「重任」といい、退任の旨及び就任した旨を重ねて記載するのではなく、重任した旨を記載する。

株式譲渡制限の定めを廃止する定款変更により取締役が退任した場合において、当該株主総会で同一人が取締役に再任されたときの登記の原因は、「重任」としてよい（平18.6.14日司連発279号「会社法等の施行に伴う商業登記実務についてのＱ＆Ａ」Q11)。

また、監査等委員会設置会社の定めの設定により、従前の取締役が、退任と同時に監査等委員である取締役に就任した場合の登記原因は、退任及び就任であるが、退任と同時に監査等委員である取締役以外の取締役に就任した場合の登記原因は、重任である（平成27.2.6法務省民商13号通達)。

1．決議権限

別紙４より、株主総会において決議されているため、決議機関は適法である（会社329条１項）。

2．決議形式

（1）招集手続

問題文（答案作成に当たっての注意事項）より、議決権を行使することができる株主全員が出席しているわけではないため、招集手続の瑕疵の有無の検討を要するが、特に招集手続に瑕疵がある旨の記載もないことから、招集手続は適法にされていると解することができる。

（2）決議要件

別紙２より、コスモ株式会社の定款には、「取締役の選任決議は、議決権を行使することができる株主の議決権の３分の１以上を有する株主が出席し、その議決権の過半数をもって行う。」旨の定めがある。

問題文（答案作成に当たっての注意事項）及び別紙４より、議決権を行使することができる株主の議決権の３分の１以上を有する株主が出席し（過半数）、出席した当該株主の議決権の過半数の賛成を得ているため、決議要件を満たしている（会社341条）。

3．決議内容

別紙４より、取締役としてＡ及びＢを選任している。

（1）資格制限

資格制限に抵触する事実は示されていないため、適法である。

（2）員数制限

別紙２より、コスモ株式会社の定款には、「当会社の取締役（監査等委員である取締役を除く。）は、10名以内とする。」旨の定めがあるが、取締役の員数規定に抵触しないため、適法である。

（3）重任・予選の可否

問題文（答案作成に当たっての注意事項）及び別紙１より、Ａ及びＢは令和４年４月22日に選任され、同日就任している。問題文（答案作成に当たっての注意事項）及び別紙２より、Ａ及びＢは、選任後１年以内に終了する事業年度のうち最終のものに関する定時株主総会の終結の時に任期が満了し、退任する。しかし、同定時株主総会において、Ａ及びＢが再度取締役に選任され、問題文（答案作成に当たっての注意事項）より、就任承諾は適法に得られているため、同日付けで重任登記を申請することとなる。

なお、Ａ及びＢは、令和５年４月21日の定時株主総会の終結の時まで任期があるため、当該定時株主総会における選任決議は、予選と解されるが、選任の効力が生ずるまでの期間も短期間であり、予選することについて合理性を欠くような事実も示されていないため、可能である。

4．就任承諾

問題文（答案作成に当たっての注意事項）及び別紙４より、被選任者は、令和５年４月21日開催の定時株主総会において選任され、同日就任を承諾しているため、令和５年４月21日に就任の効力が生ずる。

5．添付書面

退任を証する書面及び選任を証する書面として、令和５年４月21日付けの「（定時）株主総会議事録」を添付する（商登54条４項・46条２項）。

登記すべき事項につき株主総会の決議を要するため、「株主の氏名又は名称、住所及び議決権数等を証する書面」を添付する（商登規61条３項）。

A及びBの「取締役の就任を承諾したことを証する書面」を添付する（商登54条１項）。

なお、A及びBは再任であるため（役員等の概要（コスモ株式会社）参照）、本人確認証明書の添付を要しない。

代表取締役 A（重任）

＜申請書記載例；取締役会設置会社＞

1．事	代表取締役の変更	
1．登	○年○月○日次の者重任 ○県○市○町○丁目○番○号 代表取締役　○○	
1．税	金３万円（登録税別表1.24.(1)カ） （但し、資本金の額が１億円以下の会社については、金１万円）	
1．添	取締役会議事録	１通（商登46条２項）
	就任を承諾したことを証する書面	１通（商登54条１項）
	委任状	１通（商登18条）

前提の知識

取締役会設置会社における代表取締役の就任登記の添付書面

取締役会設置会社において、代表取締役を選定した場合の代表取締役の就任登記の添付書面は、次のとおりである。

（1）取締役会議事録（商登46条2項）

（2）（1）に係る印鑑証明書（商登規61条6項3号）

※ 出席した取締役及び監査役（監査役の監査の範囲が会計に関するものに限定されている場合を含む。会社369条3項）が取締役会議事録に押印した印鑑につき、変更前の代表取締役が権限をもって取締役会に出席し、当該議事録に届出印を押印している場合を除き、市町村長の作成した証明書を添付しなければならない。

（3）代表取締役が就任を承諾したことを証する書面（商登54条1項）

※ 被選定者が取締役会の席上で就任を承諾し、それが議事の経過の要領として議事録に記載されていれば、当該議事録の記載を「就任を承諾したことを証する書面」として援用することが可能である。この場合、再任の場合を除き、議事録に被選定者の実印が押印されていなければならない。

（4）（3）に係る印鑑証明書（商登規61条5項・4項）

※ 代表取締役が就任を承諾したことを証する書面に押印した印鑑につき、再任の場合を除き、市町村長の作成した証明書を添付しなければならない。

1．決議権限

別紙1及び2より、コスモ株式会社は取締役会設置会社であり、別紙5より、取締役会において決議されているため、決議機関は適法である（会社362条2項3号）。

2．決議形式

（1）招集手続

別紙13より、取締役及び監査等委員である取締役の全員が出席しているため、招集手続の瑕疵の有無については、検討することを要しない。

（2）決議要件

別紙5及び13より、議決に加わることができる取締役の過半数が出席し

(全員)、その過半数の賛成を得ているため(全員)、決議要件を満たしている(会社369条1項)。

3．決議内容

別紙5より、代表取締役としてAを選定している。

(1) 前提資格

前述のとおり、令和5年4月21日開催の取締役会の時点において、Aは、取締役として在任中であり(役員等の概要(コスモ株式会社)参照)、代表取締役としての前提資格を有しているため、適法である。

(2) 員数制限

員数制限に抵触する事実は示されていないため、適法である。

(3) 重任の可否

前述のとおり、代表取締役Aは、代表取締役の前提資格である取締役を令和5年4月21日に任期満了により退任しているため、同日をもって代表取締役としても退任する。しかし、同日付けで取締役に就任し、さらに、同日開催の取締役会において、再び代表取締役に選定され、席上即時に就任を承諾しているため、同日付けで重任登記を申請することができる。

4．就任承諾

別紙5より、被選定者は、選定決議に係る取締役会において席上即時に就任を承諾しているため、令和5年4月21日に就任の効力が生ずる。

5．添付書面

(1) 退任を証する書面(商登54条4項)

前提資格である取締役としての重任登記と一括申請する場合であるので、別途代表取締役としての退任を証する書面を添付することを要しない。

(2) 選定を証する書面及びこれに関する印鑑証明書

(イ) 取締役会議事録(商登46条2項)

Aを代表取締役に選定している旨が記載されている令和5年4月21日付けの「取締役会議事録」を添付する。

(ロ) 印鑑証明書の添付の要否(商登規61条6項3号)

別紙13より、取締役会議事録に代表取締役であるAが登記所に提出している印鑑と同一の印鑑を押印しているため、取締役会議事録に押印した印鑑についての証明書を添付することを要しない（商登規61条６項但書）。

（３）就任を承諾したことを証する書面及びこれに関する印鑑証明書

（イ）就任を承諾したことを証する書面（商登54条１項）

Ａの「代表取締役の就任を承諾したことを証する書面」を添付する。

（ロ）印鑑証明書の添付の要否（商登規61条５項・４項）

Ａは再任であるため（役員等の概要（コスモ株式会社）参照）、就任を承諾したことを証する書面に印鑑についての証明書を添付することを要しない。

会計監査人ビーナス監査法人（重任）

＜申請書記載例；法人の場合・主たる事務所が本店を管轄する登記所の他の管轄区域内にある場合＞

1．事	会計監査人の変更		
1．登	○年○月○日会計監査人○○監査法人重任		
1．税	金３万円（登録税別表1.24.(1)カ） （但し、資本金の額が１億円以下の会社については、金１万円）		
1．添	株主総会議事録	１通	（商登54条４項）
	登記事項証明書	１通	（商登54条２項２号）
	委任状	１通	（商登18条）

前提の知識

会計監査人の再任みなし

会計監査人が退任する定時株主総会で別段の決議がされなかったときは、会計監査人は当該定時株主総会で再任されたものとみなされる（会社338条２項）。この場合の重任登記の申請書には、資格を証する書面（商登54条２項２号・３号）及び当該定時株主総会の議事録（商登54条４項）を添付すれば足り、会計監査人が就任を承諾したことを証する書面の添付は要しない（平18.3.31民商782号第2部第3.9(2)イ(ア)b）。

1．決議の有無

別紙１及び４より、会計監査人ビーナス監査法人は、令和４年４月22日付けで重任登記がされており、選任後１年以内に終了する事業年度のうち最終のものに関する定時株主総会の終結の時である令和５年４月21日に任期が満了し退任する。

しかし、別紙4より、会計監査人ビーナス監査法人の任期が満了する当該定時株主総会において、別段の決議がされていないため、会計監査人ビーナス監査法人は、同定時株主総会において再任されたものとみなされる。

したがって、令和5年4月21日付けで、重任登記を申請することとなる。

（1）資格制限

ビーナス監査法人は監査法人であり、また、他に資格制限に抵触する事実は示されていないため、適法である。

（2）員数制限

員数制限に抵触する事実は示されていないため、適法である。

2．添付書面

退任（重任）を証する書面として、令和5年4月21日付けの「(定時）株主総会議事録」を添付する（商登54条4項)。

また、資格を証する書面として、「ビーナス監査法人の登記事項証明書」を添付する（商登54条2項2号)。

なお、就任を承諾したことを証する書面（商登54条2項1号）は、添付することを要しない（平18.3.31民商782号第2部第3.9(2)イ(ア)b)。

取締役（社外取締役）M（就任）

＜申請書記載例＞

1．事	取締役の変更	
1．登	○年○月○日取締役（社外取締役）○○就任	
1．税	金3万円（登録税別表1.24.(1)カ） （但し、資本金の額が1億円以下の会社については、金1万円）	
1．添	株主総会議事録	1通（商登46条2項）
	株主の氏名又は名称、住所及び議決権数等を証する書面	1通（商登規61条3項）
	就任を承諾したことを証する書面	1通（商登54条1項）
	本人確認証明書	1通（商登規61条7項）
	委任状	1通（商登18条）

１．決議権限

別紙４より、株主総会において決議されているため、決議機関は適法である（会社329条１項）。

２．決議形式

（１）招集手続

問題文（答案作成に当たっての注意事項）より、議決権を行使することができる株主全員が出席しているわけではないため、招集手続の瑕疵の有無の検討を要するが、特に招集手続に瑕疵がある旨の記載もないことから、招集手続は適法にされていると解することができる。

（２）決議要件

別紙２より、コスモ株式会社の定款には、「取締役の選任決議は、議決権を行使することができる株主の議決権の３分の１以上を有する株主が出席し、その議決権の過半数をもって行う。」旨の定めがある。

問題文（答案作成に当たっての注意事項）及び別紙４より、議決権を行使することができる株主の議決権の３分の１以上を有する株主が出席し（過半数）、出席した当該株主の議決権の過半数の賛成を得ているため、決議要件を満たしている（会社341条）。

３．決議内容

別紙４より、取締役（社外取締役）としてMを選任している。

（１）資格制限

資格制限に抵触する事実は示されていないため、適法である。

（２）員数制限

別紙２より、コスモ株式会社の定款には、「当会社の取締役（監査等委員である取締役を除く。）は、10名以内とする。」旨の定めがあるが、取締役の員数規定に抵触しないため、適法である。

４．就任承諾

問題文（答案作成に当たっての注意事項）及び別紙４より、被選任者は、令和５年４月21日開催の定時株主総会において選任され、同日就任を承諾しているため、令和５年４月21日に就任の効力が生ずる。

５．社外取締役である旨の登記の要否

別紙１及び２より、コスモ株式会社は、監査等委員会設置会社であり、また、別紙13より、Mは社外取締役の要件を満たしているため、社外取締役である旨の登記をすることを要する。

６．添付書面

選任を証する書面として、令和５年４月21日付けの「（定時）株主総会議事録」を添付する（商登46条２項）。

登記すべき事項につき株主総会の決議を要するため、「株主の氏名又は名称、住所及び議決権数等を証する書面」を添付する（商登規61条３項）。

Mの「取締役の就任を承諾したことを証する書面」を添付する（商登54条１項）。

Mの「本人確認証明書」を添付する（商登規61条７項）。

役員の変更（株式会社サニー）

一　結論

取締役B

令和５年６月26日付けで、**就任**登記を申請することができる。

取締役N

令和５年６月19日付けで、**任期満了**により退任した旨の登記を申請することができる。

二　役員に関する検討

取締役N（任期満了）

＜申請書記載例＞

1．事	取締役の変更	
1．登	○年○月○日取締役○○退任	
1．税	金１万円（登録税別表1. 24. (1) カ） （但し、資本金の額が金１億円を超える場合は、金３万円）	
1．添	定款	１通（商登規61条１項）
	退任を証する書面	１通（商登54条４項）
	委任状	１通（商登18条）

前提の知識

退任を証する書面としての定款の添付の要否

役員の改選に当たり、定時株主総会の議事録に「本定時株主総会の終結をもって取締役及び監査役の任期が満了するので改選…」との記載があるときは、退任を証する書面として、別に定款を添付する必要はない（昭53. 9. 18民四5003号）。

問題文（答案作成に当たっての注意事項）及び別紙８より、取締役Nは、令和１年６月30日に選任され、同日就任している。別紙９より、取締役の任期は、選任後４年以内に終了する事業年度のうち最終のものに関する定時株主総会の終結の時までであり、取締役Nは、令和５年６月19日の定時株主総会の終結の時に退任する。

したがって、令和５年６月19日付けで、任期満了による退任登記を申請することができる。

＜添付書面＞

取締役Ｎの退任を証する書面として、令和５年６月19日付けの「(定時) 株主総会議事録」を添付する（商登54条４項)。

別紙10より、取締役が定時株主総会の終結をもって任期が満了する旨が議事録に明示されておらず、また、定款により取締役の任期を法定期間より伸長しているため、「定款」の添付を要するものと解される（商登規61条１項)。

取締役Ｂ（就任）

＜申請書記載例＞

１．事	取締役の変更		
１．登	○年○月○日取締役○○就任		
１．税	金１万円（登録税別表1. 24. (1)カ） （但し、資本金の額が金１億円を超える場合は、金３万円)		
１．添	株主総会議事録	１通	（商登46条２項)
	株主の氏名又は名称、住所及び議決権数等を証する書面	１通	（商登規61条３項)
	就任を承諾したことを証する書面	１通	（商登54条１項)
	印鑑証明書	１通	（商登規61条４項)
	委任状	１通	（商登18条)

１．決議権限

別紙12より、株主総会において決議されているため、決議機関は適法である（会社329条１項）。

２．決議形式

（１）招集手続

問題文（答案作成に当たっての注意事項）より、議決権を行使することができる株主全員が出席しているため、招集手続の瑕疵の有無については、検討することを要しない。

（2）決議要件

問題文（答案作成に当たっての注意事項）及び別紙12より、議決権を行使することができる株主の過半数が出席し（全員）、出席した議決権を行使することができる株主の議決権の過半数の賛成を得ているため（満場一致）、決議要件を満たしている。

3．決議内容

別紙12より、取締役としてＢを選任している。

（1）資格制限

資格制限に抵触する事実は示されていないため、適法である。

（2）員数制限

別紙９より、株式会社サニーの定款には、「当会社の取締役は、３名以上10名以内とする。」旨の定めがあるが、取締役の員数規定に抵触しないため、適法である。

4．就任承諾

問題文（答案作成に当たっての注意事項）及び別紙12より、被選任者は、令和５年６月26日開催の臨時株主総会において選任され、同日就任を承諾しているため、令和５年６月26日に就任の効力が生ずる。

5．添付書面

選任を証する書面として、令和５年６月26日付けの「（臨時）株主総会議事録」を添付する（商登46条２項）。

登記すべき事項につき株主総会の決議を要するため、「株主の氏名又は名称、住所及び議決権数等を証する書面」を添付する（商登規61条３項）。

Ｂの「取締役の就任を承諾したことを証する書面」を添付する（商登54条１項）。

Ｂの「印鑑証明書」を添付する（商登規 61 条４項）。

問４の検討

結論

令和５年６月30日に司法書士法務星子が株式会社サニーの代表者から提示を受けた株主名簿について、これに記載されている株主のうち、保有株式数の多い順に上位４名のみを第４欄に記載した場合、記載する株主の氏名又は名称及びその株式の数は、「**合同会社Ｘ　4,200**」、「**コスモ株式会社　2,000**」、「**Ｎ　1,900**」、「**株式会社Ｑ　900**」となる。

《株主の氏名又は名称及びその株式の数》

別紙11及び前述より、吸収分割及び募集株式の発行等の効力が生じたことによって、令和５年６月30日時点の株式会社サニーの株主名簿の抜粋は以下のとおりとなっている。

株主の氏名又は名称	株式の数
合同会社Ｘ	4,200株
コスモ株式会社	2,000株
Ｎ	1,900株
株式会社Ｑ	900株
Ｒ	500株
株式会社Ｋ	400株
Ｓ	300株
Ｔ	200株
（以下略）	（以下略）
合計	１万1,000株

したがって、第４欄には保有株式数の多い上位４名の株主の氏名又は名称及びその株式の数として、「合同会社Ｘ　4,200」、「コスモ株式会社　2,000」、「Ｎ　1,900」、「株式会社Ｑ　900」を記載することとなる。

◇ 主要参考文献一覧 ◇

午前の部

憲 法

＊ 芦部信喜＝高橋和之補訂・憲法〔第７版〕（岩波書店）
＊ 野中俊彦＝中村睦男＝高橋和之＝高見勝利・憲法Ⅰ・Ⅱ〔第５版〕（有斐閣）
＊ 長谷部恭男＝石川健治＝宍戸常寿編・憲法判例百選Ⅰ・Ⅱ〔第７版〕（有斐閣）
＊ 佐藤功・ポケット註釈全書・憲法（上）（下）〔新版〕（有斐閣）
＊ 基本法コンメンタール憲法〔第５版〕（日本評論社）
＊ 新基本法コンメンタール憲法（日本評論社）
＊ 佐藤幸治・憲法〔第３版〕（青林書院）
＊ ジュリスト平成24年度重要判例解説1453（有斐閣）

民 法

＊ 山田卓生＝河内宏＝安永正昭＝松久三四彦・民法Ⅰ〔第４版〕（有斐閣Ｓシリーズ）
＊ 淡路剛久＝鎌田薫＝原田純孝＝生熊長幸・民法Ⅱ〔第５版〕（有斐閣Ｓシリーズ）
＊ 野村豊弘＝栗田哲男＝池田真朗＝永田眞三郎＝野澤正充・民法Ⅲ〔第５版〕（有斐閣Ｓシリーズ）
＊ 藤岡康宏＝磯村保＝浦川道太郎＝松本恒雄・民法Ⅳ〔第５版〕（有斐閣Ｓシリーズ）
＊ 内田貴・民法Ⅰ〔第４版〕・Ⅱ〔第３版〕・Ⅲ〔第４版〕・Ⅳ〔補訂版〕（東京大学出版会）
＊ 近江幸治・民法講義Ⅰ・民法総則〔第７版〕（成文堂）
＊ 近江幸治・民法講義Ⅱ・物権法〔第４版〕（成文堂）
＊ 近江幸治・民法講義Ⅲ・担保物権〔第３版〕（成文堂）
＊ 近江幸治・民法講義Ⅳ・債権総論〔第４版〕（成文堂）
＊ 近江幸治・民法講義Ⅴ・契約法〔第４版〕（成文堂）
＊ 近江幸治・民法講義Ⅵ・事務管理・不当利得・不法行為〔第３版〕（成文堂）
＊ 近江幸治・民法講義Ⅶ・親族法・相続法〔第２版〕（成文堂）
＊ 船越隆司・担保物権法〔第３版〕（尚学社）
＊ 我妻・有泉コンメンタール民法〔第８版〕（日本評論社）

＊基本法コンメンタール民法総則〔第６版〕（日本評論社）
＊基本法コンメンタール債権総論〔第４版新条文対照補訂版〕（日本評論社）
＊基本法コンメンタール債権各論Ⅰ〔第４版新条文対照補訂版〕（日本評論社）
＊基本法コンメンタール債権各論Ⅱ〔第４版新条文対照補訂版〕（日本評論社）
＊新基本法コンメンタール物権（日本評論社）
＊新基本法コンメンタール債権１（日本評論社）
＊新基本法コンメンタール債権２（日本評論社）
＊新基本法コンメンタール相続（日本評論社）
＊新基本法コンメンタール親族〔第２版〕（日本評論社）
＊新基本法コンメンタール借地借家法〔第２版〕（日本評論社）
＊四宮和夫＝能美善久・民法総則〔第９版〕（弘文社）
＊高木多喜男・担保物権法〔第４版〕（有斐閣）
＊篠塚昭次・判例コンメンタール民法Ⅰ～Ⅴ〔増補版〕（三省堂）
＊川井健・民法概論１・民法総則〔第４版〕（有斐閣）
＊川井健・民法概論２・物権〔第２版〕（有斐閣）
＊川井健・民法概論３・債権総論〔第２補訂版〕（有斐閣）
＊川井健・民法概論４・債権各論〔補訂版〕（有斐閣）
＊川井健・民法概論５・親族・相続〔補訂版〕（有斐閣）
＊潮見佳男・プラクティス民法・債権総論〔第５版補訂〕（信山社）
＊潮見佳男＝道垣内弘人・民法判例百選Ⅰ〔第９版〕（有斐閣）
＊窪田充見＝森田宏樹・民法判例百選Ⅱ〔第９版〕（有斐閣）
＊大村敦志＝沖野眞巳・民法判例百選Ⅲ〔第３版〕（有斐閣）
＊注釈民法（1）～（26）（有斐閣）
＊新注釈民法（1）～（19）（有斐閣）
＊新版注釈民法（1）～（28）（有斐閣）
＊平野裕之・民法総則〔第１版〕・債権総論〔第１版〕・債権各論Ⅰ契約法〔第１版〕・債権各論Ⅱ事務管理・不当利得・不法行為〔第１版〕（日本評論社）
＊潮見佳男・法律学の森新債権総論Ⅰ〔第２版〕（信山社）
＊潮見佳男・法律学の森新債権総論Ⅱ〔第２版〕（信山社）
＊潮見佳男・法律学の森新契約各論Ⅰ〔初版〕（信山社）
＊潮見佳男・法律学の森新契約各論Ⅱ〔初版〕（信山社）
＊潮見佳男・民法（債権関係）改正法の概要〔初版〕（きんざい）
＊筒井健夫＝村松秀樹・一問一答　民法（債権関係）改正〔初版〕（商事法務）
＊潮見佳男・詳解相続法〔第２版〕（弘文堂）
＊佐久間毅・民法の基礎１総則〔第５版〕（有斐閣）
＊佐久間毅・民法の基礎２物権〔第３版〕（有斐閣）

＊松岡久和＝中田邦博・新コンメンタール民法（財産法）〔第２版〕（日本評論社）
＊松岡久和＝中田邦博・新コンメンタール民法（家族法）〔初版〕（日本評論社）
＊佐久間毅＝石田剛＝山下純司＝原田昌和・ＬＱ民法Ⅰ総則〔第２版補訂版〕（有斐閣）
＊石田剛＝武川幸嗣＝占部洋之＝田髙寛貴＝秋山靖浩・ＬＱ民法Ⅱ物権〔第４版〕（有斐閣）
＊手嶋豊＝藤井徳展＝大澤慎太郎・ＬＱ民法Ⅲ債権総論〔初版〕（有斐閣）
＊曽野裕夫＝松井和彦＝丸山絵美子・ＬＱ民法Ⅳ契約〔初版〕（有斐閣）
＊橋本佳幸＝大久保邦彦＝小池泰・ＬＱ民法Ⅴ事務管理・不当利得・不法行為〔第２版〕（有斐閣）
＊前田陽一＝本山敦＝浦野由紀子・ＬＱ民法Ⅵ親族・相続〔第６版〕（有斐閣）
＊松井宏興・物権法〔第２版〕（成文堂）
＊中舎寛樹・物権法〔初版〕（日本評論社）
＊松岡久和・担保物権法〔第１版〕（日本評論社）
＊道垣内弘人・担保物権法〔第４版〕（有斐閣）
＊中田裕康・契約法〔初版〕（有斐閣）
＊堂薗幹一郎＝神吉康二・概説改正相続法〔第２版〕（きんざい）

刑 法

＊佐伯仁志＝橋爪隆編・刑法判例百選Ⅰ・Ⅱ〔第８版〕（有斐閣）
＊大谷實・刑法講義総論〔新版第５版〕（成文堂）
＊大谷實・刑法講義各論〔新版第５版〕（成文堂）
＊前田雅英・刑法総論講義〔第７版〕（東京大学出版会）
＊前田雅英・刑法各論講義〔第７版〕（東京大学出版会）
＊山口厚・刑法総論〔第３版〕（有斐閣）
＊山口厚・刑法各論〔第２版〕（有斐閣）
＊西田典之・刑法総論〔第３版〕（弘文堂）
＊西田典之・刑法各論〔第７版〕（弘文堂）
＊大塚裕史＝十河太朗＝塩谷毅＝豊田兼彦・基本刑法Ⅰ総論〔第３版〕（日本評論社）
＊大塚裕史＝十河太朗＝塩谷毅＝豊田兼彦・基本刑法Ⅱ各論〔第３版〕（日本評論社）
＊大コンメンタール刑法１～13〔第２版〕（青林書院）

会社法・商法

＊ 相澤哲＝葉玉匡美＝郡谷大輔・論点解説　新・会社法－千問の道標（商事法務）
＊ 相澤哲編・立案担当者による新・会社法の解説 別冊商事法務 No. 295（商事法務）
＊ 坂本三郎編・立案担当者による平成 26 年改正会社法の解説　別冊商事法務 No. 393（商事法務）
＊ 坂本三郎・一問一答　平成 26 年改正会社法〔第２版〕（商事法務）
＊ 神作裕之＝藤田友敬＝加藤貴仁編・会社法判例百選〔第４版〕（有斐閣）
＊ 江頭憲治郎・株式会社法〔第８版〕（有斐閣）
＊ 江頭憲治郎＝中村直人・論点体系　会社法１～６〔第２版〕（第一法規）
＊ 新基本法コンメンタール会社法１～３〔第２版〕（日本評論社）
＊ 会社法コンメンタール１～ 22〔初版〕（商事法務）
＊ 田中亘・会社法〔第４版〕（東京大学出版会）
＊ 藤田勝利＝北村雅史・プライマリー商法総則商行為法〔第４版〕（法律文化社）
＊ 近藤光男・商法総則・商行為法〔第９版〕（有斐閣）
＊ 弥永真生・リーガルマインド商法総則・商行為法〔第３版〕（有斐閣）
＊ 伊藤靖史＝大杉謙一＝田中亘＝松井秀征・ＬＱ会社法〔第５版〕（有斐閣）
＊ 竹林俊憲・一問一答・令和元年改正会社法〔初版〕（商事法務）
＊ 岩崎友彦＝西村修一＝濱口耕輔・令和元年改正会社法ポイント解説Ｑ＆Ａ（日本経済新聞出版社）
＊ 酒巻俊雄＝尾崎安央＝川島いづみ＝中村信男・会社法重要判例〔第３版〕（成文堂）
＊ 末永敏和・商法総則・商行為法〔第２版〕（中央経済社）

午後の部

民事訴訟法

＊伊藤眞＝高橋宏志＝高田裕成編・民事訴訟法判例百選〔第５版〕（有斐閣）
＊伊藤眞・民事訴訟法〔第７版〕（有斐閣）
＊上田徹一郎・民事訴訟法〔第７版〕（法学書院）
＊松本博之＝上野泰男・民事訴訟法〔第８版〕（弘文堂）
＊兼子一＝松浦馨＝新堂幸司＝竹下守夫・条解・民事訴訟法〔第２版〕（弘文堂）
＊コンメンタール民事訴訟法Ⅰ〔第３版〕（日本評論社）
＊長谷部由起子・民事訴訟法〔第３版〕（岩波書店）
＊基本法コンメンタール新民事訴訟法１・２・３〔第３版追補版〕（日本評論社）
＊梅本吉彦・民事訴訟法〔第３版〕（信山社）
＊新堂幸司・新民事訴訟法〔第６版〕（弘文堂）
＊三木浩一＝笠井正俊＝垣内秀介＝菱田雄郷・ＬＱ民事訴訟法〔第４版〕（有斐閣）

民事保全法・民事執行法

＊基本法コンメンタール民事執行法〔第６版〕（日本評論社）
＊注解 民事保全法 上・下〔初版〕（青林書院）
＊須藤典明＝深見敏正＝金子直史・リーガル・プログレッシブ・シリーズ民事保全（青林書院）
＊新基本法コンメンタール民事保全法（日本評論社）
＊福永有利・民事執行法民事保全法〔第２版〕（有斐閣）
＊中野貞一郎・民事執行・保全概説〔第３版〕（有斐閣）
＊新基本法コンメンタール民事執行法（日本評論社）
＊中野貞一郎・民事執行法〔増補新訂５版〕（青林書院）
＊生熊長幸・わかりやすい民事執行法・民事保全法〔第２版〕（成文堂）
＊中西正＝中島弘雅＝八田卓也＝青木哲・ＬＱ民事執行・民事保全法〔第２版〕（有斐閣）
＊林屋礼二編＝基本法学双書・民事執行法〔改訂第２版〕（青林書院）
＊佐藤歳二・実務保全・執行法講義・債権法編〔初版〕（民事法研究会）

司法書士法

＊小林昭彦＝河合芳光＝村松秀樹・注釈司法書士法〔第４版〕（テイハン）

供託法

＊立花宣男監修＝福岡法務局ブロック管内供託実務研究会編・実務解説 供託の知識167問（日本加除出版）
＊登記研究（テイハン）
＊法務省民事局第四課監修・実務供託法入門（新訂）（きんざい）
＊大阪法務局ブロック管内供託実務研究会・なにわの供託事例集（日本加除出版）
＊法務省民事局第四課職員編・供託関係先例要旨集（テイハン）
＊法務省民事局第四課・供託法供託規則逐条解説〔初版〕（テイハン）
＊水田耕一・新供託読本〔第７版〕（商事法務研究会）
＊吉岡誠一・よくわかる供託実務〔新版〕（日本加除出版）

不動産登記法

＊後藤浩平・不動産登記添付情報全集〔新版〕（新日本法規）
＊司法書士登記実務研究会編・不動産登記の実務と書式〔第３版〕（民事法研究会）
＊登記申請実務研究会編・事例式 不動産登記申請マニュアル（新日本法規）
＊吉野衛・注釈不動産登記法総論 上・下〔新版〕（金融財政）
＊登記研究（テイハン）
＊松尾英夫・改正区分建物登記詳述（テイハン）
＊五十嵐徹・マンション登記法・登記・規約・公正証書〔第５版〕（日本加除出版）
＊不動産登記記録例集（テイハン）
＊登記制度研究会編集・不動産登記総覧書式編〈1〉～〈4〉（新日本法規）
＊村瀬鎮一編著・新不動産登記先例・実例総覧（民事法研究会）
＊青山修・根抵当権の法律と登記〔三訂版〕（新日本法規）
＊青山修・登記名義人の住所氏名変更・更正登記の手引〔改訂〕（新日本法規）
＊青山修・抹消登記申請ＭＥＭＯ（新日本法規）
＊青山修・Ｑ＆Ａ抵当権の法律と登記（新日本法規）
＊青山修・仮登記の実務〔補訂版〕（新日本法規）
＊青山修・不動産登記申請ＭＥＭＯ〔補訂新版〕（新日本法規）
＊青山修・第三者の許可、同意、承諾と登記実務〔初版〕（新日本法規）
＊青山修・利益相反行為の登記実務〔初版〕（新日本法規）
＊青山修・相続登記申請ＭＥＭＯ〔初版〕（新日本法規）
＊青山修・用益権の登記実務〔初版〕（新日本法規）
＊枇杷田泰助監修・根抵当登記実務一問一答（金融財政）
＊日本法令不動産登記研究会編・不動産登記のＱ＆Ａ 210選（日本法令）

＊ 幸良秋夫・設問解説 判決による登記〔新訂〕（日本加除出版）
＊ 幸良秋夫・設問解説 相続法と登記〔新訂〕（日本加除出版）
＊ 新井克美＝後藤浩平・精解設例不動産登記添付情報上・下〔新版〕（日本加除出版）
＊ 鎌田薫＝寺田逸郎編・新基本法コンメンタール不動産登記法（日本評論社）
＊ 河合芳光・逐条不動産登記令〔初版〕（きんざい）
＊ 登記関係先例集上・下・追加編Ⅰ～ⅩⅡ（テイハン）
＊ 登記研究編集室編・増補不動産登記先例解説総覧〔初版〕（テイハン）
＊ 不動産登記実務研究会編・権利に関する登記の実務Ⅰ～ⅩⅤ（日本加除出版）
＊ 不動産登記実務研究会編・問答式不動産登記の実務（新日本法規）
＊ 倉吉敬＝寺島健＝小宮山秀史・不動産登記実務総覧（きんざい）
＊ 正影秀明他・登記原因証明情報モデル文例集（新日本法規）
＊ 清水湛編・登録免許税法詳解〔初版〕（金融財政）
＊ 清水湛＝藤谷定勝・Ｑ＆Ａ登録免許税の実務〔第２版〕（日本加除出版）
＊ 新井克美・判決による不動産登記の理論と実務（テイハン）
＊ 香川保一編・全訂不動産登記書式精義上・中・下〔初版〕（テイハン）
＊ 信託登記実務研究会・信託登記の実務〔第３版〕（日本加除出版）
＊ 小宮山秀史・逐条解説不動産登記規則１〔初版〕（テイハン）
＊ 末光祐一・Ｑ＆Ａ農地・森林に関する法律と実務〔初版〕（日本加除出版）
＊ 中村均・登記原因と第三者の許可、同意又は承諾〔初版〕（新日本法規）
＊ 林良平＝青山正明・注解不動産登記法〔補訂版〕（青林書院）
＊ 七戸克彦監修＝日本司法書士会連合会＝日本土地家屋調査士会連合会・条解不動産登記法〔初版〕（弘文堂）
＊ 堀内仁監修＝鈴木正和＝石井眞司・根抵当実務全書〔初版〕（きんざい）
＊ 根抵当権登記実務研究会・ケースブック根抵当権登記の実務〔新訂〕（ちくさ出版）
＊ 法務省民事局第三課職員・例解新根抵当登記の実務〔増補版〕（商事法務研究会）
＊ 木村三男＝藤谷定勝・仮登記の理論と実務〔改訂〕（日本加除出版）

商業登記法

＊ 筧康生＝神崎満治郎＝土手敏行・詳解商業登記 上・下〔全訂第３版〕（きんざい）
＊ 松井信憲・商業登記ハンドブック（第４版）（商事法務）
＊ 小川秀樹＝相澤哲・通達準拠 会社法と商業登記（きんざい）
＊ 商業登記書式精義 上・下〔全訂第６版〕（テイハン）
＊ 登記研究（テイハン）
＊ 登記研究編集室編・商業・法人登記先例解説総覧〔増補〕（テイハン）
＊ 吉岡誠一・一般社団法人・財団法人制度と登記の実務〔初版〕（日本加除出版）
＊ 杉浦直紀・希代浩正・一般社団・財団法人の登記実務〔初版〕（公益財団法人公益法人協会）
＊ 吉岡誠一・Ｑ＆Ａ一般社団法人・一般財団法人登記の実務〔初版〕（日本加除出版）
＊ 江原健志・一般社団・財団法人法の法人登記実務〔初版第２刷〕（テイハン）
＊ 商業登記全書１～２・４～６・８〔初版〕（中央経済社）
＊ 商業登記全書３・７〔第２版〕（中央経済社）

司法書士 合格ゾーン 単年度版過去問題集
令和５年度（2023年度）

2023年９月５日　第１版　第１刷発行
編著者●株式会社　東京リーガルマインド
LEC総合研究所　司法書士試験部

発行所●株式会社　東京リーガルマインド
〒164-0001　東京都中野区中野4-11-10
アーバンネット中野ビル
LECコールセンター　0570-064-464
受付時間　平日9：30～20：00/土・祝10：00～19：00/日10：00～18：00
※このナビダイヤルは通話料お客様ご負担となります。
書店様専用受注センター　TEL 048-999-7581 / FAX 048-999-7591
受付時間　平日9：00～17：00/土・日・祝休み
www.lec-jp.com/

印刷・製本●株式会社サンヨー

　ISBN978-4-8449-6291-5

司法書士講座のご案内

新15ヵ月合格コース

短期合格のノウハウが詰まったカリキュラム

LECが初めて司法書士試験の学習を始める方に自信をもってお勧めする講座が新15ヵ月合格コースです。司法書士受験指導30年以上の積み重ねたノウハウと、試験傾向の徹底的な分析により、これだけ受講すれば合格できるカリキュラムとなっております。司法書士試験対策は、毎年一発・短期合格を輩出してきたLECにお任せください。

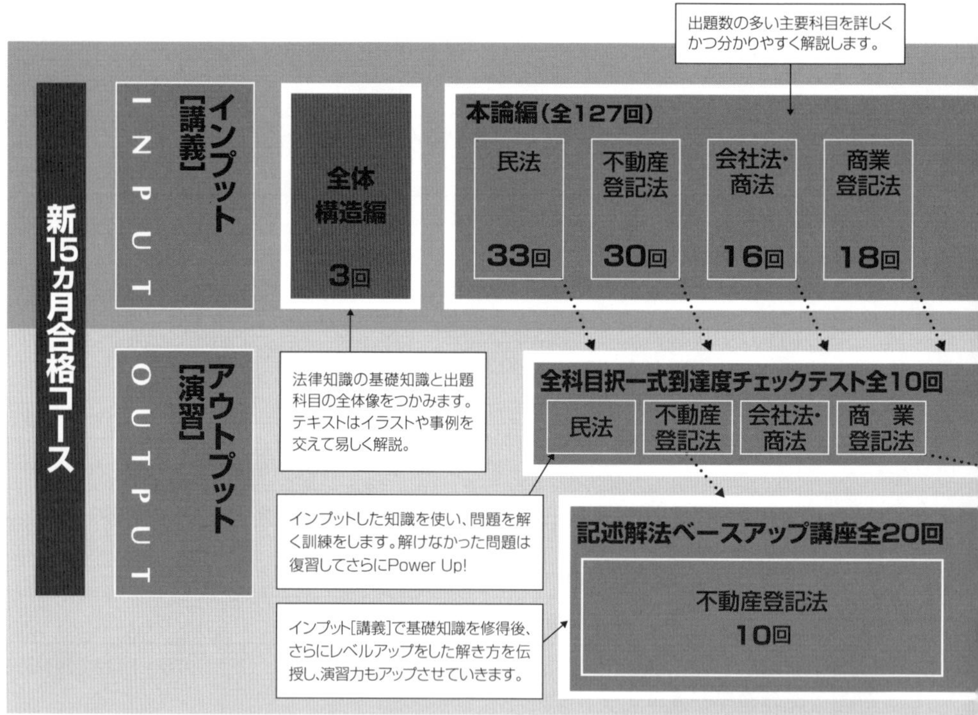

インプットとアウトプットのリンクにより短期合格を可能に！

合格に必要な力は、適切な情報収集（インプット）→知識定着（復習）→実践による知識の確立（アウトプット）という３つの段階を経て身に付くものです。新15ヵ月合格コースではインプット講座に対応したアウトプットを提供し、これにより短期合格が確実なものとなります。

司法書士講座のご案内

スマホで司法書士　S式合格講座

スキマ時間を有効活用！1回15分で続けやすい講座

講義の視聴が**スマホ完結！**

1回15分のユニット制だから**スキマ時間**にいつでもどこでも**手軽に学習可能**です。忙しい方でも続けやすいカリキュラムとなっています。

本講座は、LECが30年以上の司法書士受験指導の中で積み重ねた学習方法、短期合格を果たすためのノウハウを凝縮し、本試験で必ず出題されると言ってもいい重要なポイントに絞って講義をしていきます。

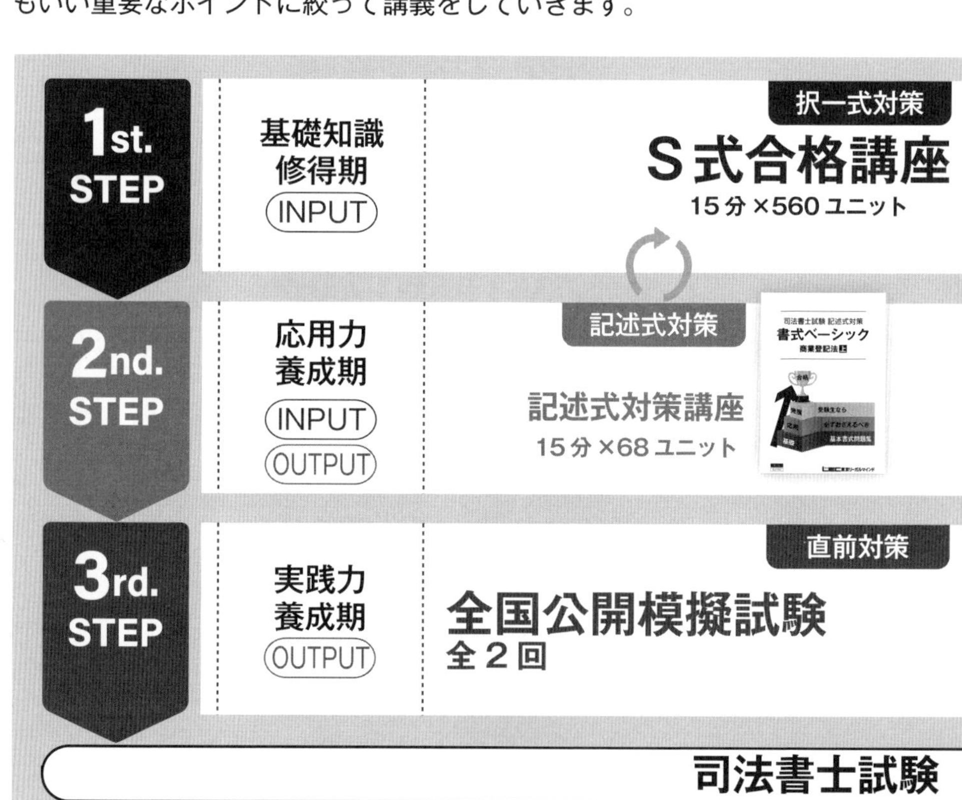

※過去問対策、問題演習対策を独学で行うのが不安な方には、それらの対策ができる講座・コースもご用意しています。

OUTPUT 合格ゾーンシリーズ

合格ゾーン過去問題集

単年度版
択一式：全10巻
記述式：全2巻

直近の本試験問題を含む過去の司法書士試験問題を体系別に収録した、LEC定番の過去問題集

合格ゾーンポケット判 択一過去問肢集

全8巻

厳選された過去問の肢を体系別に類型化持ち運びに便利なB6判過去問肢集

合格ゾーン 当たる！直前予想模試

問題・答案用紙ともに取り外しができるLECの予想模試をついに書籍化
LEC門外不出の問題ストックから、予想問題を厳選

司法書士試験 六法

監修：海野禎子LEC専任講師
　　　根本正次LEC専任講師

本試験の問題文と同じ横書きで、読みやすい2段組みのレイアウトを採用
試験合格に不可欠な35法令を厳選して収録

※本内容は2023年８月1日現在のものであり、変更になる場合があります。予めご了承ください。

LEC Webサイト ▷▷ www.lec-jp.com/

情報盛りだくさん！

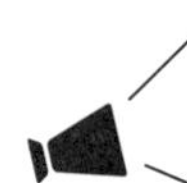

資格を選ぶときも，
講座を選ぶときも，
最新情報でサポートします！

最新情報

各試験の試験日程や法改正情報，対策講座，模擬試験の最新情報を日々更新しています。

資料請求

講座案内など無料でお届けいたします。

受講・受験相談

メールでのご質問を随時受付けております。

よくある質問

LECのシステムから，資格試験についてまで，よくある質問をまとめました。疑問を今すぐ解決したいなら，まずチェック！

書籍・問題集（LEC書籍部）

LECが出版している書籍・問題集・レジュメをこちらで紹介しています。

充実の動画コンテンツ！

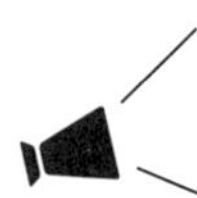

ガイダンスや講演会動画，
講義の無料試聴まで
Webで今すぐCheck！

動画視聴OK

パンフレットやWebサイトを見てもわかりづらいところを動画で説明。いつでもすぐに問題解決！

Web無料試聴

講座の第1回目を動画で無料試聴！気になる講義内容をすぐに確認できます。

スマートフォン・タブレットから簡単アクセス！ ▷▷ 

自慢の メールマガジン 配信中！（登録無料）

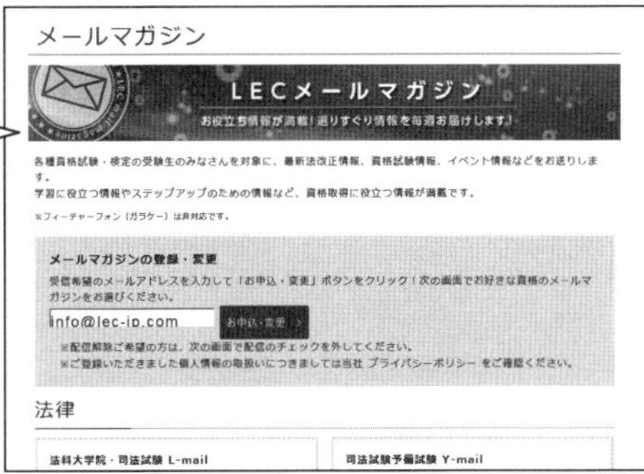

LEC講師陣が毎週配信！　最新情報やワンポイントアドバイス，改正ポイントなど合格に必要な知識をメールにて毎週配信。

www.lec-jp.com/mailmaga/

LEC E学習センター

新しい学習メディアの導入や，Ｗｅｂ学習の新機軸を発信し続けています。また，ＬＥＣで販売している講座・書籍などのご注文も，いつでも可能です。

online.lec-jp.com/

LEC 電子書籍シリーズ

LECの書籍が電子書籍に！　お使いのスマートフォンやタブレットで，いつでもどこでも学習できます。

※動作環境・機能につきましては，各電子書籍ストアにてご確認ください。

www.lec-jp.com/ebook/

LEC書籍・問題集・レジュメの紹介サイト **LEC書籍部** www.lec-jp.com/system/book/

- LECが出版している書籍・問題集・レジュメをご紹介
- 当サイトから書籍などの直接購入が可能(＊)
- 書籍の内容を確認できる「チラ読み」サービス
- 発行後に判明した誤字等の訂正情報を公開

＊商品をご購入いただく際は，事前に会員登録（無料）が必要です。
＊購入金額の合計・発送する地域によって，別途送料がかかる場合がございます。

※資格試験によっては実施していないサービスがありますので，ご了承ください。

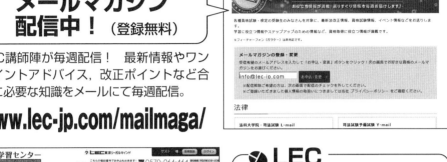

LEC全国学校案内

＊講座のお問合せ，受講相談は最寄りのLEC各校へ

LEC本校

北海道・東北

札　幌本校　☎011(210)5002
〒060-0004 北海道札幌市中央区北4条西5-1　アスティ45ビル

仙　台本校　☎022(380)7001
〒980-0022 宮城県仙台市青葉区五橋1-1-10　第二河北ビル

関東

渋谷駅前本校　☎03(3464)5001
〒150-0043 東京都渋谷区道玄坂2-6-17　渋東シネタワー

池　袋本校　☎03(3984)5001
〒171-0022 東京都豊島区南池袋1-25-11　第15野萩ビル

水道橋本校　☎03(3265)5001
〒101-0061 東京都千代田区神田三崎町2-2-15　Daiwa三崎町ビル

新宿エルタワー本校　☎03(5325)6001
〒163-1518 東京都新宿区西新宿1-6-1　新宿エルタワー

早稲田本校　☎03(5155)5501
〒162-0045 東京都新宿区馬場下町62　三朝庵ビル

中　野本校　☎03(5913)6005
〒164-0001 東京都中野区中野4-11-10　アーバンネット中野ビル

立　川本校　☎042(524)5001
〒190-0012 東京都立川市曙町1-14-13　立川MKビル

町　田本校　☎042(709)0581
〒194-0013 東京都町田市原町田4-5-8　MIキューブ町田イースト

横　浜本校　☎045(311)5001
〒220-0004 神奈川県横浜市西区北幸2-4-3　北幸GM21ビル

千　葉本校　☎043(222)5009
〒260-0015 千葉県千葉市中央区富士見2-3-1　塚本大千葉ビル

大　宮本校　☎048(740)5501
〒330-0802 埼玉県さいたま市大宮区宮町1-24　大宮GSビル

東海

名古屋駅前本校　☎052(586)5001
〒450-0002 愛知県名古屋市中村区名駅4-6-23　第三堀内ビル

静　岡本校　☎054(255)5001
〒420-0857 静岡県静岡市葵区御幸町3-21　ペガサート

北陸

富　山本校　☎076(443)5810
〒930-0002 富山県富山市新富町2-4-25　カーニープレイス富山

関西

梅田駅前本校　☎06(6374)5001
〒530-0013 大阪府大阪市北区茶屋町1-27　ABC-MART梅田ビル

難波駅前本校　☎06(6646)6911
〒556－0017 大阪府大阪市浪速区湊町1-4-1
大阪シティエアターミナルビル

京都駅前本校　☎075(353)9531
〒600-8216 京都府京都市下京区東洞院通七条下ル2丁目
東塩小路町680-2　木村食品ビル

四条烏丸本校　☎075(353)2531
〒600-8413　京都府京都市下京区烏丸通仏光寺下ル
大政所町680-1　第八長谷ビル

神　戸本校　☎078(325)0511
〒650-0021 兵庫県神戸市中央区三宮町1-1-2　三宮セントラルビル

中国・四国

岡　山本校　☎086(227)5001
〒700-0901 岡山県岡山市北区本町10-22　本町ビル

広　島本校　☎082(511)7001
〒730-0011 広島県広島市中区基町11-13　合人社広島紙屋町アネクス

山　口本校　☎083(921)8911
〒753-0814 山口県山口市吉敷下東 3-4-7　リアライズⅢ

高　松本校　☎087(851)3411
〒760-0023 香川県高松市寿町2-4-20　高松センタービル

松　山本校　☎089(961)1333
〒790-0003 愛媛県松山市三番町7-13-13　ミツネビルディング

九州・沖縄

福　岡本校　☎092(715)5001
〒810-0001　福岡県福岡市中央区天神4-4-11　天神ショッパーズ
福岡

那　覇本校　☎098(867)5001
〒902-0067 沖縄県那覇市安里2-9-10　丸姫産業第2ビル

EYE関西

EYE 大阪本校　☎06(7222)3655
〒530-0013　大阪府大阪市北区茶屋町1-27　ABC-MART梅田ビル

EYE 京都本校　☎075(353)2531
〒600-8413　京都府京都市下京区烏丸通仏光寺下ル
大政所町680-1　第八長谷ビル

LEC提携校

＊提携校はLECとは別の経営母体が運営をしております。
＊提携校は実施講座およびサービスにおいてLECと異なる部分がございます。

北海道・東北

八戸中央校【提携校】 ☎0178(47)5011
〒031-0035　青森県八戸市寺横町13　第1朋友ビル　新教育センター内

弘前校【提携校】 ☎0172(55)8831
〒036-8093　青森県弘前市城東中央1-5-2
まなびの森　弘前城東予備校内

秋田校【提携校】 ☎018(863)9341
〒010-0964　秋田県秋田市八橋鯲沼町1-60
株式会社アキタシステムマネジメント内

関東

水戸校【提携校】 ☎029(297)6611
〒310-0912　茨城県水戸市見川2-3092-3

所沢校【提携校】 ☎050(6865)6996
〒359-0037　埼玉県所沢市くすのき台3-18-4　所沢K・Sビル
合同会社LPエデュケーション内

東京駅八重洲口校【提携校】 ☎03(3527)9304
〒103-0027　東京都中央区日本橋3-7-7　日本橋アーバンビル
グランデスク内

日本橋校【提携校】 ☎03(6661)1188
〒103-0025　東京都中央区日本橋茅場町2-5-6　日本橋大江戸ビル
株式会社大江戸コンサルタント内

東海

沼津校【提携校】 ☎055(928)4621
〒410-0048　静岡県沼津市新宿町3-15　萩原ビル
M-netパソコンスクール沼津校内

北陸

新潟校【提携校】 ☎025(240)7781
〒950-0901　新潟県新潟市中央区弁天3-2-20　弁天501ビル
株式会社大江戸コンサルタント内

金沢校【提携校】 ☎076(237)3925
〒920-8217　石川県金沢市近岡町845-1　株式会社アイ・アイ・ピー金沢内

福井南校【提携校】 ☎0776(35)8230
〒918-8114　福井県福井市羽水2-701　株式会社ヒューマン・デザイン内

関西

和歌山駅前校【提携校】 ☎073(402)2888
〒640-8342　和歌山県和歌山市友田町2-145
KEG教育センタービル　株式会社KEGキャリア・アカデミー内

中国・四国

松江殿町校【提携校】 ☎0852(31)1661
〒690-0887　島根県松江市殿町517　アルファステイツ殿町
山路イングリッシュスクール内

岩国駅前校【提携校】 ☎0827(23)7424
〒740-0018　山口県岩国市麻里布町1-3-3　岡村ビル　英光学院内

新居浜駅前校【提携校】 ☎0897(32)5356
〒792-0812　愛媛県新居浜市坂井町2-3-8　パルティフジ新居浜駅前店内

九州・沖縄

佐世保駅前校【提携校】 ☎0956(22)8623
〒857-0862　長崎県佐世保市白南風町5-15　智翔館内

日野校【提携校】 ☎0956(48)2239
〒858-0925　長崎県佐世保市椎木町336-1　智翔館日野校内

長崎駅前校【提携校】 ☎095(895)5917
〒850-0057 長崎県長崎市大黒町10-10　KoKoRoビル
minatoコワーキングスペース内

沖縄プラザハウス校【提携校】 ☎098(989)5909
〒904-0023　沖縄県沖縄市久保田3-1-11
プラザハウス　フェアモール　有限会社スキップヒューマンワーク内

※上記は2023年7月1日現在のものです。

書籍の訂正情報について

このたびは，弊社発行書籍をご購入いただき，誠にありがとうございます。
万が一誤りの箇所がございましたら，以下の方法にてご確認ください。

1 訂正情報の確認方法

書籍発行後に判明した訂正情報を順次掲載しております。
下記Webサイトよりご確認ください。

2 ご連絡方法

上記Webサイトに訂正情報の掲載がない場合は，下記Webサイトの
入力フォームよりご連絡ください。

lec.jp/system/soudan/web.html

フォームのご入力にあたりましては，「Web教材・サービスのご利用について」の
最下部の「ご質問内容」に下記事項をご記載ください。

- 対象書籍名（○○年版，第○版の記載がある書籍は併せてご記載ください）
- ご指摘箇所（具体的にページ数と内容の記載をお願いいたします）

ご連絡期限は，次の改訂版の発行日までとさせていただきます。
また，改訂版を発行しない書籍は，販売終了日までとさせていただきます。

※上記「2ご連絡方法」のフォームをご利用になれない場合は，①書籍名，②発行年月日，③ご指摘箇所，を記載の上，郵送にて下記送付先にご送付ください。確認した上で，内容理解の妨げとなる誤りについては，訂正情報として掲載させていただきます。なお，郵送でご連絡いただいた場合は個別に返信しておりません。

送付先：〒164-0001 東京都中野区中野4-11-10 アーバンネット中野ビル
株式会社東京リーガルマインド 出版部 訂正情報係

- 誤りの箇所のご連絡以外の書籍の内容に関する質問は受け付けておりません。
  また，書籍の内容に関する解説，受験指導等は一切行っておりませんので，あらかじめご了承ください。
- お電話でのお問合せは受け付けておりません。

講座・資料のお問合せ・お申込み

LECコールセンター 携帯OK 0570-064-464

受付時間：平日9:30〜20:00/土・祝10:00〜19:00/日10:00〜18:00

※このナビダイヤルの通話料はお客様のご負担となります。

※このナビダイヤルは講座のお申込みや資料のご請求に関するお問合せ専用ですので，書籍の正誤に関するご質問をいただいた場合，上記「2ご連絡方法」のフォームをご案内させていただきます。